大夏书系·教师专业发展

为了合作的学习

让课堂变革真实地发生

Cooperative Learning

郑杰 著

华东师范大学出版社
全国百佳图书出版单位

图书在版编目（CIP）数据

为了合作的学习：让课堂变革真实地发生/郑杰著.—上海：华东师范大学出版社，2017
ISBN 978-7-5675-7204-1

Ⅰ.①为… Ⅱ.①郑… Ⅲ.①课堂教学—教学研究—中小学 Ⅳ.① G632.421

中国版本图书馆 CIP 数据核字（2017）第 278523 号

大夏书系·教师专业发展

为了合作的学习
——让课堂变革真实地发生

著　　者　　郑　杰
策划编辑　　李永梅
审读编辑　　任媛媛
封面设计　　奇文云海·设计顾问

出版发行　华东师范大学出版社
社　　址　上海市中山北路 3663 号　邮编　200062
网　　址　www.ecnupress.com.cn
电　　话　021-60821666　行政传真　021-62572105
客服电话　021-62865537
邮购电话　021-62869887　地址　上海市中山北路 3663 号华东师范大学校内先锋路口
网　　店　http://hdsdcbs.tmall.com

印 刷 者　北京季蜂印刷有限公司
开　　本　700×1000　16 开
插　　页　1
印　　张　19
字　　数　300 千字
版　　次　2018 年 1 月第一版
印　　次　2025 年 1 月第十三次
印　　数　39 101-40 100
书　　号　ISBN 978-7-5675-7204-1/G·10794
定　　价　55.00 元

出 版 人　王　焰

（如发现本版图书有印订质量问题，请寄回本社市场部调换或电话 021-62865537 联系）

目录

序　为了合作的学习　001

甲　学校与合作学习

名校的课堂为什么动不了？　003
让合作学习服膺于理性　006
绩效工资是如何破坏合作文化的？　009
课程改革者的最佳姿态：柔软而坚韧　012
合作学习的风险提示　015
尽人事，听天命　018
合作的文化不是家文化　022
合作学习为什么往往有始无终？　025
谈谈学校的贪婪病　028
传统教学与校园欺凌　031
座位与权威　033
年级组还是教研组？　036

主体性在社会性中获得成长	040
学校的非正式学习活动	044
合作学习的学校可以取消政教处	047
合作学习不用全景式听课评课	050
如何说服家长支持合作学习	053
课堂里的那些"执拗的低音"	056
评价不改，合作学习之花终将枯萎	059

乙 教师与合作学习

谁是合作学习的敌人？	063
合作学习是个技术活	066
没有教学技术就没有合作学习的教学艺术	068
合作学习不只是个技术活	071
教师间那些微妙的事	073
用合作学习教教师合作学习	077
合作学习从"形式主义"开始	080
合作学习应由"学研员"指导	083
让班主任成为团队的"主任"	086
名教师对合作学习也许是有害的	089
合作学习，不放过资深教师	092
讲授法与权力瘾	095
合作学习与对教师不放心	098

合作学习与教师个人理论　　　　　　　　101
假定于丹当中学老师，她合格吗？　　　　104
合作学习与专业素养　　　　　　　　　　107
合作学习是解放教师还是给教师增负　　　109
作为合作学习项目经理的教师　　　　　　112
貌合神离的教师团队　　　　　　　　　　116
能不能建立合作学习的专业标准？　　　　119
合作学习给教师带来的失落感　　　　　　122
专业蕴含在技术细节中　　　　　　　　　124
教师何尝不是学生培养的呢？　　　　　　127

丙　课堂与合作学习

合作学习之羊皮和分组教学之狗肉　　　　131
"读读议议"不是合作学习　　　　　　　　133
学习有多么优雅，课堂就该有多优雅　　　136
合作学习与价值澄清的结伴　　　　　　　139
合作学习"教有定法"　　　　　　　　　142
合作学习中的"合争"　　　　　　　　　145
不为赢得一次战斗而输掉一场战争　　　　148
合作学习的公开课为什么"难看"？　　　151
合作学习不应成为教学的一个流派　　　　154
合作学习：从规范到全面优化　　　　　　157

餐桌和课桌	159
是不是每项学习任务都要抓落实？	162
不怕冲突，就怕没有冲突	165
合作学习中的偷工减料现象	167
莫让合作学习成为应试教育的帮凶	170
师生合作是在为学生合作做示范	172
科普与合作学习的理论自信	175
实行差异化教学的唯一可行的方式	178
让信息化手段服务于合作学习	181

丁 学生与合作学习

合作学习与儿童的学习权	187
学困生是否进步是合作学习获得成功的试金石	191
我们到底应该教学生什么？	194
没有合作需求，就没有合作学习	197
做彬彬有礼的合作学习	200
从"我认为"到"我们认为"	203
让孩子们自评，我们放心吗？	206
小心合作学习也会牺牲学生个性	209
救救"自主"	211
做男孩？做女孩？合作中找到自己？	213
合作学习赶走瞌睡虫	216

合作学习无法根本解决教育的公平问题　219
作为生命体的团队成长　222
小组活动会消除学生个性吗？　225
合作学习的最大魅力在于对学生的情感培养　228
合作学习为什么可能让"差生"更差？　231
让孩子们靠近些，再靠近些　234
课堂里给不了的，《王者荣耀》给　236

戊　合作学习中常用的35个策略

两人合作　242
4～6人合作　245
组际合作　259
整班合作　265

己　合作学习中常用的16个技能

倾　听　273
表示感谢　274
赞美他人　275
反　馈　276
提　问　277
致　歉　278

公开发表观点	280
说服他人	282
解决冲突	283
鼓励他人参与	285
给予他人指令	286
给他人提建议	287
给他人指导	288
有礼貌地打断别人讲话	289
向他人表示异议	290
与人达成妥协	291

序

为了合作的学习

在我当中小学教师的经历中，我教过10年高中，其中有5年在高三，而后换了一所学校教初中，再后来曾经尝试教小学五年级。虽然教的学段跨度很大，但对合作学习的研究和实践从未间断过。我是1996年秋天才知道教学中可以使用合作学习的，才知道合作学习能让学生学得更积极，让教师教得更轻松。于是，我迷恋上了合作学习，直到现在，成了合作学习的"土专家"。

我离开中小学后一直在从事教育培训和咨询工作。在对教师的专业培训中，为了说服大家如我一样喜爱合作学习，我会与大家分享我曾经尝到的"甜头"。我告诉我的同行们只要在课堂教学中使用合作学习，我们就不会那么辛苦，就如我以前在当副校长时还兼着班主任工作，同时教两个高三班的语文，而且高考中学生们还考出了令人骄傲的成绩。我告诉他们要创造"奇迹"并不难。当时这么大的工作量都没有把我压垮，什么原因呢？总结下来是因为我懂得怎么让学生学，只要他们愿意学，学习的愿望强，教师当然也就教得轻松了。后来我被派到一所薄弱学校当校长，那所学校的学生学业基础比较差，校风也存在很大问题，我这个校长的工作压力有多大大家可以想象，但我仍坚持在一线教主课，而且还教得不错。不是学生卖我这个校长的面子，而是我坚持让学生学，不是用我们一厢情愿的教来替代他们的学。如何才能让学生主动学？就要用合作学习方式，也就是说，是合作学习让我们教师自己获得了真正的解放。

每次我说到这里，教师们都用复杂的眼神看着我，是羡慕还是怀疑，我很难判断。我试图将"为什么要在课堂中实施合作学习"解释为"让自己的教学工作更轻松也更高效"，其实说服力不是很大，因为大家可能都会怀疑，居然有不费苦功却能获得成功的例子。我的现身说法显然与教师们的现实体验有很大的距离，在不少人看来，大凡改革，无论是课堂内的还是课堂外的，都伴随着"痛苦"的体验，这也包括合作学习。

这些年来，教师们对各种各样的改革和五花八门的"新花样"越来越抱以冷眼，这背后显然有别样的隐情。总之，再向教师们说明合作学习的理由，并且想让他们信服，是颇难做到的事。我最不愿意说服的，是那些已经尝试过合作学习却没有获得成功的学校的教师们，要重新使他们燃烧起改革的激情，并恢复对合作学习的信心，几乎是不可能的了，他们会将每一次的说服都当成是一场新的"忽悠"。

一些"高度务实"的校长和教师会直截了当地问我，合作学习能提高考试成绩吗？我说当然能啊，无论是理论还是实践都已经证明，合作学习大面积地提高了学生的学业成绩，我甚至花费了不少时间向教师们解释合作学习之所以能提高学业成绩的原因，而且将一堆数据摆在他们面前。可是，他们依然将信将疑，愿意做尝试的着实不多。因为他们对国内的文献，对那些证明合作学习有效的国内的研究成果显然抱有深深的怀疑，他们自己也经常被要求写论文搞课题研究，他们知道这些文字的可信度到底有多少；我拿出国外的文献来，他们就会提出国情问题，国外的研究成果似乎也不能真正打动他们。

我其实并不愿意以合作学习"能大面积提高学生学业成绩"为理由，鼓动教师们来改变课堂，更不愿意以"创学校特色"之类的话来说服他们，因为前者有"功利"之嫌，后者则很"世俗"。

我认为，合作学习解放教师自身、合作学习提高学业成绩、合作学习是创学校特色的重要举措等理由，都有"心术不正"的嫌疑。其实，我心底里真正的愿望是让合作学习为学生创造更美好的未来，将来他们能有一技之长，同时还能学会与他人建立良好的合作关系。合作学习的目的在于合作本身，即使合作学习可能增加教师负担，即使合作学习对学业成绩未构成显著影响，即使合作学习不是出于课改的要求。

于是，我渐渐地不再向教师们宣传合作学习的任何"显著"的好处，反而要帮助校长和教师们端正开展合作学习的动机，只有当人们认识到这一学习方式在成就一个"人"的方面的重大作用的时候，他们才能在面临风险的时候，毅然决然地坚持下去。

我不会向任何人承诺合作学习可能带来的可见的好处，不再试图以此诱使人们去做出改变，我其实无法改变任何人。人们从来不是被外部力量所改变的，真正使之发生改变的是其自身的力量。我暗下决心，远离那些将合作学习看作是"手段"的人，如果"合作"必须是个手段的话，也仅仅是为了教会学生合作的一种手段。

所以，我闭嘴了，我不再"苦口婆心"，而是睁开双眼去观察、去寻找，找到我的同道者，他们与我一样，愿意为"合作"而教，为学生美好未来而教。我会发现，这样的同道者正越来越多，而这本书是给他们的礼物。

合作学习的实践最早起源于美国，在20世纪70年代达到顶峰，这方面的理论研究都已基本完成，如果说我还在做合作学习研究的话，主要是在做应用研究，我的研究方向属于合作学习的"策略研究"。我非常希望合作学习能在各种不同的场景中获得运用，无论是哪个学段，无论是哪门学科。因此，我的这本书不仅要告诉大家，合作学习是什么，为什么要合作学习，更重要的是我们应该如何应用合作学习。本书中的"合作学习中常用的35个策略"、"合作学习中常用的16个技能"便是我这些年来最为重要的研究成果。

让合作学习从理念、理论走向我们的课堂，让万千孩子受益，这是我的心愿。为此，我常年在课堂里，和学生们在一起。我要特别感谢个旧市教育局、克拉玛依区教育局、雅安市教育局、珲春市教育局、武汉经济技术开发区教育局、武昌区教育局、济南市槐荫区教育局、济南市中区教育局、上海方略教育机构，他们都曾给我机会让我将我的构想运用到实践中。感谢无锡藕塘中心小学、华科大附小、益阳市赫山实验学校，与这3所学校的通力合作是我教授合作学习的三个里程碑，正是这些学校的全心投入，才使这本书更为成熟。

有越来越多的学校投身到真正的合作学习中来，武汉中南路小学、体育馆小学、恒大嘉园学校、宁波海曙中心校、镇海精英小学、济南民生大街小学、经十一小学、育秀小学、第二十七中学、上海上外静小、进才实验中学、复旦初级中学，我与这些学校进行深度的合作，以期造就更具专业色彩的合作学习。

围绕着合作学习，会有一系列的学习资源陆续推出和完善，本书是其中的一个。感谢济南第二十七中学和武树滨校长为本书的面世所做的努力，目前在合作学习方面最符合我期望的就是这所学校，这本书理应献给他们。

我发现，走合作学习的"技术路线"和"专业道路"的学校已经越来越多，合作学习正从粗放式走向精致化，而且越来越与互联网进行融合。未来的课堂属于"互联网＋合作学习"，对此我深信不疑。

可以说，这本书写了3年，一直在思考、在积淀，总感觉还不成熟不完美。但是书如同孩子，孕育久了，总会出生的。在此，要感谢华东师范大学出版社北京分社李永梅社长的耐心等待，她从未逼过我快快交稿，但她对我的信任又总在鞭策我。

也可以说，这本书写了20年，从我与合作学习结缘至今，已经整整20年了。20年来，我们的教育其实没有太大的变化，这可能与我们每次改革都缺乏技术支持有关。有再多的理念和理论，可是不能让教师们掌握技术，帮助他们解决技术问题，这样的改革是不会成功的。

我要把这本书献给我的妻子和女儿，她们总是看到我拖着行李出门，回来时又是满脸倦容，难得在家中休息，我又趴在写字台前，只给她们看我的背影。没有她们的支持和欣赏，就不会有这本书。我希望，我的下一代能受到更好的教育，孩子们能够在好的教育里受益。我希望孩子们能为她们的父亲骄傲，因为爸爸只做合作学习这一件事，做20年不够，再做20年。

甲 学校与合作学习

名校的课堂为什么动不了？

国家教育部颁布《基础教育课程改革纲要（试行）》已经16年了，16年来，"课改"替代"教改"成为基础教育界的主流话语，达到了"言必称"的地步。相比于一般学校和薄弱学校，一些以升学率著称的"名校"，更是"言必称"的。在教育的话语系统方面，名校们刷新得特别快，当仁不让地执"新口号"的牛耳。因为名校的话语权更大，"见报率"和"上镜率"也就更高，于是给大众一个错觉就是名校都在搞课改，而且课改成效卓著。

名校是很容易证明其"课改"成效的，它们只要出示学生的获奖证明，有多少是国际级的，多少是国家级的，多少是省级的，这么清点一下，就很有说服力。而且往往还能加上一句：升学率不降反升。可是真要推敲起来，那份获奖清单上的奖项、军功章应该分给谁？我们常常容易犯的一个逻辑错误就是将"因果"弄反了，比如我们认为游泳的身材好，其实是身材好的才被选去游泳；我们认为名校能培养优秀学生，实质是优秀学生进了名校，正是优秀学生成就了名校。

其实，优秀学生是可以拿来作学校任何行动取得成效的证明的，如开个"践行社会主义核心价值观"的经验交流会，名校可以将优秀学生作为这项工作的"果"；要总结德育先进经验，也可以骄傲地宣布抓了德育工作后学生有多么了不起的成就。在"以结果论英雄"的社会背景下，一般学校和薄弱学校即使某项工作做得很好，可是因为学生"不争气"，依然比名校们矮半截。这也难怪，名校的荣誉称号多，可能连区县一级的荣誉称号都已经不屑于往墙上挂了。

所以，当名校拿出优秀学生的例子来说自己"课改"多有成效，一般是很难辩驳的。名校容易出名师，很重要的原因也在于"名学生"，名学生造就名师并进而造就名校；名校容易出名校长，多半也是因为名学生和名教师在给他加分。

不过，我们还真不能说名校就没有搞课改，名校也在搞课改，而且还搞得颇有声色，一些做法很有新闻效应，很容易抓人眼球，比如，上海某校号称开设1000门选修课可以任学生选择，北京某校宣称让每个学生都有一张独一无二的课表等等，可是这些做法往往无法复制。我们只能既惊叹于名校的大手笔，又赞叹于名校的超强实力，最终悲叹于无法模仿。名校们或许会说"不必模仿"，只要学课改的精神就可以了，这句话之所以容易伤害一般学校和薄弱学校，是因为这句话就等于一个富人向穷人炫耀了奢侈品之后，淡淡地对穷人说，要学我爱美的精神，不必像我一样富裕，更不必如我一般铺张。

我发现，一些名校的课改基本上都是在改革课程内容上动脑筋，主要的策略就是将一门课拓展出好多门课，比如从一门语文课中分出几十门与语文相关的选修课；或者反其道而行之，将几门课整合成一门课，号称课程整合。不能说这些做法没有一点道理，必须承认，对学生的学习内容进行改革，也是符合课改精神的。《基础教育课程改革纲要（试行）》中有两项目标是针对课程内容的：一是改变课程结构过于强调学科本位、科目过多和缺乏整合的现状，整体设置九年一贯的课程门类和课时比例，并设置综合课程，以适应不同地区和学生发展的需求，体现课程结构的均衡性、综合性和选择性；二是改变课程内容"难、繁、偏、旧"和过于注重书本知识的现状，加强课程内容与学生生活以及现代社会和科技发展的联系，关注学生的学习兴趣和经验，精选终身学习必备的基础知识和技能。

我同时发现，很少有名校真正敢于触碰课堂，而课堂是课改中真正难啃的硬骨头。因为即使学生的学习内容发生再大的改变，学习方式不发生根本的变化，这样的课改实际上也是在"避重就轻"。这些年来我走访了不少名校，把学校的课表拿在手里，真可谓是"琳琅满目"，可是走进课堂听课，却是"涛声依旧"，"接受学习、死记硬背、机械训练"的现状没有丝毫改变，"主动参与、乐于探究、勤于动手"的局面始终未曾显现。从"被动学习"转变成"主动学习"这一课改主要目标不知何日才能实现，"学生搜集和处理信息的能力、获取新知识的能力、分析和解决问题的能力以及交流与合作的能力"不知何时才能开始培养。

那么，名校的课改为什么往往不拿课堂开刀？分析下来主要是风险承受能力不强。名校可以每周拿出若干课时给学生做课程选择，也是有风险的，但这个风险是在可控范围内的。而且在紧张的考试科目的学习之余，点缀几节活动类型的选修课，刚好可以劳逸结合。可是，这种情形一般也就在起始年级做做样子，真到了高二高三，就另当别论了。因为大家都知道，那些宝贵的课时怎么可以浪费在这些"没有用"的课程上呢！所以，在较小的范围内把课程内容做些许微调，这不难做到，可是要动课堂，风险却要大得多。

为什么课堂改变的风险更大？因为课堂的改革说到底就是要改变教师的教学方式，改变传统的师生关系，这是要"革命"的，而教师（即便是名校教师）没有为此做好准备，尤其是没有做好专业上的准备。比如，课堂上组织"合作学习"和"探究学习"，说起来容易做起来却不简单，可以说绝大多数教师自己在学生时代就从未有过这样的经历，无论是职前还是职后的培训中都没有系统学习过相关知识，更不要说具备组织学生合作与探究的能力了，所以一线教师虽然对新的学习方式耳熟能详，可是从"听说"到"会做"绝不是一蹴而就的。

教师不愿意改变课堂，我认为是理性的选择，名校的教师可能会更倾向于保守，因为眼下按传统的方式来教，成效不错，为什么一定要变革呢？名校的学生多数都是爱学习的，至少在学习动机上不存在太大的问题，他们也习惯于服从教师的教学，这一特点也助长了名校教师的保守。而名校校长更是无法承受改革风险，因为一个地区的名校实际上承担着更大的升学压力，甚至一个地区高考出没出状元关键就看名校。名校校长们的决策也会是保守的，他们一般希望仅仅做出一些面子上的改革，而不愿意花费太多的时间在一项充满不确定性的"伟大的事业"上。校长们等不起，地方政府官员们更等不起。官员们的思维是，花那么多钱把你们学校"武装到了牙齿"，你们占据了大量的资源，居然出不了"状元"，怎么向当地老百姓交代？所以，官员们也是理性的。

一般学校和薄弱学校的校长、教师也许心里在想，那些名校，占有大量的资源，改革的条件那么优越，有最好的学生、最好的师资，它们尚且都不能动一动课堂，我们这些"苦出身"的学校又哪里动得了？

于是，教育领域内的改革总是热热闹闹的、轰轰烈烈的，可就是很难抵达课堂。

让合作学习服膺于理性

好多关心我的人见到我时都会好奇地问，你现在究竟是做什么的？到底应该如何称呼你？

朋友们这么问，我丝毫不惊讶，因为人们总是希望交往的对象有个固定的职业和确定的社会身份，人们更喜欢与一个有类似"华东师范大学教授"这样的头衔的人打交道，而不会在意那个叫郑杰的人本身，即使那个叫郑杰的人其实并不那么在意"大学"或"教授"之类的名号。如果我回答"我在做研究"，人们一般接着就会问"你在哪里做研究"而不会问"你在研究什么"。在中国，对社会身份和地位的关注是要先于和重于对人和人的思想的关注的。我非常想告诉我的朋友们，离开校长岗位以后我只是在做教育，而且那是我唯一在做的一件真正重要的事。想想当初在校长位置上的时候，哪里做过几件像样的教育上的事呢？

做"教育上的事"与做"与教育有关的事"有很大的不同。在当校长的时候，感觉自己特别忙，开会、迎接检查、接待家长举报投诉、处理伤害事故、帮领导落实条子生……每一件都和教育有关，可是又有哪一件是教育的事？而且明知道有些事是"反教育"的，却不得不违背自己的本意去做。我离开校长岗位已经10年，我想与10年前相比，校长们不务正业的情况，可能至今未有大的改观吧。教育这个行业有那么多在位置上的人，他们是局长或者科长，校长或者主任，院长或者教授，不能说他们不勤奋，他们也许真比一线教师忙碌得多，真的在承受更大的压力，可是他们忙的都是教育上的事吗？

这些年来，如果说我算是在做教育的话，只为一件事而忙，那就是"让教育服膺于理性"。无论我在哪里，在上海、在武汉、在济南、在云南红河、在吉林珲春、在黑龙江大兴安岭、在新疆克拉玛依、在四川雅安；无论我在向谁讲述，向校长、向教师还是向教育局官员们；也无论我讲的是什么话题，讲学校文化、讲管理制度、讲课程建设、讲课堂改革，我都希望为教育灌注一种理性的精神。因为教育的那么多所谓"乱相"，其实是根源于这个行业中理性精神的缺失。

有人认为，解决教育的诸多问题，就要"让教育回到常识"，也就是说，教育只要回到常识，问题就少多了。我并不完全赞同这一说法，因为回到常识未必是理性之举，那些未加检验的常识，虽然受到大多数一般人的认同，却依然很可能属于迷信。

在与朋友聊学校管理问题的时候，我没有聊常识问题，而是聊管理中出现的问题，这些问题我们该如何界定，我们该如何借助一些分析工具找到问题的成因，我们该如何创造性地去解决这些问题；在与教师们聊课程建设的时候，我常常追问他们，为什么要开这门校本课程，这门校本课程与学校理念和培养目标有什么关系；在与班主任聊德育工作的时候，我希望他们先明确到底要培养人的哪些美德，我们的德育工作和班级管理的手段、方法是否与德育目的具有一致性；在聊课堂改革的时候，我希望教师们能先搞明白课堂为什么要改，传统的课堂到底哪里出了问题，原先的那些改革办法到底有没有改掉这些问题；在聊有效教学问题时，我总要先问，什么是有效，如何检测是否有效。只要我看到教育界又有一颗新星冒出来，无论这颗新星是学校还是校长，无论这颗新星的来头有多大，我都要与我的朋友们用理性做出评估。我对我的所有学生说，我什么都教不了你们，我希望你们能学会运用理性，而我也还在学习。只要人学会运用理性，就一定能识破那些教育"神话"和"奇迹"，清晰地看到背后的真相。教育只有见到真相才能获得真正的发展。

这些年来，合作学习在国内"风起云涌"，凡问我是不是应在学校推行合作学习的校长和老师，我都会反问他们，为什么要搞合作学习？如果他们回答我，推广合作学习是因为杜郎口中学开展合作学习就很成功，那么他们是缺乏理性的。而当有人批评合作学习的时候，我总会问他们，什么是合作学习？如果他们回答我，合作学习就是把学生分成小组来教，那么他们是缺乏理性的。当有人抱怨合作学习效果不好的时候，我先问他们，你们会开展合作学习吗？如果他们回答我，不就是向杜郎口中学那样嘛，那么他们显然还是缺乏理性的。

于是，当我看到有一个地方全面推广某某模式时，或者某某学校在基本条件不具备的条件下实施合作学习的时候，我的心在呼喊："救救合作学习！"因为他们不仅在作践教育而且还在作践合作学习。

当一个地方或一所学校总是说"理解也执行，不理解也执行"，或者"有条件要上，没有条件创造条件也要上"的时候，那个地方的人一定是疯了。而要不了多久，你就会看到那里又是"一地鸡毛"。

绩效工资是如何破坏合作文化的？

为了调动教师们的工作积极性，也为了提高教师收入，各地都已经实行了绩效工资。事与愿违的是，不少学校的教师在拿到绩效工资之后，收入确实是提高了，可工作积极性比以前更低了。

我想可能正是绩效工资启发了教师，原来教师工作而且是每一项具体的工作都是可以和钱挂钩的，所取得的每一项工作成果也是可以和钱挂钩的，否则怎么叫"绩效"工资呢？因此，不少教师"开窍"了，如果不给钱，原本可以做的现在不做了；如果不给钱，原本想要做得好些的，现在马马虎虎混得过去就可以了。更可悲的是，当某位教师正在积极努力忘我地工作时，边上却往往出现一两个"现实主义者"充满"善意"地提示他，"给你多少钱啊？值得吗？"某人便会忽然醒悟，"是啊，相比这点小钱，我做那么多工作，不值得啊！"

绩效工资实施以来，学校里原本可能还平静些的生活被打乱了，因为感觉吃亏的人更多了，由此产生的心理不平衡感便弥漫开来。班主任感觉吃亏了，班主任工作又苦又累，要承受更大的压力和风险，却比一般的任课教师多不了多少钱；干部感觉吃亏了，干得比别人多，压力又那么大，可是自己的收入却与所要承担的责任、贡献不相匹配；教师也觉得不公平，凭什么干部比自己拿得多；绩效工资低于教师平均数的人，更觉得委屈，为什么自己的钱给别人分了。总之，几乎所有人都有一种被剥夺的感觉。

绩效工资制度导致了消极的影响，是不是在实施过程中产生的问题呢？

不是。我曾经设想，绩效工资的发放可不可以更公平些？如果绩效工资的每一分钱都建立在清晰而公正的评价制度之上，会不会好些呢？大家对评价结果满意的话，自然对依据评价结果而发放的绩效工资也会满意，毕竟工资是对评价结果的一种兑现。但是，学校教育的特点，使得对教师的所谓清晰而公正的评价成为几乎是不可能的事，模糊评价是学校评价的一个基本特征。因此，既然评价"靠不住"，"奖励"也就自然靠不住了。

可是，即使对教师的评价真的做到清晰而公正，就会因为实现了"公平"而能充分调动广大教职工的工作积极性吗？答案是否定的。因为即使奖励公平了，也难以改变绩效工资制度本身的弊端，那是因为这套制度完全是建立在"竞争"的基础之上的。

学校绩效工资的总额是恒定的，某个人收入增加的前提是他人收入的减少，或者说，这套制度的本质是把别人的钱"夺过来"，于是在竞争中赢的人会感觉到群体压力，会有一种隐隐的"负罪感"，而在竞争中失败的人，就会有一种强烈的被剥夺的感觉。在小小的校园内，也就百八十号教师，有的学校教师人数更少，在人越少的地方，相互的比较就越是直接，人的这种"负罪感"和"被剥夺感"就会更为强烈。

绩效工资制度在学校扎根之后，就像是在学校这个有机体中扎入了一根毒刺，腐蚀着原有的学校文化。在学校这个特殊的组织系统中，原本凝聚所有人的那种温暖的"自尊"和"信任"，被绩效工资制度狠狠地冷冰冰地杀戮了。这不仅已经对教师的日常工作产生了不利的影响，而且对教师个人和教师群体也造成了不可挽回的破坏性。

在竞争性的文化下，教师比以前更为焦虑，也更倾向于自私、自我怀疑；教师与教师之间的交流变得糟糕，因为人们开始意识到与人分享也许对自己是不利的；他们开始将自己封闭起来，宁愿回到"原子状态"，因为相比之下，可能这种"个人主义"的状态才是最安全的；人与人之间不融洽的关系，提高了教师的焦虑感，降低了教师的生活品质；当情绪累积起来，他们更倾向于向外攻击，而不是沟通和妥协。

更要命的是，竞争性的文化鼓励了教师"对人性的消极看法"。人性有其光明的一面，当教师对人性的认识是建立在"利他主义、共同成长、关心和忠诚"

的基础上的时候，他们看到的是光明面。每天与孩子们打交道的教师，必须保持这种积极的态度。可惜，在竞争条件下，教师的内心开始变得冰冷，他们对这份工作不再葆有热情，他们对学生的态度也随之变得冷漠；工作对他们来说，越来越失去意义。

在竞争性的文化下，教师的自尊越来越低，每个月被人打分，随时可能被扣分，绩效工资被扣款，哪怕扣得不多，依然伤害到教师的自尊。而自尊对一个有着独立人格的"高贵"的教师来说，简直就是他的生命！

美国倡导合作学习的代表人物约翰逊兄弟在他们的研究中发现，自尊不强的个体，存在以下问题：1. 由于为自己定的目标较低，对自己缺乏信心，并认为无论付出多少努力都会失败，所以他们的效率低下。2. 总在找他人的缺陷，对他人和自己吹毛求疵，并试图"摧毁"对方。3. 由于感到尴尬、羞怯和怕拒绝而退缩。4. 对批评显得顺从，易受影响和极易被人说服。5. 产生更多的心理问题，如焦虑、神经紧张、失眠、沮丧以及其他身心症状。

约翰逊兄弟认为，参与竞争的教师，如果他们还有自尊的话，他们的自尊也是建立在输赢上的，"如果我赢了，我就有价值，如果我输了，就毫无价值"。因此，他们会"防御性地自我贬低，害怕评价，对同伴不信任"。

这些年来，我一直在研究和思考学校文化、教师团队文化和课堂文化的关系问题，我越来越认识到，课堂内的"积极互赖"的文化之所以难以建立，主因是不良的学校文化和教师文化，一旦竞争性的和个人主义的文化占主导地位，那么教师间良好的合作基调就被破坏了。教师本身生存的处境和制度环境，均不支持他们将合作作为一种价值观和信仰，而学校在教师面临如此大的压力和焦虑之下，如果非但不给予教师必要的心理支持，反而不断地指责教师"理念落后、缺乏工作热情、不积极投身改革"，这是不公平的。

所以，在那些想推行合作学习的学校，我会坚定地宣扬支持合作学习的文化，那就是不遗余力地建立高度的信任关系，以及保护好每个人的自尊。

而信任和自尊，在当下，又都是如此的脆弱！

课程改革者的最佳姿态：柔软而坚韧

有段时间，网络上热议课改的成败，我认为课改成功与否只要对照一下当初设定的课改目标就可以形成结论，无需浪费太多的网络资源去做太多的讨论。我认为，我们应该集中检讨的是，课改为什么会失败，或者用委婉一点的说法：课改成效为什么不显著？

我在10年前的讲演和著述中曾经发表过以下两个主要观点：

一是，凡是自上而下的推动却缺乏自下而上的呼应的改革，都不会取得成功，也就是说，将学校和教师当成是改革的对象而不是改革的参与者，这样的改革只会像剃头挑子一头热。为此，我坚定地主张要保障学校的办学自主权，不仅学校应该依法自主办学，而且要让教师享有在教学领域内的更充分的专业话语权。教育领域内的改革一定要摈弃"工程"思维，不能由着教育主管部门的个别领导一手策划所谓的改革，并以强有力的行政手段来推动。我强烈反对类似"理解也执行，不理解也执行"、"有条件要上，没有条件创造条件也要上"的口号。长官意志下的激进改革，往往忽视了教育的复杂性，这样的改革怎么会成功？

二是，教育的问题表面上看是"教育问题"，从本质上看是组织系统问题，正是"组织决定了功能"，而不是相反。如果组织系统出问题了，功能是一定要出问题的。比如，学校是个组织，教育是学校这个组织的一项功能，如果学校组织效能低下，那么教育功能肯定会有问题。

随着研究和思考的深入，我意识到以上两个结论，还是下得太简单了。

改革是非常复杂的过程，推进改革的方式也是多种多样的，如"计划式改革"是一种方式，"强制式改革"也是一种方式。"计划式改革"是通过制订中长期计划，在人们有了充分的思想、心理、专业准备的基础上，准确地按照程序来做出行为的改变；"强制式改革"是一种"短平快"的方式，改革的策动者享有主要的权力，自上而下地以"摧枯拉朽"般的气势使改革迅速获得成效。

除了"计划式改革"和"强制式改革"，还有"互动式改革"和"自然式改革"。"互动式改革"是指组织的全体成员共同确定目标，共同商议改革的过程，并共同解决问题；"自然式改革"是最随意的一种改革方式，是"顺势而为"，改革的参与者事先没有确定任何目标，因此改革的结果也是不可预料的。

从改革推动力的强度看，四种改革方式从"强制"到"计划"到"互动"到"自然"，强度依次递减。那么改革的推动力到底是强势的好还是弱势的好呢？这就不能一概而论了。

首先，我们要分析改革的阻力来自哪里。

一些阻力来自学校本身。比如学校文化本身比较保守和刻板，学校内部的体制不顺，决策程序不良，科层制的结构，激励措施不到位，这些因素都会使学校成员产生惰性。

一些阻力来自群体。有时候学校内"小团体"的存在，会成为学校变革的巨大阻力。尤其是那些内聚力很强的群体往往更不容易接受变革。

一些阻力来自个体。改革中，人们需要从熟悉、稳定和具有安全感的工作转向不确定性较高的工作，会感到自己在学校中的地位受到影响，尤其是资深教师，他们往往成为改革的最大阻力。

通过对改革阻力的分析，我们可以基本得出一个结论：那些传统的名校，已经形成了自己相对固定的文化，教师团队凝聚力较高，而且资深教师较多，要推动改革似乎不能用激进的方法。相反，"穷则思变"，基础比较薄弱的地区和学校，倒是可以在改革方式上适度强势些。

除了分析改革的阻力，我们还要进一步分析改革的领域。基本上我们可以将改革的领域划分为三个"主战场"：组织领域；专业领域；思想领域。

这三个领域的改革方式也应该是不一样的。一般而言，最该强势推动的是组织领域里的变革，所谓的"快刀斩乱麻"，迅速消除妨碍组织效能低下的一切因素；最急不得的是思想领域内的变革，要用"温水煮青蛙"的方式逐渐渗透、慢慢催化；专业领域内的变革则要强调计划性，既不能太快也不能太慢，更不能等待，试图以"自然式改革"的方式让教师自发自觉地开展课程改革，那一定是会落空的。我们不能因为反感某些不适合的改革方式而退回到反对改革本身。

总体上看，课程领域内的改革应该有计划地进行。所谓有计划开展的改革要做好三件事。

第一件事：发现存在的问题。改革本身起于"对现实的不满"，所以先要找准问题所在。比如，推动课堂合作学习的改革，就先要罗列出合作学习实施过程中产生的问题。如一些教师在课堂教学中一味片面地追求合作学习的外在形式，忽视了合作学习的目的、动机和学习过程；在课堂教学中，教师盲目地采用小组合作学习方式，一些没有思维容量，甚至是根本不值得讨论的问题也拿出来进行小组讨论，导致教学时间大量浪费；课堂教学秩序混乱，在合作学习时，课堂噪音过大，有的小组两三个人同时抢着发言，你说你的，我说我的，谁也不听谁的，有的小组借此机会闲聊、说笑或者干别的事；等等。把这些问题先罗列出来，开出清单，为第二步分析问题做准备。

第二件事：找到导致问题的原因。首先要从教师方面分析，比如，是不是教师自身对于合作学习的理解不够深入？是不是教师还没有掌握课堂调控的技术？其次要分析学生方面的原因，比如，是不是学生缺乏合作技能方面的训练？是不是缺乏反思习惯和反思能力？我认为还要认真分析学校方面的原因，比如，是不是已经对教师进行了系统的通识培训？是不是现有的教学条件限制了合作学习的开展？总之，一定要理性分析问题背后的成因，才能真正解决问题。

第三件事：采取适当的方法和策略。所谓适当的方法和策略，是强调没有一种方法和策略是可以简单照搬和复制的。

我的朋友评价我说，与10多年前相比较，我少了很多锐气，好像从一个"激进派"变成了一个"保守派"。对此评价我不以为然。当年在做校长的时候，我的关注点在"组织系统"，那是一所薄弱学校，当时我所策动的校内大大小小的改革，都是在做"快刀斩乱麻"的事，像个斗士，显得比较强势；10年前我离开校长岗位，一头扎进课堂，我深知，在专业领域内，要用做针线活的功夫，柔软而又坚韧。

合作学习的风险提示

只要一说起课改就会提到学习方式的转变，那是因为学习方式转变是新课程改革的显著特征和核心任务；只要一说起学习方式的转变就会说到自主、合作和探究，那是因为转变学习方式从根本上说就是要从传统学习方式向现代学习方式转变，而从内涵和特征来看，自主学习、合作学习和探究性（研究性）学习，都具有现代学习方式的特征；只要一说起自主、合作和探究就会谈到教师角色转变和教师的教学方式转变，那是因为影响学生学习方式的主要因素就是教育者的角色定位和他们的教学方式，如果教师不能调整自己在教学中的角色位置，不能改变自己的教学方式，那么新的学习方式是建立不起来的。

首先是教师的角色定位问题。自主学习、合作学习和探究性学习这三种学习方式，都要求师生关系发生变化，都倡导改善师生关系，改变"教师中心"的观念，变师生关系为朋友关系、伙伴关系，变教师"教"为教师"导"、学生"问"。

其次是教师的教学方式问题。这三种现代学习方式都重视启发、讨论等具体的教学方法，都重视观察，进行分析，提出问题，寻找解决的方法、途径，都强调思辨能力的培养，都主张给学生探索、发现的机会，给学生交流、展现的舞台，从而培养学生的创新精神与创新能力。

可是在现实中，正是因为教师角色定位和教师教学方式很难改变，导致课堂里学生学习方式也很难发生变化。课改难在哪里？难在教师不愿意改变。于是我们经常会批评教师，批评他们不思进取、观念落后、不学习不思考等等。

从我长期的针对教师的咨询和培训经验来看，大部分教师对目前的教学是不满意的，他们也希望能发生改变，至少他们不愿意停留在"传统的"和"老旧的"教学方式中让自己身心俱疲。可他们为什么不能勇敢地跨出那一步？我认为他们可能是"理性的"，因为他们知道在引入一种新模式、新方法前，应该做好风险评估的工作。越是负责任的教师，可能在改革面前越是慎重，人们非常渴望看到充分的证据来证明学习方式改革的安全性。我们告诉他们，你的角色要发生转变，你的教学方式要改变，可是他们的疑问是，"成绩掉下去了怎么办？"他们知道，无论搞什么改革，到头来还是要向他们要成绩的。可是，专家、局长、校长们，我想无论是谁，都不敢承诺"成绩不会下降"，也不敢承诺"不看你们的成绩"。改革的风险实际上主要还是由教师来担的。

对于教师所担忧的学习成绩问题，可能确实存在风险。合作学习会不会使学困生的学习成绩更差，这就是一个具体的风险。在组建小组时我们主要以学习成绩为主进行异质编组，就是将学优生与学困生捆绑在一起，希望由学优生帮扶学困生，可是风险在于，可能因此导致学优生对学困生的"控制"，使学困生在合作学习中处于附庸的地位。学优生在小组中处于主宰地位，他们把持了小组的各项活动，潜能得到了发挥，他们将学得更好，而学困生因为基础薄弱，各方面表现都不如优等生，在无形中就失去了思考、发言、表现的机会，在小组内处于从属或被忽略的地位，这反而更加剧了在学业成绩方面的两极分化。这就是合作学习的具体的风险，如果这一风险得不到有效的控制，教师们怎么会热心投入改革呢？

此外，班级人数过多，也是一个风险。班额过大始终是困扰合作学习的瓶颈，因为合作学习中班级人数的多少在一定程度上影响合作学习的效果，班级人数少，教师便于指导，学生合作也比较充分。班级人数过多，学生在课堂中参与的机会就会少一些，容易给一些参与度不高的学生造成可乘之机，教师指导起来也相当困难。

在自主、合作和探究性学习中，实施合作学习的风险是最大的，因为相比另外两种学习方式，合作学习对教师角色定位和教学方式转变的要求最高。"自主学习"一般都是以个体形式进行的，只有在遇到一些独自难以解决的问题时，才需要教师的帮助；在"探究性学习"中，教师的角色主要是研究者和指导者；

而"合作学习"是以小组形式展开的学习，教师要集多种角色于一身，既要成为学生学习的组织者、指导者、帮助者和促进者，还要担当学习活动的指挥与决策者、管理与参与者、仲裁者的责任，要扮演好这些角色，其难度可想而知。

我感觉我们这些搞研究的和搞教育管理的，比如专家、局长、校长们，就如同"厂商"在竭力向教师推销产品，当我们越是把自主、合作、探究吹得越神乎其神，教师们可能越是冷眼望着我们，心里充满疑虑。

那么，我们能不能做个诚实的"商人"，在向教师们描绘美好愿景的时候，同时将风险也袒露给他们，然后与他们一起面对、一起研究、一起实践？做到这一点我相信专家也好，教育管理者也好，一定会比现在更能赢得教师的信任。

尽人事，听天命

我很少参加主流教育界主办的各种会议，尤其不参加诸如经验交流会、事迹报告会、表彰会之类的活动。一方面是因为我没有什么头衔和名号，别人也未必会想到请我，另一方面是因为我的个人偏好，我可能更倾向于参加那些探索知识的活动，而非时势类的活动。

在一些时事类会议活动中，我们常常可以听到三种话语：一是陈词滥调，说那些永远正确的废话，任何问题都要从国内外形势说起，反正就是形势喜人，又时不待人之类的废话；二是讲述个人经验，将某些良好的效果与某一具体的做法勾连起来，变成一种因果关系，而实际上这种勾连是不符合逻辑的，也是不可靠的；三是诉诸情感，不是试图用理性来说服你，而是用情感来打动你，我认为在教育研讨会上放纵自己的情感是缺乏教养的表现。实际上那些形形色色的传销活动，也多半用这些方法：把励志的无意义的话反复宣示，将健康（或其他良好的效果）与某一特定的产品建立勾连，用情绪感染的方式使人失去理智。我还特别听不得以下这些连接词——"只要……就能……"、"没有……只有……"、"不……就一定会……"等等，这些连接词往往使表述的内容更为绝对，让听众产生一种压力感。

因为我的个人偏好，我甚至认为教育界的活动应以专业活动为主，而所谓的专业活动就是要传递知识，而那些经过验证的知识才是真正有价值的知识。陈词滥调、危言耸听、个人经验、情感鼓动为什么都是靠不住的？主要原因就在于这些东西无法验证或未经验证，所以对听众来说收获并不会太大，说得过分一点就是在浪费生命。为什么有不少老师说，在听专家讲报告的时候热血沸腾，听完报告回到学校还是一切照旧？这一方面与听者的行动力和外部环境有关，另一方面与讲演者没有尽到传播真知的责任有关。

我觉得讲演者和听者都要补一门极为重要的课，就是逻辑课。至少大家先要把需要研讨的问题所涉及的概念搞清楚吧。比如在一次德育的论坛上，听者向讲演者提了个问题："遇到中学生早恋问题该怎么办？"这本来就不是一个问题，两个孩子发生了恋情这是个问题吗？假定那是一个问题，是道德问题吗？作为一般的听者提出这个问题尚可理解，而堂堂的德育专家竟然煞有介事地回应这个问题，还说出一套又一套方法来，那就不应该了。会议之所以总是会不由自主地偏离主题，往往就是逻辑（概念）不清的结果。

我的个人偏好还使我尤其反感那些不知道敬畏，向听者展示自己能解决一切问题的架势的虚妄的讲演者。

什么是虚妄的？没有事实根据却言之凿凿的就是虚妄的。用斩钉截铁的语言告诉大家只要按照他的方法去做就一定能行，不负责任地告诉大家"就这么简单"——课改就这么简单、合作学习就这么简单、教育"差生"就这么简单，这就是虚妄。那些人在说这些话的时候，表情是"真诚"的。而实际上那些不着边际的、不可捉摸的和神奇的事物，一旦讲多了，他们自己也会信以为真。

什么样的人特别容易虚妄？我发现那些获得过些许成就，却被媒体或宣传部门夸大报道的，那些像明星一样的人，他们最容易自我膨胀而变得虚妄。那些受过隆重表彰或重要领导接见过的，他们在鲜花和掌声中浸泡得越久，成为一个虚妄的人的风险就越大。那些经常作报告，却只是单向输出，很少有机会与听者平心静气地对话的，虚妄就越是严重。

在科学化程度比较低的行业或领域，虚妄的人越多，比如德育领域，关于什么是德，怎么才能有效地育，本来没有什么定论，这个领域内的绝大多数知识无法检验或者还来不及检验，所以自我吹嘘的人就很多。

虚妄的人是不知道敬畏的。那些虚妄的名校长、名班主任、名教师、名教育家，他们把虚妄的话说多了，就变得越来越不知道敬畏。他们四处讲演，将学校、班级、学生的变化全归功于自己，归功于自己的某一关键性举措，却忘记学校、班级、学生的变化，本身是一个十分复杂的过程，哪怕是一点点微小的变化都取决于众多的因素合力而为。其实，至今为止，我们对决定着这些变化结果的过程，几乎不可能进行充分的了解或计算，将来也不可能充分了解或计算。因此，抱有敬畏心的教育从业人员，总是带着一双好奇的眼睛，不断地努力加深自己对教育的理解。

一个知道敬畏的人，首先相信学校、班级、小组、个体都是会自组织的。

什么是组织？一般来说，组织是指系统内的有序结构或这种有序结构的形成过程。从组织的进化形式来看，可以分为两类：他组织和自组织。如果一个系统靠外部指令而形成组织，就是他组织；如果不存在外部指令，系统按照相互默契的某种规则，各尽其责而又协调地自动地形成有序结构，就是自组织。越是复杂的和不确定的领域，越是自组织的而不是他组织的。比如，人类社会与自然界相比较是自组织的，教育与医疗相比较是自组织的。原因就在于教育和大多数自然科学不同，它必须处理的是本质复杂的结构。也就是说，它所处理的结构，只能用包含着较多变量的模式加以说明。正因为教育处理的对象是"复杂的无机现象"洛克菲勒基金会成员瓦伦·韦弗博士语，因此，从来不是某个人的某一关键性行为就能改变一所学校、一个班级，甚至不可能因为出现了一个了不起的教师，某个孩子的命运就能被改变。

因此，如果会场中那些天真的听者对那些振振有词的讲演者无比膜拜，对他们的言论缺乏评判能力而不加批判地接受，那是很危险的。

有时候正是听者的心理，助长了虚妄的产生。人们期待着讲演者能告诉他们解决问题的具体方案，这种愿望越是强烈，那些哗众取宠的讲演者就越会投其所好，忘记了其实他们自己曾经或当下正被一大堆问题所困扰，他们不再承认对于教育问题的解决能力的有限性。哈耶克在诺贝尔颁奖礼上的演讲中说，听者过高的期待，"总会使某些人不顾自己的能力所限，假装或真诚地相信自己能做得更好，以迎合人们的要求"。

在演讲中，哈耶克接着说："社会研究者认识到自己的知识有不可逾越的障碍，便应懂得谦卑为怀的道理，不至于再去充当那些极力想控制社会的狂妄之徒的帮凶；这种做法不但会使他成为自己同胞的暴君，并且可以使他成为一种文明——它不是出自哪个头脑的设计，而是通过千千万万个人的自由努力成长起来的——的毁灭者。"

真正教育者的敬畏，是对自组织的敬畏。

我在对教师进行合作学习方面的指导时，经常有人问我，我在课堂里实行了合作学习，可是那些"差生"怎么还是不参与到学习中来？我的回答是，学生不参加课堂学习是一个非常复杂的问题，如果我们认为只要搞了合作学习，学生立马就会发生变化，这就是缺乏敬畏心的表现了。

还有的教师问，怎么才能让学生小组合作得更好？我的回答是，先要"混合编组"，就是在组建合作学习小组时，应尽量保证一个小组内的学生各具特色，使他们能够相互取长补短，使小组成员是异质的、互补的。那么混合编组是不是就一定能解决小组合作的所有问题？答案当然是不一定，因为与小组合作相关的因素很多，混合编组只是其中的一个因素。可是在所有因素中，这个因素又是很重要的，因为对学生进行混合编组，就使一个小组具备了多样性，而小组成员的多样性，可能使小组活动中有更多、更丰富的信息输入和输出，可以激发出更多的观点，就越能使一个小组发挥自组织的功能。

有时候，在教育工作中不是做得越多越好。我们共同的局限性在于，我们不得不调低自己的姿态，尽人事，而后听天命。

合作的文化不是家文化

领导者们总有个冲动,喜欢将工作单位比作家,当年我也曾经这么期望过。可是,我是在32岁那年当上校长的,因为比较年轻,实在是不好意思将自己所任职的学校比喻成家,好像我这个校长就是一个家长似的。在我任职的学校,绝大多数教师都年长于我,有一些甚至是我父母一辈的。后来,我反对"家化"学校,跟我的年龄没有什么关系了,我反对的是中国式的家文化本身。

记得我在当校长时,就跟我周围的同事们说,千万别把学校当成家,你的家是由你的亲人构成的,学校只是一个工作场所。你受雇于学校,学校和你都要履行劳动合同,这份法律文书其实已经规定了各种关系,规定了学校和你各自需要履行的权利义务。学校哪里是家呢?如果你对学校不满意,你可以自由地离开,要真是你的家,哪能说走就走呢?我甚至对老师们说,用不着对学校存有感恩之心,好像学校培养了你,你不报答学校就显得不仁不义似的。我们每个人都是普通劳动者,我们努力工作,学校给我们薪酬,谁都不欠谁的。我甚至放出这样的狠话:千万别把我这个校长当家长,我也是一个雇员,受雇于教育局来管理这所学校,我也同样不会感激教育局,我与教育局是对等的关系,正如你们与学校的关系。我这个校长不是学校的一家之长,校长与教师们都是雇员,是平等的工作关系,这种关系要求我们很好地合作共赢,在发展学校的同时发展自己,我们谁都不要勉强自己。工作范围之内的事,有些由我做主,有些由副校长、主任等管理者做主,有些则由你做主,至于到底什么事由谁做主,岗位职责上说得清清楚楚，我们都照着条文来，不是我职权范围内的，我绝不会替你们做主。

当初，我所任职的学校是由3所学校合并而成的，出于对错综复杂的人际关系的恐惧，我必须明确反对"家化"学校，自己的小小的家尚且未必可以搞定，再要伺候学校这个更麻烦的"大家"，一定会把我这个缺乏生活和"斗争"经验的小年轻弄垮的。所以我索性正告所有人，在学校里我没有亲人，也不会把任何人当亲人。我甚至宣告，在学校里我不交朋友，校长这个岗位要求我有公心，而朋友只会激发我的私心。所以，老师们要有些私人方面的事务，比如家庭矛盾之类的事，也千万别来让我做主，我不是你的家长。

中国人的"家"，代表着一种关系，这种关系是有亲疏远近之分的，社会学家费孝通先生称之为"差序格局"，他认为亲疏远近的人际格局，如同水面上泛开的涟晕一般，由自己延伸开去，一圈一圈，按离自己距离的远近来划分亲疏。费孝通先生准确地区分了中国传统社会和现代社会，提出了"差序格局"和"团体格局"的概念，关于差序格局和团体格局的区别，他说："现代社会以个人为本位，人与人之间的关系，好像是一捆柴，几根成一把，几把成一扎，几扎成一捆，条理清楚，成团体状态；传统社会以宗法群体为本位，人与人之间的关系，是以亲属关系为主轴的网络关系，而每个人都以自己为中心结成网络。"在这么一所小小的学校，以家来作喻的话，等于提示了所有人，我们学校主张一种文化，这种文化下，人与人之间是不平等的，每个人都以自己为中心与他人结成亲疏远近的关系，这种关系下，学校会产生许多严重问题，正如中国传统社会下必然会出现问题一样。

传统社会最大的问题就是"自我主义"（注意，不是个人主义），在差序格局所构建的关系中，每个人自己总是这种关系的中心，那么在我这个校长的周围，就会形成一个个或远或近的圈子，于是最终一定会使校长失去了应有的公正性。而学校里每个人也会以自己为中心形成圈子，小团体也就必将出现。我特别反感学校里搞出什么"拜师"活动，不就是指导一下青年教师嘛，怎么就"终身为父"了？

学校里形成一个个小圈子是极其有害的，因为正是这些圈子，导致公与私之间的界限变得模糊。为什么中国人总是缺少公德心，为什么总是"只扫门前雪"？病根子可能就在这里。更要命的是，有了圈子以后，因为亲疏不同，使得学校道德和规章可以根据关系的远近程度而自由伸缩，使得学校普遍原则和标准失去了效用。

一所现代意义上的学校一定要与家这个概念切割清楚，越是强调家文化，就越扯不清那些夹杂着情感与利益关系的家务事，就越是长不出公德心，也越来越使整个学校陷入到人治之中。在传统社会中维持秩序时所使用的力量，从来不是法律，而是亲疏远近的人际关系。

不过，反对将学校以家为喻，不等于不讲人间温暖，也不等于说未来就再不能以家为喻。如果哪一天，中国社会已完成转型，人与人都获得了平等和自由，不仅在政治上和经济上获得了解放，而且在家庭中也获得了解放，那么我们再来将家的概念引入学校也不迟，因为那时候的家文化是消过毒的，对学校这个有机体是无害的。

让我们想象一下，在中国社会的每一个细胞——家庭中，无论是长辈还是晚辈，大家都是平等的，每个人都可以为自己做主，都能自己决定自己的重大事务，也都能为自己承担起只属于他们自己的责任，谁也不再是谁的附庸，到那一天我们再来谈学校像个温暖的家也来得及。

可现在，我们依然听到那么多主张孝道和感恩父母的声音，看到那么多人支持诵读《三字经》《弟子规》之类的东西，还有司空见惯的逼婚之类的文化现象，我们居然还敢让学校像个家？

合作学习为什么往往有始无终？

有时候我很有挫败感，在我所指导的大部分学校，合作学习都没有能坚持做下去，真正持之以恒的学校少之又少，无论小学还是中学，都是如此。这些半途而废的学校，当初在参加合作学习的时候，决心不可谓不大，各方面的条件也不可谓不好，甚至在起步阶段进步神速，可为什么偏偏不能长久，又回到传统教学的老路上去了呢？

其实不仅是合作学习，其他一些新的学习方式，基本上都没有成功地根植于学校。对传统的学习方式的批判已经不是一年两年了，那种将学习建立在学习者的客体性、受动性和依赖性的基础上的传统教学，因为严重忽视了人的主动性、能动性和独立性，其实早就被批得体无完肤了，可就是批而不倒，在一个号称全球化和现代化的年代里，照样在绝大多数学校里大行其事，哪怕这些学校的设施设备早就"现代化"了。我觉得这实在是一件匪夷所思的事。

细细想来，传统教学的存在也有其合理性，学生的学习内容多，难度大，而学业评价依然只注重纸笔考试，在这种背景下搞课堂改革，搞学习方式的转变，确乎好难。不仅合作学习很难扎根落地，其他一些现代的学习方式如自主学习、体验学习、研究性学习，境遇都差不多。所以合作学习在那些学校坚持不下去，可能并非合作学习的问题，而是教育的系统性问题导致整个转型发生了困难。

这个系统性问题首先是，我们很难放手让学生自己来学。要是我们不认为学生自己会学，而且一定会学好，并对这一点始终缺乏信心，那么学生就得不到独立学习的机会。而合作学习又必须是建立在独立学习的基础之上的，也就是说任何高质量的合作学习在展开之前都要有扎实的独立学习打底子，结果因为教师不放手，导致独立学习不充分，合作学习当然也就出问题了。

与合作学习对应的词就是独立学习，而我们经常说的自主学习，其实质就是独立学习。自主学习对学生个体发展有着重要的价值，自主学习在某种意义上讲，就是采取各种调控措施使学生的学习达到最优化的过程。一般说来，学习的自主水平越高，学习的过程也就越优化，学习效果也就越好。有的老师说，为什么我班里的小组讨论，学生们说不出什么来，还不如我自己教。问题出在哪里？问题就出在教师没有让学生自己学，所以独立学习、自主学习做不好，合作学习也就做不好。

系统性的第二个问题是，学生为什么要合作学习？如果学生自己学就会了，何必浪费时间去搞合作学习。那么合作学习的真正价值在哪里？真正的价值正在于促进学生的探究和发现。

在日常观察中我们经常可以看到，当学生独立学习之后，靠自主学习解决不了的问题，他们会不由自主地与他人合作交流和研究，他们叽叽喳喳讨论起来的时候，连教师都阻止不了他们。也就是说，孩子们越是在独立探究性活动中遇到问题，就越会产生与他人合作的动力，所以真正好的合作学习不是被教师强迫的，也绝不是勉强的，而是按捺不住的。所以从自主学习到探究学习，再到合作学习，是有逻辑顺序的。

系统性的第三个问题就是评价问题，如果我们的评价考试只考书本知识，只考有标准答案的问题，那么学生们就不必去做任何探究性的活动，答案都准备好了，还探究什么呢！如果学习不为着去探求新知，那么独立学习、独立思考都变得多余了，索性就由教师讲，学生听和记就可以了，这么一来，合作学习也就变成多余的了。

系统性的问题是需要系统化的方式来解决的，抓合作学习不能仅盯着合作学习，一定要同时关注以下几个问题：

1. 建立一个信念：学生是喜爱学习，而且是能学好的。之所以没学好，主要原因是我们教得太多，他们学的体验太少。这使学生们渐渐丧失了自主学习的欲望和能力。

2. 给出一些时间让学生们独立学习。要鼓励他们形成自己的想法，独特的想法，有创意的想法。如果标准答案都在我们手里，学生的思维活动便指向于猜测你所要的答案。

3. 在学生想不明白的时候，不急于公布答案，或让优秀学生回答，而是组织大家分组讨论。

4. 给予通过探究获得的答案以优评。教师要鼓励探究行为，只有真正对学生的探究保持宽容，学生才一定会学得更好。

如果这四条没有得到同等关注，合作学习一定虎头蛇尾，不得善终。

谈谈学校的贪婪病

我常常对我的同事们说，虽然我们在研究合作学习，为实施合作学习的学校和教师提供技术支持，但我们绝不主动推广合作学习。采取较为消极的行事风格不是因为低调，而是因为我深知，要改变一个人的观念是非常难的，弄不好还要为此付出不必要的代价。

我们这个团队只为那些思想上已做好准备的学校和教师服务，我们这些"技术人员"要保持谦卑，我们服务于思想，而不负责创造思想或改造思想。如果我们将精力花费在推广合作学习上，就一定会为了说服他人而只专注于讲述合作学习给师生、给学校带来的好处，甚至为了宣传的需要而不由自主地夸大合作学习的优势，结果反而会激发质疑者的挑战，而那些合作学习的忠实拥趸者也可能被激怒，为捍卫尊严不惜与对方"战斗"，到头来双方都只会加固了自己的立场而再也听不到对方的声音。

我清楚地知道，教育这个行业其实得了一种病，就是求全责备的病。我们要求一切的改革举措都必须是完美的，否则就不必推行。比如高考改革，除非是无比完美的改革方案，否则就会面临一通斥责。我们陷入了"要么成功，要么就什么都不必做"的境地。这是一种"完美主义"的倾向，听上去美好，其实是一种病。

当我们追求对学生终身发展能力的培养时，你就质疑说基础知识怎么落实？当我们注重情感态度的养成时，你说要是面临考试怎么办？当我们培养学生个性时，你说共性和社会性难道不重要？我们致力于合作学习，强调以学习小组为依托，以群体的分工、协作为特征来进行学习，于是你就批评说合作学习牺牲了学生的个体差异性，不利于培养学生独立学习的能力，而现代社会就是要让学生享有自由选择权、决策权，促进他们自我评价、自我反思和自我发展等。你看，当一项主张和做法提出来之后，就一定会被挑刺，而且总能挑出毛病来，那是因为世上本来就不存在无缺陷的主张和做法。

美国合作学习专家约翰逊兄弟经过长期的研究，将合作性学习的良好结果概括为如下12个方面：1.更高的成就和更深的记忆。2.更多高层次的推理，更深入的理解和批判性思考。3.更多完成任务的行为，更少破坏行为。4.对学习的更大的成就动机和内在动机。5.更能从他人角度看问题。6.不分种族、性别、社会阶级或是否积极的、支持性的同伴关系。7.更大的社会支持。8.对老师、校长和其他学校员工的更积极的态度。9.对学科领域、学习和学校更积极的态度。10.健康的心理调节机制和心理状况。11.在自我接纳基础上的积极的自尊。12.更强的社交能力。可是，他们所总结出来的那么多条优点，都是强调学习者之间的相互依靠关系和促进性作用，显然合作学习在促进个体独创性等方面并不具有显著的优势，但是如果我们必须找到一种主张或做法是完全没有缺陷的才去接受它，那么很遗憾，那种十全十美的东西是不存在的，或者只存在于人们的梦想之中。

可是，为什么我们往往习惯于求全责备呢？我认为病根子在贪欲上，人性中的贪婪在教育行业淋漓尽致地表现出来。我们要求孩子们是十全十美的，不仅全面发展而且全面优异；我们要求教师是十全十美的，不仅书教得好，而且道德高尚，他们既能被绩效工资和评聘职称调动积极性，同时又不计较个人得失，在学校里既能听领导的话老老实实教书，又能有创新不满足于现状；我们要求校长是十全十美的，既能不折不扣地完成上级布置的所有工作，而且还能创造性地做出许多新事来，既是业务尖子又能善于处理复杂的人际关系；我们要求学校也是十全十美的，最好每个项目都拿第一，否则就是有问题的。教育行业的从业人员之所以身心俱疲，实在是求全责备的结果，而之所以求全责备，实在是一种贪欲在作祟，在资源条件还不具备的情况下，什么都想要，什么都要做到最好。有条件要上，没有条件创造条件也要上，这岂不就是贪婪？

教育界的牛人们去了一趟美国，回来就照着美国的样子办，以为那就在搞素质教育。姑且不论学得成学不成，即使是学成了，他们能接受学业成绩下降吗？照美国的那一套，考试一定是输给中国人的，这一点美国人也在反思，而我们学了美国，就能做到素质和分数的"两全"吗？

我发现，贪婪不仅仅是教育界的毛病，而且还是全社会的毛病。为什么会染上这毛病？我左思右想，可能与我们过于狂妄而不知敬畏有关。一个从小被灌输"只要努力就一定……"的人，长大了以后，人的自我就特别容易膨胀，以至于真的认为事在人为，真的以为完美之事也是出于人为。

传统教学与校园欺凌

合作学习不仅是一种教学方法，而且是一种区别于传统教学的新的课堂文化和生态系统。

传统教学的课堂中，主张个体之间的竞争，至少在学习成绩上是要进行排名的。竞争性的课堂文化，导致了排他性的课堂生态，在这种不良的生态条件下，优秀的学生容易变得自私和保守，而学习成绩差的学生则容易放弃竞争，最终放弃学习。

传统教学的一个很大的弊病就是容易导致学生在学业上的两极分化，并且使一部分学习上的"差生"变成了行为上的"差生"，即所谓的"双差生"。那些对他人或集体产生破坏性行为的学生，大多同时是学业上的失败者，之所以如此，主要是因为他们无法在课堂上获得足够的关注，而他们又如其他所有孩子一样希望被关注，于是唯有靠破坏性行为来引起关注。校园欺凌是一部分学生为获得外部关注而采取的一种偏激的破坏性方法，他们通过对他人在心理和身体上的长时间的恶意攻击来显示自己的强大，从而为自己争得了存在感。

传统的教学方式是鼓励个人主义的，因为只看到学生个体的学习成绩，他们个性中的很多弱点被淡化和忽视，只要成绩好，即便是偏狭、自私甚至冷酷这样一些严重的道德缺陷也能被教师接受。在传统课堂里，教师几乎没有必要对学生进行与人交往方面的知识与技能的培养，更不会教孩子们如何关爱他人和处理冲突，在孩子们的字典里是没有"合作"这两个字的。正是个人中心主义，使孩子们养成了唯我独尊的不良心态，他们遇事只考虑自身利益，漠视他人存在，一旦自己的利益受损，就容易偏激，不假思索地采取极端的攻击性行为。

传统教学存在着"竞争主义"和"个人中心主义"的弊端，校园欺凌本身就是不正确的教学方式的副产品，而欺凌者本人实际上也是受害者。传统教学从来不教授人际交往的知识和技能，即使教，也只是教师生间的相处之道，多半也都是那些不平等的规则，如孩子们如何驯服于教师的规则。教师不教或很少教那些与同伴相处的知识和技能，是因为传统教学中，生生之间的对话和互动基本上是多余的。所以，只要课堂教学不发生改变，学校里的不良生态就不会真正改变。

我们积极倡导合作学习，并不全是为了提高学生的学习成绩。有比提高学生学习成绩更为重要的事要去做，那就是教会学生学会如何与他人相处，尤其是教会他们与那些与自己不同的人和谐地交往，甚至学会与自己的竞争对手相处。

合作学习非常注重创造一种人与人之间和谐相处的氛围，这种氛围让孩子们产生一种"内群体"的美好体验。所谓内群体，按美国社会学家萨姆纳在《民俗论》一书中的提法，是指一个人经常参与的或在其间生活、或在其间工作、或在其间进行其他活动的群体，成员会感到自己与群体的关系十分密切，并对群体有强烈的归属感。通俗地来讲，内群体就是大家感觉到我们都是一伙的，这种感觉是很美好的。合作学习非常注重让学生们感觉到我们是"一伙"的（又称"我群"），这种体验能大大地促进孩子们之间友善行为的发生。

合作学习不仅要创设"内群体"的氛围，而且还要直接教授合作技能。虽然人类本身具有与他人合作的社会性基因，但从来没有人生来就会与他人合作，即使我们有了合作意识，具体的合作技能也是要通过学习甚至"过度训练"才能学会的。比如，如何倾听，如何向他人表达异议，如此给予他人反馈等等，教师都要有计划地从点点滴滴开始教起。为了能教孩子们合作技能，教师自己就要先学一步，因为合作学习不仅是课堂里的生生合作，还有师生间的合作。

多项研究都证实，合作学习能改善同伴之间的关系，大幅度消减校园欺凌的发生率。那是因为，在合作的课堂里是没有"差生"的，通过差异编组、强化个人责任、增值评价等方式，合作学习让课堂里的每个孩子都变得很重要。

我们再也不要看到那些受欺凌的孩子，他们往往性格内向、害羞和怕事，他们不被关注，甚至被歧视，他们几乎没有什么朋友，他们在校园里体验着孤单。救救他们吧。

座位与权威

以前当校长时,很不喜欢开会,眼睁睁地看着那么多时间被浪费在各种名目的会议上,要么被人开会,要么召集别人开会,实在是心疼。

大凡被别人开的会,坐在听众席里,差不多每次都昏昏欲睡,好像有了条件反射,逢会必想睡。后来,被台上的领导点名批评过了,才有所改变。可是不能睡觉的会议实在是一种煎熬。那年头也没有手机和iPad之类的休闲产品,手提电脑也不像现在那么普及,那时的"开会神器"是我的笔记本,可以练练字,或涂鸦几笔。开会时趴在笔记本上,是所有姿势中最安全的一种,那会让台上的领导对我的参会态度产生误判。虽然我似乎找到了打发时间的方式,可是开会这件事实在令人厌烦。

情感记忆往往是刻骨铭心的,就如老话所说,"一朝被蛇咬,十年怕井绳",或如对家乡那一碗稀饭的记忆。总之,参会是一种痛苦的体验,而会场和主席台对我来说已经是一个特定的符号,这种符号让我感觉十分的不快。后来离开体制以后,觉得最大的解脱就是不必开会了,再见了主席台。

因为对会议有着不良的心理体验,后来在我当校长的时候,一直主张开短会,有事则长无事则短。而且我一般不坐在主席台上讲,而是在讲台上站着讲。每一次教工大会讲话,我事先都要写讲稿,生怕自己跑题,无端地浪费大家的生命。

但无论多么反感会议,学校要正常运行,毕竟还是要开会的。学校里开的会,无非有两种,一种是可以讨论的,一种是无需讨论的。

我一般会把需要讨论的会议安排在小会议室，室内摆放的是圆桌。圆桌其实是个信号，告诉大家，在这里开会是不必正襟危坐的，大家都可以平等自由地发表意见。因为大家都可以发表意见，所以要设一个主席（那才是真正的主席）。主席是主持人，主持人的工作不是发表意见，而是维护秩序，为了让大家都能自由发表意见，就有开会的规则，而主持人要对规则负责。我们经常说中国人不会开会，说的不是不会开大会，开大会只要闭嘴就行，可是开圆桌会议，是要开口说话的。为了防止长官一言堂，圆桌会议上，最高长官是不能当主席的。

另一种会议是一言堂的会议，一般参会人数众多，会在会议室里设个主席台，以示权威。

与主席台相比，我更爱圆桌，因为圆桌更能体验到参与感。可是会议室里摆上了圆桌，也未必体现民主。设了圆桌却缺乏圆桌精神，与会人员也不遵守圆桌会议的规则，那么这样的会议与设主席台的会议有什么区别呢？

除了圆桌会议和主席台会议，学校其实还有一种非正式的会议，那就是"教研活动"。因为是"活动"，所以是不会设主席台搞什么领导讲话的，甚至连圆桌都不必有，因为圆桌会议的那种说话规则可能也会妨碍人们做有深度的和富有建设性的思考。一般教研活动可以随时随地进行，人们越是随意和随机交谈，教研的效益恰恰越是最高。有些学校将教研活动变成一种非常正式的活动，走过场的那种形式主义的路线，搞得大家都不敢说话，即使说话也不敢说真话，这样的教研活动，我看还是不要浪费时间了吧。不过要能达到人与人之间的无障碍沟通，光撤除主席台和圆桌还不够，更重要的是要建立信任感，正是相互间的信任，才使得"知无不言、言无不尽"的生动活泼的局面得以出现。

圆桌、主席台其实都只是环境中的小道具而已，可偏偏是这些小道具决定了会议中的人际互动关系。这个现象不仅在会场上存在，课堂上也是如此，课堂环境也是影响师生互动关系的重要因素。

课堂环境中教师能够操纵的、最明显的一个因素就是座位安排。在传统教学中，座位的安排基本上呈现"秧田型"的格局，从教师角度来看，这种排列方式有利于观察与控制学生的课堂行为，利于系统传授知识。但是，从学生角度看，这种格局暗示了学生，这里并不是一个可以自由发表观点的地方。只要端坐在这样的课堂里，学生就会本能地意识到，自己在这里基本上就只有听讲的份，这是一个被动接受信息的地方，不可随便说话。同时，这种格局也不利于学生之间的交流，教师一般也会阻止他们之间的互动，因为这有可能使课堂失去控制。

秧田型的课堂给每个孩子的内心带来一种威压，告诉所有人这里是有权威的，教师和学生之间是不能随便的，学生之间也不能随意。教室里似乎起了一堵又一堵无形的墙，把人与人硬生生地隔开。

为了打破这种不平等的格局，有的教师把代表权威的讲台拆除了，教师走到孩子们中间，与学生实现更好、更便捷的互动。但是，拆除讲台还是不彻底，虽然方便了师生间的互动，学生之间的互动关系还是无法真正实现。

于是，有的教师将前后桌的学生组成四人组，坐在前排的两名学生将头回过去，这样就便于讨论了。因为孩子们围坐在一起，他们交流显然更为方便。还有的教师把T字型、U字型、马蹄型等引入课堂。总之，不管采用哪种编排方式，一定要让学生们坐得很近。身体靠近是心理靠近的前提，这就是所谓的环境对互动关系的影响。

有人说，现在有了慕课之类的新玩意，似乎不要课堂学生也可以学习了。但我不这么认为，人是社会性的动物，人是在与他人的交往互动和对话中学习的，在合作中人们不仅能学习，而且更愿意学，也学得更好。

真正可能被现代信息化手段替代的是"秧田式"的课堂。只有课堂里的课桌椅发生变化，课堂的民主才能实现。而这一切又都取决于会场里的改变，因为只要会场里还摆放着主席台，民主就不会真正降临。如果成年人尚且未曾体验民主，又怎能指望他们自觉地在课堂中搬桌子呢？

年级组还是教研组？

不少校长朋友问我，学校里教师们坐在一起办公，按年级组坐和按教研组坐，哪种坐法更好？我的回答是各有利弊。

从团队的角度看，教研组是"专业性"团队，是将同专业的人聚集在一起，为他们随时进行专业切磋和交流提供了便利，这样坐显然有利于教研组的专业发展；而年级组属于"多功能"团队，团队内不同专业的人聚在一起，便于解决复杂问题。两种坐法各有利弊，关键是看学校的工作重点，如果学校更注重教师的专业成长，教同一学科的教师聚在一起效果更好；如果要解决问题，或者执行行政命令的话，当然年级组的效益更高。

从性质上看，年级组属于行政单位，教研组属于学术研究单位，他们在学校中的功能不同，运行方式也不同。年级组是行政单位，所以它类似于学校的派出机构，起到上通下达的作用，上面布置下来的工作任务都要尽力完成，所以服从上级的统一指挥是它的特点。也有的学校搞扁平化管理，授权给年级组自主管理，其实作为行政单位的性质还是没有变。从理论上说，教研组不是行政单位，作为专业小组，教研组里是没有权威的，成员不必听命于行政级别高的成员，而是听命于"真理"，谁掌握真理听谁的，因此教研组其实是一个自由自治、生动活泼的基层组织。有些学校比较注重行政力量的推动，按年级组坐，便于行政指令畅通，便于管理和控制。有些学校的传统是比较看重自由的，那就按教研组坐。

我国的学校最早是没有什么教研组的，新中国成立以后我们从苏联学来了教研组，后来大家一直是按教研组坐的，就像大学里是按系科在一起办公一样。后来随着行政管束的加强，教师们自由的空间越来越小，所以现在已经很少见到有学校是按教研组分配办公室的了。

  以上是从这两种基层组织的外部功能上讨论的，但是如果基层组织作为一个有机体，自身出现问题，那么无论哪种组织都不能发挥其应有的功能。从这个角度看，年级组比教研组似乎更有优势。为什么我会持这种观点？因为我认为，无论年级组还是教研组，其成员没有（或很少）受过团队合作方面的培训，因此团队"健康状况"总体来说都会存在问题。如果一些人际方面的问题长期得不到解决，则势必会使团队绩效受损。

  那么，教研组和年级组，哪一种组织面临的风险更大呢？显然是教研组。教研组成员有共同的专业背景，由此带来的风险就是不良的人际关系，这种不良的人际关系是由习惯上所说的"文人相轻"引发的，毕竟同学科的教师之间存在着一定的竞争关系，尤其是在评聘职称、提拔、加薪（绩效工资）等方面的竞争还相当的激烈，因此构成良好的团队关系其难度是要大于年级组的。年级组成员因为本身来自不同的专业，所承担的工作岗位和职责也存在一定的差异性，这样就更容易构成合作关系。即使年级组成员关系不融洽也没有太大的问题，因为年级组的组员是可以不固定的，发现人际问题当即就可以进行人事调整，所以余地就比较大。但这在教研组就不可能，你是不能随意让一个专业的教师转到另外一个专业的。

  不过，年级组具有这方面的优势不等于说组成年级组以后就可以高枕无忧了，真正达到高绩效的年级组都是那些经历过人际冲突考验，而且都能在解决人际冲突的过程中加深了相互理解的。正所谓"不打不相识"。

  从团队发展的顺序性来看，小组从最初的松散状态发展到后来的稳定状态，有研究者根据团队内部结构状态，将其发展过程分成五个阶段。

  1. 形成阶段。这一阶段团队处于松散的状态，凝聚力未形成，也没有形成团队成员的共同目标，成员之间无法形成互赖关系，合作意识没有形成，更谈不上有共同的价值观和归属感。一般一个年级组刚成立时，就处于这个阶段。

  2. 运行阶段。这一阶段，团队的合作氛围开始形成，开始明确了共同目标，也理解了自己在团队内的角色，开始试图与他人建立互赖的关系。但是这个阶段，团队成员合作技能的欠缺，导致人际互动的效果并不好。

3. 冲突阶段。这一阶段，团队成员之间开始产生冲突，导致内部状态不稳定。具体表现在：互赖的关系被打破，角色关系不能协调起来，人际互动不能很好持续。团队成员有的因为性格原因或者合作技能的欠缺，在互动中不愿意将自己的成果与他人分享；有的成员不认可他人的角色，不愿意与他人建立互赖的关系；等等。这些原因都会导致成员之间产生冲突，合作不能很好地进行。

4. 调整阶段。这一阶段，团队进行适当的调整，调整团队目标、角色关系、成员的合作技能等，使团队成员间有了良好互动的基础。

5. 稳定阶段。经过调整后，团队开始运转有序：团队的目标能加强团队的合作关系，团队每个成员的角色定位更清晰了，角色互赖关系也得到巩固，团队成员通过合作将合作意识转化为了共同的价值观。

当团队发展到了稳定阶段，团队建设算是成功了。不过这里要说明的是，以上几个阶段只是对团队从组建初期到稳定期的简单划分，实际的情况远比这个复杂，特别是从冲突到稳定的过程并不一定是一个直线发展过程，而可能是冲突—调整—稳定—新的冲突—再调整—……—稳定的曲折发展过程。

以上这一团队发展阶段理论告诉我们，真正高绩效的团队，其实是长期磨合之后才能"修炼"而成的，并不是将一群人搁在一起他们就会合作共进的。而所谓的磨合，关键是看团队发展的第三个阶段——当"冲突"来临时，团队能否充分地调整。如果风暴来临，却没有能很好地解决问题，那么团队就不可能获得成功。而如何有效地调整是需要技能的，比如"沟通"在这个过程中起到了至关重要的作用，如果团队成员缺乏沟通技能，就不能很好地进行调整，导致冲突始终无法得到真正的解决。因此，表面上看有些年级组或教研组，大家都心平气和的，实际上却勾心斗角，"面和心不和"。

在风暴来临时，有些团队为了顾及团队的表面稳定，有意回避矛盾，大家都做起了"鸵鸟"，这也是不足取的。没有充分而坦诚的沟通，让矛盾挤压在一起，有可能产生更为严重的问题。所以，在我看来，组员之间从来不发生冲突，对一个组的成长未必是个好兆头。这就如同一个家庭，夫妻之间有了冲突并不是什么问题，坦诚沟通，才能使家庭这个团队更为和谐。

一些已经发展得很不错的年级组，送走了毕业班以后就面临解散，这时团队成员都很惋惜。因此，一个有团队意识的领导，会将这个团队整体保留下来，让其去接手一个新的年级，这就省去了许多周折，团队就不必再从形成阶段开始了。而对于那些处在冲突阶段的团队，学校不应该放任自流，采取睁一只眼闭一只眼的方法是不对的，而应该积极地进行必要的干预。干预的方法恐怕不是仅仅给团队成员讲团结那么简单，而是要抓住时机，进行团队沟通方面的培训。因为毕竟团队合作不仅需要合作意识，还需要团队成员掌握合作技能。

主体性在社会性中获得成长

有人大胆预言，随着互联网技术的成熟以及借助互联网而发展起来的新技术，孩子们在知识学习方面会变得更为便利和快捷，学校终将消亡。可我不这么认为，因为学校的功能是多样的，并非只是传递知识。

比如，学校具有看护的功能。因为有了学校，家长们才能安心工作，为社会创造更大的经济价值。由看护这项功能而派生出另外一项功能即促进了"男女平权"，如果说洗衣机解放了妇女的双手，那么学校解放了妇女的全部身心，她们终于可以与男性一样走出家门，走上工作岗位，获得收入从而真正提高社会地位。

比如，学校有标识身份的功能。那些名校固然有其值得夸耀的特点，但是我们很难证明学生成为社会精英，在多大程度上靠的是名校，往往正是一流的学生才造就了一流的学校。人们对名校趋之若鹜，更重要的是看重这些学校能显示学生及其家长的身份。而身份的背后是社会资源，资源意味着财富和权力。

比如，学校具有社会功能。一方面通过制度化的安排促进了社会流动，考试是一种制度安排，能以相对公平的方式打破原有的社会阶层，让一部分智力水平高和勤奋努力的学生有机会升阶。另一方面，通过同学关系有效地促进了社会融合，增进了不同种族、民族和阶层的孩子们之间的理解，学校有意无意地模拟了真实社会，这样的预演其实反映了现代社会的特征，让学生提前理解由异质群体构成的社会生活面目，加速了人的社会化功能。我认为，学校在其社会功能上的作用发挥得还不够。我们可以看到，这些年学校在促进社会流动方面似乎有被削弱的趋势，越来越多的贫寒子弟无法享受高质量的教育。而且，异质群体间的理解与融合，似乎也在减弱。

再比如，学校具有文化功能。在传递共同价值和精神信念方面，学校提供更有正式感和神圣感的活动，在文化传承方面显然比一般的松散型的和非正式的活动更为有效。

其实，即使学校只承担知识传递的任务，依然不能忽视在这一过程中人与人之间交往互动的作用。交往和互动不仅促进知识信息的流动，而且是知识学习的唯一重要的方式。学校面对互联网冲击的最好方式应该是积极发挥其包括知识传递在内的各方面功能，尤其是社会功能，而不是放弃。为此，学校对传统课堂真正的改造应该主要表现在组织形式上，即小组合作学习必将成为主流的学习方式，以强化教育的社会性特征。

在课堂中，我们应加强以下社会性学习：1. 学习如何在团队中工作和学习，如遵守团队的规则，帮助他人以及寻求他人帮助，商讨共同目标等。2. 学习处理人际矛盾和冲突，如正确而明智地表达观点，接受他人的批评或建议等。3. 恰如其分地与他人沟通与交流，如倾听，耐心等待，鼓励他人，给他人表扬和赞美，与对方充分讨论以达成共识等。4. 宽容和妥协，如理解和接受他人的不同观点，思考和修正自己的观点等。以上这些社会性的要求，是一定要在一个社会性环境中才能学会的，而课堂最有可能创造出这样的环境。这是学校不可能真正被替代的一个最有说服力的理由。

有人说，现在要着力培养学生的主体性，将学生的主体性发展看得比社会性发展更为重要，所以合作学习之类的加强学生社会性的努力已经落伍。我认为，这个观点是有问题的。其实，学生的主体性发展恰恰是在学生之间通过社会性学习的过程得以实现的，课堂中人与人之间的关系才是主体性得以发展的根本。

良好的课堂社会化环境应强化学生之间两种紧密相关的关系，一是互赖关系，二是互动关系。

第一是互赖关系。学生之间有价值的互赖关系应该是积极的，所谓积极的互赖关系是指在一个小组内，每个成员不仅要为自己的学习负责，还要为其他成员负责。积极互赖要创造出每个小组成员"一荣俱荣，一损俱损"的良好感觉。用美国合作学习研究专家约翰逊兄弟的话来说，合作学习中的互赖关系就是"除非他们的组员获得成功，否则他们自己就不能获得成功（反之亦然）"。

为促进学生们建立起积极的互赖关系，研究者们探索出不少有效的方式，比如帮助所有成员建立共同目标，使他们围绕着小组目标构成牢固的互赖关系；比如采取捆绑式的方式来实施奖励，使小组成员分享他们共同的成果；比如让每个成员只占有一部分信息，迫使他们构成依赖关系才能获取全部信息；等等。

第二是互动关系。除了要学会人与人之间的互赖关系，让学生们体验互赖关系的构建过程，课堂中教师还要教学生学习如何更好地与他人互动。良好的互动关系比互赖关系更难建立，因为真正的互动应该在两个平等的个体之间发生，否则互动是不对等的，也就不能称之为互动。为防止互动中不对等现象发生，防止小组内有成员占有更大的权力，教师应设计互动的具体程序，通过建立规则使每个成员都获得平等的发言机会，并使不同意见都可以被大家听到。

在确保互动中每个成员的权力平等方面，事先的角色分工十分重要，好的角色分工不仅保证个体在小组中享有权力，而且还能使成员产生角色互赖，从而加强了互赖关系。

什么是角色？角色其实就是群体（小组或班级）对某一个体（小组成员）所期望的行为模式。定义一个角色，应具体界定该角色的工作职责、相应的权利和义务。没有明确的具体化的角色分工就不会形成组员之间的积极的角色互赖，小组成员之间的互动就难以建立，而他们也就不能合作完成任何学习任务。成员之间高质量的互赖关系使他们之间产生高质量的互动，即成员之间的相互影响。好的角色分工让每个小组成员都享有权力，从而发挥他们各自在组内的影响力。

什么是权力？在小组内，权力可以看作是将一个人的意志施加于他人的能力，这种能力或是潜在的，或是现实的，总之，权力是一个成员影响另一个成员行为的能力。小组内，有些人权力大，有些人权力小，如果成员间享有的权力比较悬殊，显然会妨碍正常的互动关系。那些权力更大的成员会"霸占"小组讨论的时间，从而产生了不对等。其实这种不对等有一些是"天赋条件"决定的，有一些是后天因素造成的。人格特征、知识基础和能力等因素是相对稳固的，而小组角色分工要灵活得多，教师可以通过角色分工来平衡小组内的权力关系。角色分工可以看成是教师在分配职权，不同的角色被赋予了不同的职权，有的大些有的小些，比如可以给予人格特质稍逊和能力较差的学生更大的职权。

教师通过角色分工，让每个小组成员在小组中都拥有一定的职权，职权的实质是权力。比如组长、计时员、检查员、噪音控制员等，教师可以灵活设置不同的小组角色，而设置小组角色的基本原则就是要给每个成员以职权，让他们能在组内对他人产生影响力。越是在组内影响力不够的成员，教师就越要给他们赋权。

此外，要鼓励成员们在发言时有独到之处，富有创意，因为越是有标准答案的小组讨论，越可能形成"一言堂"。当成员们努力发现自己的个性和潜能的时候，他们的主体性发展需求不正是在社会性发展中获得满足的吗？

学校的非正式学习活动

每到一个地方,我都会在晚饭后约着几个朋友喝喝茶、聊聊天,我总能在这种轻松的场合听到校长和老师们真实的声音,在非正式场合,人们围坐在一起,话语没有了修饰,便能直达人心。正是这些"深度汇谈"使我在脱离了一线岗位后还能始终"接地气",使我始终在思考那些"真问题",也避免了好高骛远和想入非非。更重要的是,我喜欢与朋友们保持良好的私人关系,我一直深信,朋友都是在私底下悄悄地交往,才会加深友情的。

教师这个专业有很强的实践性,那些教科书以外的难以表述的"潜在知识"构成了教师专业的基础,或者说,教育理论只有被运用于具体的场景中才能发挥指导作用。因此,教师在长时间的实践中积累起来的个人化知识有其独特的价值,这些知识往往在私人交往中才有可能被真实地相互传递。那些通过自悟而获得的珍贵体验、独特智慧,只有在非正式的交往和互动中才能得到分享和传播。

有朋友夸我是个"民间教育家",我既反对又接受,反对是因为"民间科学家"是个贬称,"民间教育家"也不是那么美妙的称呼;我接受这个称呼,是因为朋友们实际上是在褒奖我的立场,夸我站在"民间"的立场上思考问题,进而激励我走出书斋,走向田野。

在我的讲座现场,极少有听众与我互动,不是人们不爱学习,而是公开场合下,人们缺乏安全感,长期对言论的约束使得人们对"说什么"和"怎么说"往往心存顾忌。所以非正式的交流显然更适合中国的老师们,在相对安全和低竞争的微文化氛围中，人们享受到难得的轻松、愉悦和友好，也才能说出所思所想。

夜晚，端起茶杯，由我这个"老师"先敞开自我，这是朋友们敞开自我的前提。而且，我的自我"暴露"一定从情感开始，因为我深知正是情感因素推动着我们这群人彼此走近，直到畅所欲言、欲罢不能、流连忘返。

正式的交谈往往是想好了再说的，一些老练的人可以"边想边说"，而大部分不太健谈的人都是"说了再想"的。而在非正式交谈中，我们尝试着出声思考，也就享受了自由的对话。在茶桌上，每个人都是参与者，没有什么专家、导师，没有人比别人更有优越感，也不会有任何人低人一等。也不知道什么是好为人师，什么是不耻下问。当然也不会有人偷偷拍个视频去举报。

我经常想，为什么学校里，领导和教师之间难有非正式学习和交流的机会呢？为什么每次学习都要以开会的形式，还要将每个人说过的话记录在案以备检查呢？要是教师课间或课余，都能有茶歇，大家可以敞开自我，那该有多么美好。可是，这种美好的场景却是十分难得的，因为这至少要具备以下条件。

1. 主张合作而不是竞争的学校文化。非正式的交流是以情感为基础的，只有在教师之间建立了一种亲密无间的朋友关系，沟通才能保证彼此间的坦荡与真诚。相反，在竞争条件下，教师之间是不会有非正式学习与合作的。

2. 提高工作和学习效率的是动力而不是压力。管理层不断给教师施压，将教师当成是推动工作的对立面，这会破坏合作关系。如果不信任教师，管理层对教师的管理总是依赖于检查评比考核，却不给予他们有效的指导和帮助，只会削弱教师的工作动机。关怀、支持、赞美才能给人动力，也才会有良性的人际交往关系。

3. 强调对话而不是辩论。在正式的学习和会议中，人们习惯于得出某种确定的结论，这显然不利于深入探讨问题。因此，非正式的交流一定是充分自由的对话，要使教师不带任何责任与义务地开展闲谈。主张教师间的对话，就要将对话与辩论进行区分，对话是不需要结论，也没有什么对和错的，而辩论却不同，辩论是一定要分出青红皂白来的，因而辩论便是如临大敌，心灵也就被封闭了起来。

4. 重视体验而不是评判。要帮助教师养成多看、多诉说、多倾听和多记录的习惯，而不要总是试图对人和事做评价。因为评价只会制造不平等，不平等关系下只会让人感觉到压力和不自在。

  5. **倡导委婉而不是直接。**非正式交流需要一种友好的相互赞赏的氛围，要积极而有力地支持他人，要避免直接与生硬，不能就事论事地思考与处理问题，要坚持全面、综合地考虑多种因素，尽量采取迂回与策略的方式，以求曲径通幽。要坚持以间接推动、鼓励与支持等为主，尽量不要采用直接要求或强迫等措施。

  非正式交流是一种甜蜜而舒适的学习方式，要让这美好的时光逗留，需要学校中的每个人尽极大的努力。

合作学习的学校可以取消政教处

我曾经在一所中学当过政教主任，现在回忆起来这个职位绝对是个苦差，难怪当初不太有人愿意干，才轮到我这个初出茅庐的毛头小伙子来承担。我走上工作岗位不到两年时间，就已经成为一所完全中学的政教主任了，还真不知道是幸运还是不幸。

当政教主任的 5 年里，我几乎就是一个"救火队员"，我的全部工作就是制定行为规范并维持学校秩序。校长对我这个岗位的期待主要就是看我能否把校风校貌整好，至于其他方面的教育活动，比如爱国主义教育、环境教育等都是德育工作方面的点缀。平时，我召集班主任会议，给他们布置工作，也多半与学生行为规范有关。当时，我们学校创德育特色学校，找到的一个点就是"法制教育"，后来成了典型，学校还被评为"二五"普法全国先进单位。现在回想起来，当时之所以选这个点做突破，是因为法制教育非常贴近这所学校的实际，作为一所录取分数线垫底的高中，学校聚集着一批捣蛋的学生，"法"可能成为对他们的一种"威慑力"。

在工作中，我最大的不满意就是德育无法形成合力，且不说家校之间的合力，即便是学校内部都无法形成合力，政教处和班主任在狠抓行为规范，可是任课教师却不配合。班主任感觉很辛苦，却收效甚微。任课教师会认为，既然有政教处，那么学生出现纪律问题，就该由你们这个部门来抓，班主任是拿班主任津贴的，拿了钱就该多做一些，所以学生在课堂上一旦出现行为问题，当然要交给班主任来处理了。

20年前，学校工作中存在德育与教学两张皮的现象，想必现在依然。我有时候在想，要是取消政教处会不会更好些呢？可这个问题也就只能空想，而无法实现，因为学生在学校里有那么多的违纪行为，总要有个部门来抓一抓吧？

可是，学生怎么会有那么多行为问题呢？还是因为我们的德育工作与日常教学脱离的缘故。于是，我想要是课堂教学实施了合作学习，会不会改善学生的行为表现呢？答案是一定的。

其一，合作学习教孩子们学会了自尊和尊重。因为合作学习是以学生之间主体与主体的交流对话为基础的，这就要求小组成员之间相互尊重，由此个体的自尊也得到了应有的保护，而自尊作为人格成长中重要的素质之一，对人的行为具有暗示、稳定和调节的作用。大家知道，德育工作最核心的目标其实就是教会学生自尊和尊重，合作学习相比以竞争和个人主义为基础的学习方式，在培养学生自尊和尊重方面的优势是十分明显的。

其二，合作学习培养学生的集体意识。小组的合作学习既有个体目标，也有集体目标，小组成员在小组内都担任一定的角色，都能真切地体会到个人与集体的关系，使他们在合作与互动中学会心中有他人，心中有集体，合作学习显然加强了学生的集体归属感。

其三，合作学习培养学生的规则意识。合作学习本质上是一种游戏化的学习方式，为确保合作的效益，有不少小组运行的规则和程序，比如"切块拼接法"、"MURDER"、"发言卡"、"合作辩论法"等，都有一整套操作流程和要领，那就是游戏规则。学生长期在合作学习中习得了按规则行事，并逐渐学会将遵守规则看作是一种义务和责任。

其四，合作学习教会学生实现正义的正确方式。合作学习强调组员之间要建立积极的相互依赖关系，为建设这种关系，就要利用"外部竞争对手"，使组与组之间构成一定的竞争关系。只要有竞争就要追求公平性，每个小组成员都要为自己所在的小组尽更大的努力，而合作学习并不是将小组成员的成绩简单相加来计算小组得分的，而是关注小组成员的进步情况，这就使每个学生（尤其是"差生"）看到自己的进步，意识到点点滴滴的进步就是在为小组做贡献。而这种基于每个个体的进步和努力的评价方式无疑是更为公平的。这使得学生对通过自身努力来获得正义的方式"刻骨铭心"。

以上，我简单列举了合作学习在学生道德成长中的作用，毫不夸张地说，学会合作几乎就是道德教育的全部内容，至于爱国与爱人类（环境教育）都是以人与人之间的合作为基础的。

皮亚杰说："儿童之间的合作和成人的作用是同样重要的。从智力的观点看，这种合作最有利于鼓舞儿童真正交流思想和进行讨论，也就是说，最有利于培养批判态度、客观性推理思考的行为。……从道德的观点看，这种合作能使儿童真正执行行为的原则，而不只是服从外来的约束。""它是在行动中的道德。"

我在想象，要是一所学校中的每一间教室里都在教孩子们合作，他们在每节课里都在学习自尊和尊重，学习集体意识和规则意识，而且他们知道通过努力和进步来实现梦想，那么那种宣扬强制力的法制教育就是多余的，而政教处和班主任也可能是多余的了。

合作学习不用全景式听课评课

我在合作学习的培训活动中,遇到最大的挑战是听课评课。在我给老师们讲授完那些合作学习技术问题后,总要进入实战阶段,让合作学习的初学者们能够有机会在实践中得到巩固和提高。

听课评课在教师专业发展中的作用是显而易见的,教学专家直接进入课堂听课评课是有效的校本研修的一种重要的方式,学校非常欢迎专家现场观察教师的教学实践,并给予令人信服的评价。那些能给予令人信服的现场点评的专家被认为是"接地气"的。如果专家只听课不评议,或者听课评议碍于情面只罗列优点而不说缺点,或者说的缺点过于严厉、没有切中要害,都是无法令人信服的。作为合作学习的"专家",我理所当然要听课评课,对此,我也颇有些"恐惧",所以总是能推托则推托。

听课评课对专家来说为什么是件难事,我想可能主要原因是:

1. 听课之前很难做好充足的准备。我的教师职业经历中,教过 10 年高中,对初中和小学都不是太了解;而且只是教语文,对其他学科不太了解;更何况我教的是上海版教材,上海的课程标准也不同于国家标准,所以对教学内容也不太了解。更困难的是,我不了解当地的学生和教师,不了解学生原有的知识基础,也不了解授课者可能遇到的困难和问题。我尤其怕听英语课,毕竟语言有障碍,我连教师在课堂上使用的基本用语都听不明白。

2. 听课中,我无法做全景式的课堂观察。因为全景式听课需要注意的观察点太多，听课者很难胜任。比如，我们来看一份英国中小学校的教学评价标准，我看简直评不过来。

（1）计划与准备。是否与教学计划、课程大纲吻合？为了有效地达到目标，是否考虑各种因素，并估计学生个人和学生集体的需求？是否熟悉和利用教学设施和资源？是否拟定学生学业评定的步骤？是否对自己的教学和学生的学习做好适当的记录，并利用这些记录制订今后的计划？

（2）课堂组织和管理。是否充分利用时间和空间？是否根据学生状况和活动要求变更分组情况？是否保证顺利转换课堂活动形式？是否始终如一地规定和督察学生的行为方式，培养学生的自律习惯？是否保持良好的学习环境，引人注目地演示学生的作业和有关教具？

（3）教学。是否掌握学科知识和学科技能？是否提供明确的解释和演示？是否充分利用其他教学手段，如布置作业、自学等？是否在适当的时候利用直接教学法？是否语言清晰，音量适当？是否运用各种提问方式？是否通过讨论等各种途径，向学生提供反馈信息？是否对学生提出适当的期望？

我想，全景式的听课，不仅对我这个半路出家的"专家"是个困难，而且，可能对大多数即使训练有素的课堂教学专家都会是一个巨大的挑战。

因此，为减轻自己的压力，我给自己的听评课下达以下任务：

1. 因为是合作学习的"专家"，我将听评课的重点放在合作学习方面，至于教学基本功、教学重难点之类的，不在我的专业范围内。

2. 因为听评课只限于合作学习，而合作学习将教学过程视作是一个信息互动的过程，因此，我的课堂观察就主要集中在互动方式和互动的质量方面。

3. 从现代教育信息论的角度来看，教学中的互动方式大致呈现为四种类型：一是单向型，视教学为教师把信息传递给学生的过程，教师是信息发出者，学生是信息接受者；二是双向型，视教学为师生之间相互作用获得信息的过程，强调双边互动，及时反馈；三是多向型，视教学为师生之间、生生之间相互作用的过程，强调多边互动，共同掌握知识；四是成员型，视教学为师生平等参与和互动的过程，强调教师作为小组中的普通一员与其他成员共同活动，不再充当唯一的信息源。在上述互动方式中，我格外关注学生与学生之间的互动。

4. 因为我格外关注学生和学生之间的互动，所以我在课堂中主要观察学生小组内在互动时有否达到流程方面的要求，也就是合作学习策略的运用是否流畅和高效。我还会观察，为达成流程的流畅性，学生是否运用了所学到的合作技能。

我以上的这些自我要求其实是在提醒自己，限于自己的能力，如果我听的课不是合作学习的，那么我不评课；或者是合作学习的课，却看不到生生互动关系的，我不评课；或者有生生互动却缺乏必要流程要求的，我不评课。

我不仅给自己这样的限制，而且建议学校在校本研究活动中也应该设定非常明确的观察点。全景式的听课评课是在为难专家，而对教师的求全责备，也不利于专业的提升。

如何说服家长支持合作学习

在推行合作学习之前,要不要先与家长沟通,取得家长对合作学习的理解和支持?

我认为没有这个必要。合作学习是一种学习方式,而且是多种学习方式中的一种,正像我们不会特别提示家长教师要在课堂中运用探究学习、自主学习、创新学习一样,合作学习是不必刻意告知的。我相信,绝大多数家长是以结果来衡量学校各项举措的,他们其实并不在意教师的课堂教学方式,只要孩子学得好、学得轻松、学得快乐,他们有什么意见呢?如果把家长当成课堂改革的对立面,刻意向家长宣传合作学习,倒是显得我们自己底气不足了。而且,你让家长认为合作学习是个新东西,要在他们孩子身上做实验,只会增加他们的恐慌情绪,反过来他们就会提出很多问题,要学校做更多的承诺,实在是得不偿失的事。我想,我们到医院去看病,医生是不会想方设法说服病人支持医院的新疗法改革的吧,疗效好不好才是一个问题。

我们不用主动向家长特别提出合作学习的各种优点,但不等于说有家长提出意见时我们不必做说服的工作。要说服家长,我们得把学生进行细分,分为学习"差生"和学习优生,再来看看合作学习有没有让他们受益。

学习成绩差的学生的家长一般是不会在乎你怎么改革的。其实,"差生"是合作学习改革最大的受益者。如果操作得当,合作学习将使"差生"取得更大的进步,那是因为他们在小组学习中得到更多的帮助,这些帮助不仅来自教师,更多的来自他们的同伴；合作学习鼓励小组之间的竞争，这样优秀学生也就更愿意帮助自己小组内的同伴，并将帮助同伴进步视为自己的责任；对于学习差的学生格外有益的一点是，他们在小组中获得了很好的机会，能通过观察优秀学生的学习过程来获得益处。只要教师在小组活动中，安排"差生"承担小组工作，并努力提高他们的合作技能，他们就能最大程度地获益。所以，"差生"家长一定会无条件地支持合作学习的。

我估计，会对合作学习提出反对意见的，可能是优生的家长。优生的家长对教师编组很敏感，因为混合编组，学习成绩是一项重要的编组依据，优生与"差生"会编在一个组，优生的家长会担心自己的孩子容易受到"差生"的不良影响，而且让自己的孩子辅导"差生"会浪费他们宝贵的时间。其实，优生的家长是很难被说服的，因为自己孩子优秀，他们不愿意承担风险帮助"差生"，而且他们与教师谈判的筹码也更大更多，教师也更容易为优生而放弃原则。

对这部分家长，如果他们明确提出反对意见，那么我们就要对家长做必要的解释，我想主要说这样几条：

1. 相比于自学和独立听讲，在合作学习环境中，学生掌握的知识都要更多更牢固。

2. 优生通过向其他同学讲解学习内容可以增加他们的认知和推理水平。他们有更多的机会目睹他人的思维策略，并向他人讲解自己的思维策略，这有利于提高优生的元认知能力。

3. 通过参加小组活动，会提高优生的尊严感，他们不仅获得教师的赞扬，而且赢得其他同学的感激，优生获得尊严的机会增加了。而在竞争的课堂中，优生的压力更大，受到竞争对手的伤害更大。

4. 合作学习促进优生高层次思维的运用。在小组讨论中，尤其是在向其他同学的讲述中，需要不断地概括、详述、例示、解释等，这种认知的重建过程促进了高层次思维。

5. 有利于提高优生的领导才能。优生要在未来成为职业精英和领军人物，就要学会与不同的人合作；而且，从人生幸福的角度来看，合作学习无疑有助于他们全面均衡发展，对他们将来的恋爱婚姻都能产生积极的影响。

其实，教师说服家长本身是一项重要的合作技能，给大家以下一些建议：

1. 充分显示你的权威性。人们不会听从那些对于专业知识一无所知的人的建议,要充分展示你在合作学习方面丰富的知识和经历,以证明自己的能力。在说服他人之前,自己一定要完整地把问题想清楚,把各种利弊都考虑全面,确保你的逻辑是没有问题的。要是你自己都不能解释清楚,很容易被对方反说服。

2. 充分显示你的可靠性。要表现得友善、仔细、热情和耐心。在说服过程中一定注意照顾对方的感受。不要激发对方的敌意,那会引发逆反心理。

3. 保持弹性。了解对方的目标、需要、兴趣、性格、恐惧以及抱负;针对不同的家长说不同的话,如果对方是比较情绪化的人,你的表达就要富有感染力;如果对方非常理性甚至很古板,你的条理就要很清晰,一定要有严密的逻辑、充足的论据。

4. 利用情感呼吁。要走进听者的内心,理解对方的爱与恨、受过的挫折与沮丧……用语言的力量打动他们的情感,使他们产生共鸣。

总之,我认为不必事先兴师动众地特别地向家长大力宣传合作学习是个好东西,家长自然就会看到、感受到,这方面我们应该有自信。

面对部分优生家长的质疑,我们要准备好充足的理由来说服他们,而说服有时候不仅需要充足的理由,更需要情感的力量。

课堂里的那些"执拗的低音"

合作学习能显著地改善生生关系、师生关系和同事关系,在良好的合作关系中,人们比在竞争环境中更为惬意。有研究表明,教师的最大焦虑来自不良的人际关系,而合作学习显然能缓解师生间和同事间的紧张情绪。

此外,合作学习以激发学生自主学习为目的,所以在学生经过合作学习技能训练之后,教师工作会变得更为轻松,尤其是与以往传统教学做比较就更是如此。为了早日享受这份轻松,教师应促进学生小组的"自加工"过程。

小组自加工过程是指小组为实现某一设定的目标,在一段时间内自动发生的一系列有先后顺序的行动或事件。也就是说,小组能自觉地持续地改进小组学习质量,能自觉地帮助同伴学习来增加个体权责感,能自觉地将学习过程整合成简单的操作流程,并自觉地去除不熟练的和不合适的行动,自动纠正小组自加工过程中的错误。如果学生小组能完成上述自加工过程,教师就能从繁重的工作中获得更大的解放。

那么,教师应该如何促进学生小组自加工的过程呢?其中一个重要的方法就是要坚持对学生进行小组合作学习流程方面的训练,直到达到自动化的程度。此外,教师在训练期间要不断地给予学生反馈,要确保每个学生、每个小组和全班都得到明确的反馈;还要帮助学生反思,以确保学生对他们收到的反馈进行自我分析;要帮助个人和小组确立改进的学习质量的目标;要鼓励小组成员对小组的成功进行庆祝。

一些教师之所以不能持久开展合作学习，是因为他们过于相信自己"教"的力量，而不相信学生会完成"自加工"过程，更不相信小组其实本质上是个自组织，合作学习正是利用了自组织的力量。

德国理论物理学家赫尔曼·哈肯认为，从组织的进化形式来看，可以把组织分为两类：他组织和自组织。如果一个系统靠外部指令而形成组织，就是他组织；如果不存在外部指令，系统按照相互默契的某种规则，各尽其责而又协调地自动地形成有序结构，就是自组织。

自组织现象无论在自然界还是在人类社会中都普遍存在。一个系统自组织功能愈强，其保持和产生新功能的能力也就愈强。例如，人类社会比动物界自组织能力强，人类社会比动物界的功能就高级多了。按照自组织的原理，我们如果把课堂中的合作小组看作是一个自组织，那么我们完全有理由坚信：只要充分信任学生，并给予他们必要的指导，学生小组是能完成自加工过程的。在合作学习中，教师不是在再造一个个组织（小组），而是创造适合的条件让小组自组织发挥功能。当我们管得太多，却对小组缺乏合作学习流程和合作技能方面的训练时，小组就无法实现自加工，教师当然也就会越教越累。

其实，教育这个大系统本身也是一个自组织，我认为对教育系统的过多干预会导致教育系统失去自加工能力，最终导致教育改革难以为继。

2011年3月，台湾"中央研究院"副院长王汎森先生在复旦大学作了主题为"执拗的低音"的系列演讲，我在网易公开课中观看了全部四次演讲，感触良多。演讲中最重要的概念就是"执拗的低音"一语，这是借自音乐的一个概念。王汎森先生认为，自晚近以来，西方思潮成为中国社会的主流，无论是戊戌变法、辛亥革命等政治运动、革命，还是废除科举、兴办新学等学制改革，其背后所主导者皆为西方思想与理念，这可以说是晚近以来处于压倒性的"主旋律"。可是，"尚有多种不同的声音存在"，这些"低音"和"杂音"听上去自然不合乎历史的潮流，可实际上却并非如此。真正的事实却是，"历史是由很多股力量竞争或竞合前进的，一个时期并非只有一个调子，而是像一首交响曲，有很多调子同时前行"。

我想，今天我们讨论新课程改革以来的得失问题，也要充分认识到那些被"素质教育"、"以学生发展为本"、"核心素养"等所谓"主旋律"遮蔽的"低音"

和"杂音"，因为这些被我们认为不合乎潮流而有意无意忽略的声音，可能恰恰在把控着课改的方向。我们也可以把这些被遮蔽的声音比作"暗流"，在看似浩荡东去的潮流之下，汹涌着的暗流才是真正的"主流"，甚至是与江面上的潮流背道而驰的。

在讨论历史问题时，我们往往会去分析史书上白纸黑字的内容，以为这些故纸堆里的文字是历史事实。而被我们忽略的民间社会，可能才是真正需要去正视的我们的根，是生生不息的文化的源流。江湖，本意是指广阔的江河、湖泊，后来被引申到远离朝廷与统治阶层的民间，也泛指古时不接受当权控制指挥和法律约束而适性所为的社会环境。江湖之大历来是大于庙堂的。

虽然江湖上的人们在强大的专制统治下，没有话语权，可是不等于他们没在说话，也不意味着他们没在思考，江湖未必是被报纸上的所谓主流思想主宰着的。真相可能是，江湖与庙堂历来就是两套话语系统，甚至连价值观体系都是不一致的。而江湖才构成我们真正的历史，无论喜欢还是不喜欢，这就是真相。

在教育领域内，也是有江湖的，他们是课改中的暗流，他们其实一直在发出"执拗的低音"，可是庙堂里的人却不愿意也不屑于听到这些声音。那些代表主流的声音，说着某些从外国翻译来的思想与理念，滔滔不绝地、冠冕堂皇地自言自语，不论是否与实际搭边。

当一个社会看不到江湖的存在，或者敌视江湖的存在，根本上阻断了与民间的对话，甚至剥夺了民间的话语权，那么，暗流只会更汹涌，低音只会更执拗。

于是，上层所做的任何改革承诺都无法实现，即使他们不断地更改承诺，不断地唱响新的主旋律。

评价不改，合作学习之花终将枯萎

合作学习遇到的一个最大的技术障碍就是评价问题。传统教学之所以在课堂中占有主流的位置，一方面与人们的观念和传统的惯性有关，另一方面是评价阻碍了课堂改革的深入。

如果评价的目的由注重"个体的成功"转变为注重"共同的进步"，合作学习在课堂中的境况会更好些。传统评价鼓励学生与学生之间的竞争关系，并将在竞争中获胜作为教学目的，这势必从根子上破坏合作的可能性。

合作学习的评价主张以小组成员的成绩作为奖惩的依据，评价的重心由鼓励个人竞争转向小组成员互助合作共同达成目标，由传统的单纯评定个人的成绩转向对小组成员进行总体评定。而且合作学习评价重视学生发展的发展性评价观，引入了基础分和提高分的概念，以每个学生以往成绩的平均分作为基础分，然后比较当前学生的测试成绩与基础分之间的差距，如果高于基础分就给予奖励，而不是把他的测试成绩与其他学生的成绩相比较。这就能让学生获得较多成功的体验，从而增强了学习的信心，提高了学习的积极性。

如果评价主体由"一元"转向"多元"，合作学习在课堂中的境况会更好些。传统的评价是由教师自上而下做出的，而合作学习的评价强调评价过程的民主性，通过学生自评、互评与其他评价形式，使评价成为教师、学生和家长共同参与的合作性活动。在多元评价中，教师评价的重点不是要将学生分级，而是有针对性地给予学生具体指导和帮助，使评价成为教学的一个重要部分。

如果评价内容由单纯的认知因素转为认知因素与非认知因素相结合，那么合作学习在课堂中的境况会更好些。新课标提出评价要将"知识与技能"、"过程与方法"、"情感态度与价值观"三方面进行整合，而合作学习的评价不仅注重"知识目标"的评价，而且注重"合作技能目标"的评价和"情感目标"的评价，尤其是在评价中关注学生的学习态度、学习兴趣、个性等方面的内容。评价的这一变化更多地指向了人的全面而完整的成长。

如果评价方式由"单一"评价转变为"多样化"，合作学习在课堂中的境况会更好些。合作学习的评价不仅有纸笔测试，而且还采用观察评价、表现性评价、真实性评价、发展性评价等方式，多样化的评价促进学生的全面和谐发展。

关于评价目的、评价主体、评价内容、评价方式等的变革，无论是否支持合作学习，都是不会有什么意见的。而争议可能在"小组共享成绩"上。

合作性评价最鲜明的特征就是评价"以全组表现为基础"，主要有两种做法：一是以小组的合作学习成果给全组评分，即依据小组共同做出的一个成果，如一份报告或一篇文章来打分；二是随意选择一个组员的成绩来作为全组的成绩，即在测试后，教师随意挑选一份试卷进行评分，全组的得分就是这份试卷的得分。

可能有人会质疑，让小组共享一个分数，这公平吗？很多刚接触到合作学习的教师和学生都会提出这个问题，毕竟一些学生学得比另外一些学生更好，凭什么大家共享同一个分数呢？可是，学生一旦加入了一个小组，组员之间建立了良好的合作关系后，他们会改变看法，甚至认为以小组为单位的分数是评价中最公平的一种方式。这就像一支团结向上的球队，是很容易接受比赛之后分享成功或者分担失败的责任的。

以上我做了四个方面的假设，我认为评价目的、主体、内容、方式上发生转变是对合作学习的极大支持。反之，如果评价不能做出改革，合作学习之花终将枯萎。

其实，学业评价是教育领域内诸多有价值的改革的必要条件，我甚至将评价比作课堂改革的土壤，贫瘠的土壤里只能开出"恶之花"。

你看，当评价的目的只是鼓励个体竞争，评价内容只是知识，评价主体永远是自上而下的，评价方式也只有纸笔考试，在这样的土壤里，合作学习之花怎能不枯萎。

乙 教师与合作学习

谁是合作学习的敌人？

在合作学习理论研究和实际操作中，存在一些内部的分歧，比较有代表性的是斯莱文和戴维森这两位研究者，他们曾经分别担任国际共同学习研究会、国际教育合作研究会的主席，这两个人在研究、出版、介绍合作学习方面都很著名。

因为都是主张合作学习的，所以他们大部分的观点是一致的，他们都认同合作学习的若干要素，比如"正相互依赖"、"教授合作技能"、"混合编组"、"加强个人责任感"等，但是在这些要素的具体做法上存在着一定的差异性。在"正相互依赖"方面，斯莱文特别强调通过奖励来鼓励学生形成"荣辱与共"的积极关系，并将外部奖励作为一种关键性的手段；在"教授合作技能"方面，他主张间接地教授，虽然他同样意识到合作技能的重要性；在"混合编组"方面，他要求应按照学生过去的学习成绩来进行编组；在"加强个人责任感"方面，他要求通过针对每个学生的独立小测验等方式来培养其个人责任感。

在上述四个方面，戴维森的主张却与斯莱文不同，戴维森认为在促进学生"正相互依赖"时要通过建立共同的目标，而不是通过外部奖励来使学生产生积极的互赖，他指出要让"小组共同完成、讨论、解决难题"，让"小组成员面对面地交流"，因而，他特别看重在小组中要营造合作、互助的气氛；在"教授合作技能"这一问题上，他与斯莱文的观点差异也很大，他显然主张要由教师直接教授合作技能，而且要长期训练；在"混合编组"方面，他并不强调仅仅按学习成绩的原则，而主张根据多种差异来编组。

概括下来，斯莱文和戴维森的最大区别在于，他们对合作学习的目的的理解是不同的。斯莱文认为合作学习只是一个手段和工具，合作学习是用来提高学生学业成绩的，衡量合作学习的有效性，关键看学生的学习成绩有否得到提高。而戴维森则认为合作学习的目的在于合作本身，教育最终是要让学生成为完整意义上的人，有一些对人的一生至关重要的东西绝不是几个分数就能涵盖的。我非常同意戴维森的观点，教学生学会合作，甚至比教一些学科上的知识更为重要。学生的学业成绩只是合作学习的一个"副产品"。

一些学校在实施合作学习时，为什么会瞻前顾后？我想主要原因就在于怕搞了合作学习后，学生学习成绩没有提高上去，反而会被领导或同行们笑话。在教育行当内，人们将一切成功的改革或管理举措都与学业成绩挂钩，凡能提高成绩的都是好的，凡不能提高成绩的都不敢理直气壮地去做。很少有人真正将注重"人"的完整的成长看得比成绩更重要，我们所声称的理念常常与我们的实践并不一致，是因为大多数人的行为并不是听命于理念，而是听命于利益。

有一个有意思的现象，教育领域里的学说和理论纷杂，可无论哪个流派的教育思想理论都支持合作学习，虽然它们在对教育的"本质"、"目的"等认识方面存在着很大的分歧，但都认同合作学习是个"好东西"。你要抓分数可以用合作学习，要培养认知能力可以用合作学习，要提高合作的意识和能力那当然就更要使用合作学习了。

斯莱文是个行为论者，他主张合作学习，主要是因为合作学习中的小组"正相互依赖"关系会明显改善学生的学习行为表现；以苏联心理学家维果茨基为代表的发展论者认为，教学最重要的特征是创造最近发展区，儿童间的合作活动之所以能够促进成长，是因为年龄相近的儿童可能在彼此的最近发展区内操作，表现出较单独活动时更高级的行为；建构主义者认为，教学过程中教师与学生以及学生之间的社会性交往对于知识建构有着重要的意义，教学要形成学生全面的认识，要使学生超越自己的认识，看到那些与自己不同的理解，看到事物的其他侧面与意义，就应采取交往、合作的方式。

既然不同的教育理念都拥护合作学习，是不是合作学习就会没有反对者了呢？答案当然是"否"。反对合作学习的人多了去了！我总结下来以下这些人特别容易成为反对者：

1. 怀疑论者和虚无主义者。他们并不单纯地反对合作学习，而是反对一切教育变革，只要你说要改，他们就会反对，无理由地反对一切新事物，认为这些都是在胡闹。

2. 学习能力不够者。他们也许一开始并不否定合作学习，可是当发现要掌握合作学习还是有不小的难度时，便从心底里先放弃了，并日益成为反对者。

3. 在传统教学方面已取得一定成就，甚至已获得名望的人。这些人其实是传统教学的"既得利益者"，对他们来说，合作学习是个全新的领域，意味着要放弃积累多年的传统教学经验，实在不舍，于是便自私地坚持老一套。

4. 思维方式有问题的人。一些人的思维方式坚持二分法，比如，要么完美要么放弃，要么成功要么就不做，结果他们看到合作学习有不完美之处，于是止步不前了。

说到底，合作学习没有什么敌人，如果有敌人的话，这个敌人本来就是理性与良知的敌人。

合作学习是个技术活

经常有教师在听完我的报告后夸奖我,说他们爱听我讲,因为我讲的东西接地气。为了增强夸奖我的效果,他们还拿别的专家的报告与我的做比较,说听有些专家的报告,概念术语满天飞,目的、意义之类讲了很多,可是真要讲到怎么做的时候,往往报告的时间差不多了,草草收场了事,所以听众觉得不解渴。大家来听你讲报告,不就是来听你讲具体做法的吗?为什么到紧要处偏偏就不讲了?

每到此处,我忍不住就要为那些被批评的专家们辩护几句:

1. 专家治学严谨,为了把问题说清楚,总先要定义清楚。比如在谈合作学习之前,先要明确我们正在谈的合作学习是不是一个意思,而一谈起合作学习的定义,难免就要说一下合作学习概念上的分歧,这就要讲到斯莱文的定义、约翰逊兄弟的定义、沙伦的定义、王坦的定义。结果,还没讲到自己的观点,听众已经睡下一大片了。实在不能怪专家,定义清楚是我们研究问题的起点啊。

2. 专家要说说理念问题,那是因为目的意义没有弄明白,好东西也会被用到坏地方。而一旦说到目的意义难免就要批评几句中国教育的现状,这一批评就会"气不打一处来",就容易激动,不由自主地顺便说起"兄弟我在美国……"。还有就是要说说未来,因为未来的挑战构成了一部分的"目的"和"意义"。一说起未来的挑战,就要扯到"互联网+",就要讲到全球化、信息化、环境问题,顺便再讲讲转基因问题,这一大圈绕回来才发现报告限定的时间已经差不多了,也就只能跟听众打个招呼,关于如何做的问题,留待以后有机会再说。

3. 专家的特点主要在于"专"，因为专，所以"深"，这才给我们这些普通人造成了"不接地气"的印象，听众们听不懂往往是因为自己还不够"深"；而且因为专，所以研究概念的专家不一定研究技术，研究理念的在策略层面上未必有心得。要是某个专家什么领域都研究，就不是专家了。

替专家辩护完之后，让我站在一线教师的立场上再表白几句：

1. 教师们对于包括合作学习在内的新思想、新理念、新概念并不排斥，新课程改革至今，关于学生发展为本、学习方式转变等之类的方向性问题，已经不是主要问题，主要问题在于如何操作，他们需要专家们给予有效的回答。

2. 成年人的学习是以问题为导向的，而不是从概念开始的。教师们在实践工作中累积了一大堆问题，这些问题多半是操作层面的问题，这些操作性问题得不到解决，就会使他们参与课改的积极性受损，最终很有可能使他们又回到轻车熟路上去了，传统教学是一条大家都走熟了的老路。

3. 希望教师通过学习概念和理念来提高教学水平是不可能的，教师的专业发展涉及专业素养（包括价值理念），也会涉及专业知识（包括基本概念），但是更重要的是其专业能力的发展，也就是说教师的专业发展是"能力本位"的，因此，要教教师们技术，更要关心他们在操作领域内的能力提升。

总体来说，在合作学习领域内的研究，操作层面上的研究确实不多，这是造成教师感觉专家们对合作学习指导不力的主要原因。因此，需要有一批有实战经验的专家学者，致力于合作学习操作技术的研究，比如编组技术、合作的程序化技术、教授合作技能的技术、课堂提问的技术、寻求反馈的技术、班级管理和控制的技术、小组评价的技术等。在技术的研究和开发方面，国外已经有了不少有价值的成果，可以先拿来用，但是如何将这些技术本土化，与本地教育文化结合起来，并创造出自己的技术来，这才是合作学习未来的方向。

作为合作学习领域的研究者和咨询培训者，我每到一所学校都希望与这所学校的教师们一起研习技术，当我看到他们将更多的技术应用到课堂教学场景中，并取得成效的时候，我感觉欣慰；而当我看到他们在实践中遇到问题，进而在解决问题的过程中创生出新的技术、策略和方法的时候，我的喜悦无以言表。

在合作学习领域，让我们用胡适的话来自勉——"多研究些问题，少谈些主义"。甚至推而广之，让我们在课程改革领域，都少谈些主义，多研究些问题。

没有教学技术就没有合作学习的教学艺术

济南第二十七中学的合作学习，是我所见过的最接近"技术"要求的。而所谓的技术要求，是指课堂的组织、程序、评价和合作技能都能达到合作学习的基本的操作要求。

技术是讲究一招一式的，与所有的技术演练相似，组织合作学习的技术，在演练时看上去也有些别扭，因此学校对有效实施合作学习的技术的追求，都有可能被批评为机械的和教条主义的。但是我认为，即使一开始动作不那么自然，也不能轻易放弃或放低技术标准。

教师队伍的专业化程度普遍偏低与我们有意无意地忽略技术有关。其实，即使是我们常用的"讲授法"也是有技术要求的，也是要受严格训练的，否则，凭着自己的性子讲课，只能让学生生厌。更何况是合作学习，编组需要技术，呈现教学目标需要技术，向学生提问需要技术，评价学生需要技术，组织学生展示也是有技术要求的。当然，那些天才是不需要技术训练的，比如天才的演讲家可能未经训练就能熟练运用讲授法，天才的组织者未经训练就能熟练组织合作学习。可是，教师中的天才毕竟是少数，要真正掌握一种教学方式，无师自通简直是不可能的。一些学校刚开始热血沸腾地搞合作学习，拉着教师去先行学校参观考察，回来就逼着他们在课堂里全面实施，可是用不了多久，就会回到原来的状态，这是为什么？以为合作学习只是一种理念没有什么技术要领，而严重忽略了技术，是课堂改革迅速退潮的一个重要原因。

二十七中尝试推行合作学习已经有十年历史了，近年来他们开始格外重视对教师进行技术的基本功训练，终于使合作学习走上了可持续的道路。他们的经验就是放慢脚步，学一招、练一招、用一招，一些合作学习的策略，比如"三步采访法"、"组合阅读法"、"复述通行证"、"坐庄法"等等，教师们运用起来已经得心应手，课堂教学过程也变得越来越流畅和自如。

二十七中学习合作学习的操作技术，是从一招一式老老实实的练习开始的，而且学校还鼓励教师在尊重合作学习要素的前提下，结合学科和学生特点，自创了不少招式。有一次我在二十七中的一堂数学课上，欣赏到了被冠名为"学习超市"的一种全新的合作学习策略，令我刮目相看。

这节数学课由林辉老师执教，林辉就是"学习超市"的发明者，她将"超市"的理念引入课堂学习，在操作上，先由小组钻研某一知识领域，成为这一领域的"专家"，而后小组派代表进入"超市"，向有需要学习这一知识的同学进行讲解；听讲者可以任意选择"专家"并听取讲解，还可以向"专家"提问和质疑，听完后还要给"专家""打赏"。一堂课中至少有七八个"专家"在授课，而学生们因为能自主选择学习伙伴，自由地进行讨论，所以更能解决问题，学习也就更有针对性。

一开始，我坐在教室后面想正襟危坐地听课，可"超市"开张了，学生们根本无视我们这些人的存在，他们一头扎了进去，完全投入到了"人流"中，不，是完全投入到了学习中。于是，我也坐不住了，站起身来，去领略孩子们学习的盛况，去欣赏他们的表情：质疑、困惑、惊讶和舒坦。

虽然我不是十分明白林辉老师所教的数学，可是我能观察到她对合作学习技术要领的把握已经到了相当高的水准。我相信，只要大家都来重视技术的训练，是会上出合作学习的优课的。

学习超市，听上去很简单，可是操作不当的话，课堂一定会乱套。课后，我在感叹，这堂数学课，看似无序，却秩序井然；教师看似很轻松，可是却"费尽心机"。

有人说，教学是艺术，我同意，因为教学没有定法，教学是灵动的，教学是有美感的，教学是教师的创造性劳动，是教师智慧的结晶。可是，我们一定不要忘记，这一切的基础恰恰是技术，正如书法、舞蹈、音乐、文学，大凡可以被称为艺术的东西，都是以技术为基础的，我们称之为"功底"，也都是需要长期磨练才能成功获取的。那些极有天分的教师，虽然可以上出一堂堂好课来，可毕竟因为"底子薄"，他们的好课也就不具备必然性。所以，他们的优秀是偶然的。

而如果在一所学校，每一间教室里的每一节课要成为一堂好课，居然都要靠着"偶然"，想想，这有多么可怕。可是这么可怕的事，我们的学校里不是每天都在发生吗？于是，课堂的低效就这样成为了一种必然。

合作学习不只是个技术活

合作学习是重伦理和有教养的学习。合作学习是建立在人与人之间合作关系上的一种学习方式，我非常看重课堂中的这种关系，甚至认为学会合作比学会学科知识更重要。可是我们这个"礼仪之邦"早就不那么讲究礼仪了，常常还会出现不要"廉耻"的事。"个人主义"和"竞争主义"的文化盛行已久，"诚信"和"关爱"都需要重新被唤醒，世俗世界是如此的不堪，学校当然也受影响。课堂是社会的一个缩影，课堂里孩子们之间的"消极"关系，做教师的是不能视而不见的。也就是说，我们国家的教师，比世界上大多数国家的教师有在课堂上教授"礼义廉耻"的责任。

在人际交往中，我们想要对人说话，是不是都要先称呼对方的名字？在现实生活中，比如，你有话要对我说，是不是先要问候一声"郑杰你好"？如果不称呼我的名字而直接开口讲话，一定会让我感觉很唐突，会认为你不太懂礼貌。即使是我的家人，尚且不能如此无礼，更何况是陌生人之间。我觉得那些是起码的礼节礼貌，可是，在我们的课堂里却因为赶进度而不再强调。

课堂中，这样的"失礼"随处可见。孩子们在组内发言，想说就说，直接就开讲，从不问候一下对方；说完话也不知道告诉大家自己"完毕"。不仅在小组讨论中失礼，在全班交流的时候也是如此，几乎所有学生在发表意见前从不主动与同学们打招呼，一般总是站起来就直接说话；在指摘其他同学时，语言一点都不加修饰，从不知委婉为何物，完全没有教养。每到此时，教师也不会暂停讨论，修正孩子们的失礼。因为其实教师自身也未必就懂得教养。

在大多数我去过的学校，一般只有校领导在热情地招呼我，教师见了我，很少有主动跟我打招呼的。尤其令人心寒的是，一些教师我已经给他们讲过好几次课了，可我走进课堂或会场时，他们依然连正眼都不瞧我一下。我非常热情投入地给他们上完课，校长宣布"下课"，教师们"鱼贯而出"，从我面前低头走过，连眉毛都不抬一下。我心里想，很有可能是教师们把我当成"外人"来看待，因为在传统农业社会，人们对亲人和熟人会讲究些"礼仪"，对陌生人却未必那么客气了。也很有可能，这些教师在他们是孩子的时候，家长未必关注文明礼貌的教育，导致他们即使面对自己的亲人和熟人也可能不在乎礼节礼貌。

是不是因为人们太忙了，挤不出时间跟郑杰打个招呼？显然不是，因为向郑杰打个招呼也花不了几秒钟，人们一定不缺这几秒。可为什么不打个招呼呢？我认为主要还是缺乏意识。什么是"教养"？教养大概就是深入"骨髓"的对他人的尊重。教师在课堂上不尊重学生，就不称呼学生的名字，直接用手指点着说"你，站起来"、"你，回答一下"；学生在小组活动中不尊重同伴，也就会想说就说，毫不顾及他人感受，或者在同伴发言时，一脸的冷漠，毫无呼应。

有的教师问，有时候，上课任务太多，时间很紧，来不及问候，能不能省去这些"繁文缛节"呢？我的回答是"不行！"提出这个问题的教师，分明是在意识里将完成"教学任务"看得比什么都重要，而教文明礼貌似乎就从来不是我们的"教学内容"。为什么不为了教孩子们有教养而放弃一点学科学习任务呢？

合作学习的知名研究专家斯莱文提出合作学习的"三因素理论"，认为"小组目标"、"个体责任"、"平等的成功机会"是合作学习的核心因素，其中"小组目标"构成了合作学习的内在动机，"个体责任"则是要求每个成员都必须掌握所教的知识和技能，"平等的成功机会"是指课堂中所有人，教师也好，学生也好，不论其家庭背景、学业成就、性格、性别如何，都应该是平等的，只要他们努力，取得进步，都可以得到认可。我认为，他的"三因素理论"是在强调合作学习课堂的新的伦理关系，是真正地要将学习建立在人与人良好交往基础上的，合作学习是体现平等关系的学习方式，凡是不利于建立这种关系的行为都不被支持，因此哪怕"跟人打招呼"确实颇费时间，教师也应该支持。

我一直在说，合作学习是个技术活，虽然合作学习确实是个技术活，可是，合作学习更关注人的完整的成长。从这个意义上说，合作学习不只是个技术活。

教师间那些微妙的事

这些年来，我见过不少教师满腔热忱地投入到合作学习的课堂改革中，可是往往虎头蛇尾，到后来不了了之。导致合作学习推行不下去的原因很多，其中重要的一条是同事关系存在问题。当学校文化以竞争性为主的时候，教师之间的关系好不到哪里去，最终导致课堂里的合作也延续不下去。

有时候，即使学校宣扬合作文化，在针对教师的评价制度方面也强调合作，甚至采用教师团队"捆绑式"评价，可是同事关系依然不能得到真正的改善，这可能与一些教师不善于处理人际关系有关。毕竟与同事交往也是需要技能的，教师并不天然地具备这方面的技能优势。

教师们因为年龄、经历、知识背景等方面存在差异性，在思想观念上产生一定的隔阂甚至冲突，这是正常的现象，是可以理解的；但是有些教师如果在工作中和大多数同事合不来，那就有些不正常了。其实，同事关系紧张所导致的焦虑已经严重影响到了一些教师的职业满足感，导致心理和身体方面的问题，并容易将消极的情绪传染给学生，进而影响教学质量。

关于如何改善同事关系，我想这方面要是提忠告的话，略显多余，无非就是要尊重他人、乐于助人、保持谦虚、心胸开阔等等，但是在现实的情境中，要做到这些绝非那么容易，因为人与人之间的关系其实是很微妙的。下面我来说说我所理解的那些"微妙"之处。

1. 同事之间的纷争颇多。

我们与同事接触的时间可能比与家人相处的时间还要多，既为同事，几乎天天在一起，彼此都很熟悉，大家就会处于一种比较松弛的状态，这时每个人的缺点和性格上的弱点就暴露无遗，彼此间的冲突也会增加。更何况，与自己的配偶结合在一起，至少起初是自愿的也多半是有爱的，而与同事在一起，我们并没有选择的权利，人们不是因为爱而在一起工作，这就更容易引发种种的不愉快，也容易引发矛盾冲突。正所谓相爱容易，相处太难。

中国有句老话——"文人相轻"，意思是说，同行之间，尽管彼此年龄资历不同，但因为是同一个专业，没有什么距离感，彼此之间知根知底，便不容易产生敬畏心，只会相互瞧不起，往往会放大对方的缺点或者弱点，天长日久，便有了对立之势。

同事之间要共同分工处理一些事情，至于如何处理，是否合适，对单位发展、个人利益的影响，每个人都有自己的想法。

虽然同事之间事实上很难相处，但毕竟在一个"屋檐下"，总要相处，所以就容易有戒备心，也就不能与同事坦诚相待，而摆出一副虚假的面孔，不由自主地掩盖自己的真实面目，使得同事之间套话、假话连篇，而真话很少。

加之，为追求工作业绩，希望赢得领导的好感，获得升迁或者绩效工资等种种利害冲突，同事间存在着一种竞争关系。这种竞争关系在很大程度上还掺杂着个人感情、与领导的关系等复杂因素。那是因为竞争环境不总是公平的，尤其是教师工作成果很难衡量，导致规则比较模糊，对教师业绩的衡量也就格外困难。

2. 关涉与领导相关的交往事宜尤为复杂。

我们先来看看这样的场景：当同事们趁领导不在，聚在一起谈天论地，这时总有人会议论一下领导，而为获得某种道德优越感，对领导的议论多半是负面的。请问：这时你应该与他们随声附和吗？我想，你自己应该暂时放下手中的工作，与大家闲聊，因为如果你不参加闲聊，则会被群体所抛弃。所以你也要凑过去聊几句，而聊的那几句应该是无关紧要的话，比如，"真的？"、"哦？这样啊！"、"真不可思议啊！"你参与闲聊对自己以后和大家融洽相处很有帮助。但是，你千万不能与他们一起批评领导，因为没有不透风的墙，要是有人将你对领导的负面评价传播出去，对你是很不利的。当然，你也绝对不可以将大家的议论转告领导，因为一旦大家知道你出卖了他们，一定会一致反对你，孤立你。

总之，无论在何种情况下，都不要在同事面前批评领导，即使大家都在批评。如果有人被领导批评了，回到办公室对着同事发牢骚，激烈地谩骂领导，这时你也不应该与他站在一边，你只要说些无关紧要的话就可以了。因为在同事面前批评领导，一定会把把柄留给别人的。

那么，同事被领导责备后，你该不该安慰他呢？也不一定，因为人们被责备后，一旦又被人公开安慰，他所受到的伤害绝对比一对一挨骂要来得深。就如打架，如果有劝架的，只会让两个人打得更欢。如果冒失地给予同事同情或安慰的话语，同事觉得在众人面前被安慰，会增强委屈感，那种羞辱的感觉一定更为深刻。所以，可能最好就是保持缄默。

3. 学会应对各种"奇葩"。

学校里总会有一些不同一般的同事，他们的性格很特别，甚至存在着道德缺陷，我们应该学会与这些人交往。

对那些翻脸无情的人，你要留一手。翻脸无情的人，即使你对其百般呵护，可只要一件小事不顺他的心，也会全盘翻覆。在他翻脸时，千万不要问他理由，即使向他述说从前对他的恩情和帮助，他也听不进一个字。所以，保护自己的最好方法就是要"留一手"，否则你会很落空。

与挑拨离间的人交往要谨言慎行。挑拨离间给学校带来的杀伤力非常之大，而且会迅速造成伤害。对这样的人，一定要谨言慎行，与他保持距离。而且你最好与其他同事建立联防和同盟关系，将他孤立起来；这样的话，即使他向任何人挑拨离间，人们都不会为之所动，不受其影响了。

不要与吹牛拍马的人为敌。没有必要得罪吹牛拍马的人，平时见面笑脸相迎，和和气气的。因为如果招惹他们，他们就可能把你当作往上爬的垫脚石。

与口蜜腹剑的人微笑着打哈哈就行。有时他要你做的事情实在太损，你也不能当面拒绝，只能笑着推诿，誓死不能接受。如果他要亲近你，就找理由闪开。万一避不开，就要学着写日记，留下工作记录，以保留必要的证据。

躲开尖酸刻薄的人。尖酸刻薄的人在与别人争执时往往挖人隐私，在贬损别人时不留余地，冷嘲热讽无所不至，让对方自尊心受损，颜面尽失。他们天生伶牙俐齿，得理不饶人，平常以取笑同事、挖苦领导为乐事。由于他们行为离谱，在学校内较不受人欢迎，也没有什么朋友。一定要和他们保持距离，不要惹他们，即使听到一两句闲话，就装没听见，千万不能动怒，自讨没趣。

同事关系与教师在学校的生活质量高度相关，同事关系紧张一方面与学校文化制度有关，另一方面与我们的合作意识、合作技能有关，还有可能与我们不太理解同事之间的微妙关系有关。所以，要研究同事关系，保护好自己，让自己免遭无端的伤害，这是我们在一个工作单位必做的功课。

用合作学习教教师合作学习

我们应该如何推动改革？

学校的改革一般都会发生在三个领域，一是思想观念的改变，二是组织系统的改造，三是技术领域的改进。任何一种思想观念都是长期形成的，并且有特定的社会文化作为基础，从未有思想上的"突变"，因此要使思想观念发生改变，应以"温水煮青蛙"之法，慢慢渗透，静静等候，千万不能设定时间表强力推动；组织系统改造则要以"雷霆万钧"之势，高举高打方能改变，那是因为组织系统改造的最大阻力来自"既得利益者"，他们一般不会自动退出"历史舞台"，凡涉及权力转移的变革，都有可能会流血，学校的组织系统改造虽不至于流血，弄得不好也会鸡飞狗跳，所以推动此项改革应该由掌握实权的人以强力推动；至于技术领域内的改革，则要系统思考，分步推进。

课堂改革实质上属于"技术领域"内的改进，虽然会涉及教师的思想观念，也会部分涉及学校组织系统和管理方式，但主要还是教学技术的发展与进步，因此，就要先做整体的思考和布局，而后步步为营，逐步实现改革目标。如果如思想观念的改变那样"温水煮青蛙"，等待教师在课堂上自觉发生行为变化，那是等不及的，得牺牲多少代学生的福祉？如果如组织系统的改造那样"摧枯拉朽"、"不破不立"，那多半会引起教师强烈的抵触，即使通过"威逼"和"利诱"这两种集权方式达到目的，那也只是短期有效而长期无效。

合作学习在学校的推进，是急不得的事，得事先做好整体的布局，而后分步骤一步一步来。那第一步是什么？第一步当然是要培训教师，让教师掌握合作学习的知识和技能。有不少学校试图跨过这一步，急切地以行政命令推动课堂合作学习，这么推进的后果是，每个班的桌子都摆好了，学生都动起来了，看上去确实很热闹，结果效果可能并不理想，因为造假行为往往就是这么给逼出来的。我们千万不能低估了合作学习的基本知识和技术要求，合作学习绝非摆个桌子那么简单。合作学习作为一种成熟的教学理论和策略，在西方的发展至少有半个世纪的历史，总结出了一系列有效的策略和方法，绝不像一些领导和教师所想象的那样，只要运用合作学习的基本程序，就能"手到病除"、"包治百病"了。

在推动合作学习之前，我们应该问这样几个问题：

1. 教师理解合作学习吗？教师如果只重视合作学习的形式，把合作学习的形式照搬到课堂教学中，而对合作学习的内涵、实质、适用条件等一无所知，那么合作学习应该缓行。

2. 教师课堂调控能力强吗？传统的课堂教学中，教师是课堂教学的权威，采用"传递—接受"的授课方式，教师调控课堂的技巧要求较低。而实施合作学习后，要把学习权还给学生，课堂上的活动是以学生为主体的，课堂教学不再按照教师预先设定的框架和计划一步一步地施行，于是教学中的不确定性增加了，教师管理和控制课堂的难度也就提高了。如果教师这方面的能力跟不上，课堂秩序一定会混乱。

3. 教师角色定位转变了吗？在合作学习中，教师角色应该是学习活动的指导者、参与者和促进者，可是传统教学中我们习惯扮演的讲授者、主宰者的角色是不会轻易让位的，是不会喊喊口号就转变的，我想可能大多数教师明显缺乏合作学习"新角色"的体验。

既然我们知道师资的技术准备应该是推动合作学习的第一步，那如何培训教师？传统的培训教师的方法主要是听专家作报告，比如合作学习的概念、发展历史、基本理论和实践运用等等，这在一定程度上可以丰富教师合作学习的知识，能帮助教师更好地理解合作学习；我们还可以通过校本研修活动，在教师的工作现场进行实战演练来提高其调控驾驭课堂的能力。但是，实际上最难做到的就是"教师角色定位的转变"。

如何让教师从传统课堂的角色转变为合作学习课堂中的角色？唯一有效的方法就是让教师去亲身"体验"，让他们体验学习，体验在合作学习中的学习，让他们在合作学习的具体情境中学习合作学习。因此，要对教师实施合作学习的体验式培训。

让一个不会自主学习的教师教学生自主学习，让一个不会探究学习的教师教学生探究学习，让一个从来没有"合作学习"过的教师在课堂中实施合作学习，真是太为难他们了。

合作学习从"形式主义"开始

有朋友问我,要花多久才能在整个学校做成合作学习?我的答案是不确定,我将在一所学校推进合作学习分为三个阶段:规范阶段、优化阶段和流畅阶段。这三个阶段都是必不可少的,正如学习任何一门技艺(如果课堂组织合作学习是一门技艺的话),都要从规范动作开始,一招一式地学,然后逐渐进入"无招"的境界。我认为,这三个阶段是无法逾越的。

在规范阶段,教师的主要任务是学习了解合作学习,尽可能在所有学科教学中使用合作学习,这个阶段要把基本功练好;到优化阶段,则要考虑适用性问题,应考虑什么样的课更适合使用合作学习,或者如果这堂课的内容适合合作学习,应该使用什么样的合作策略才是最优的,这个阶段最关注合作学习的有效性问题;流畅阶段是指将合作学习高度地融入课堂教学中,师生训练有素,游刃有余,而且课堂还富有美感,这个阶段教师要寻找到自己的教学风格。

作为合作学习培训师,与一般的"学问家"不同,我很少给学员们讲理念,因为合作学习作为一种理念已经不是新东西,现在的关键问题就是如何将合作学习理念转化为师生的合作学习行为,其中有太多的技术问题。我将自己定位在合作学习的"技术指导员",主要教授"合作学习策略"和"合作学习技能",这两项技术各有三十多项内容,我要求学员们跟着我一招一招慢慢练。不仅在培训现场练,而且还要在真实的课堂中练。如果练得不够,则合作学习一定不伦不类,效益低下。正如相当一部分教师喜欢讲授,我们姑且假定讲授是个好东西,可是没有受过讲授方面的训练，怎么可能讲好课呢？合作学习从设计到组织，比一般的讲授法难度更大，不经过严格训练怎么行？一些教师说上课时使用了合作学习，效果就是不好，我就要追问，您用的是合作学习吗？合作学习的动作要领您掌握了吗？

在上岗前，几乎没有教师受过合作学习方面的专业训练，所以我对他们的培训实际上是在给他们补课，他们的学习过程就一定是在"做中学"了。我希望学员们跟着我的节奏，学一招就在实践中用一招，然后将心得和反思写下来，或与同事和培训师进行交流。在"做中学"的阶段，一定要多创造师生一起"做"的机会，尽量每个学科、每一堂课都使用合作学习，这叫作"拳不离手、曲不离口"，直到大家都掌握了合作学习的基本要领，方能进入第二阶段——优化阶段。

有学员问我："一些非常浅显的，学生通过教师讲授就能懂的教学内容，我们还有没有必要开展合作学习？如果在不该合作学习的环节，却花费那么多时间开展小组讨论，反而耽误学生学习的时间，得不偿失。"我的回答是，在合作学习中也许失去的是时间，但是得到的可能不仅仅是那一点点学科知识，还有更重要的东西。"得"与"失"看来要重新权衡了。在合作学习的初始阶段，千万不能操之过急，急于求成，我告诫学员们，在合作学习训练中，"慢就是流畅，流畅就是快"。

一些专家或教师听了学员的课，批评说，合作学习怎么做得那么机械？合作学习怎么搞得没有学科味道了？合作学习太形式主义了！我认为提出这些问题的朋友未能理解师生学习合作学习的阶段和过程，是将初学者与"技艺超群"的人做比了。我打个不恰当的比方吧，在刚开始学少林拳的时候，一招一式做出来，就是机械的，就是没有少林拳的味道的，就是形式主义的，但世界上有哪一种技艺的学习不是从机械的、没有味道的和形式主义的训练开始的呢？

有人说，学生学习方式的变革已经成为课程改革的一个热点问题，合作学习与探究学习被用来改变学生的学习方式。但是，在实际的课堂教学过程中，一些教师出于对课程改革中学习方式片面的理解，误认为转变学习方式就是在课堂教学中普遍地实施合作学习，而把传统的接受学习抛在一边，教师在学习方式的问题上又走上了另一个极端。我认为，这种说法犯了"稻草人"的逻辑错误，即通过自己制造一个"假想敌"然后来攻击这个不存在的敌人，我从未看到或听到有人声称要完全取消传统教学,这就如同我们看到某人在全身心投入地学习游泳,就批评他说:"你怎么可以放弃走路呢?"

常识告诉我们,每一种学习方式都有其价值,都在学生学习的过程中发挥重要的作用。问题是,教师和学生没有掌握合作学习的技艺,因此要强化学习,而凡"技艺"的学习,都是要"过度训练"的。

教师专业发展中,我们一直偏向于理念和理论方面的学习,却忽视教师作为专业技术人员的技艺学习,这已经严重妨碍了课程改革的深入。先不说合作学习的实施,即使是讲授法,我看也是要认真训练的。一些教师课讲得很好,基本上也是"本色出演",主要是靠着过人的天赋在讲课。对于大多数教师来说,因为缺乏这方面的天赋,职前和职后的教育就要训练他们学会讲授,因为讲授本身不仅是一种理念或理论,更是一种技艺。

从某种意义上说,合作学习就是一种学习的"形式",让我们从"形式主义"开始吧!

合作学习应由"学研员"指导

在我对学员进行的培训课程中,要介绍 35 种合作学习的策略,其中 18 种是要学员们亲身体验,并在实践中运用的。在这些策略中"切块拼接法"是必不可少的一种。

"切块拼接法"是最有代表性的合作学习策略之一,只要实施合作学习就没有不使用这种策略的。"切块拼接法"最初是由阿伦逊及其同事在 1978 年提出的,后来斯莱文在其基础上于 1986 年提出切块拼接法的修正型。斯莱文是美国约翰·霍普金斯大学的教授,也是合作学习的主要代表人物之一,他提出了合作学习的三条基本原理,分别是"小组目标"、"个体责任"和"平等的成功机会"。他认为,这三条基本原理是合作学习的三个要素,缺一不可。"切块拼接法"便是这三个要素的完美体现。

在我的一所实验学校,那里的老师们正在尝试"单元整体教学",即从一个"单元"的角度出发,根据单元中不同知识点的需要,通过一个阶段(而不是一个课时)的学习让学生完成一个相对完整的知识单元的学习任务。老师们想,要是将"切块拼接法"的策略运用到单元教学中该有多好,就可以把一个单元的内容"切块"分给不同的"专家组"学习和研究,然后由"专家"回到原来的小组(本组),教会其他学生单元内容,这样的话,每个小组成员既是"专家"又是"学生",从而完成知识内容的"拼接"。

我非常赞同他们的构想。

其一，我赞同单元教学。因为以单元为单位进行教学，能打破个别知识点之间的壁垒，便于学生理清知识点之间的关系，形成更加完整的知识体系和更加坚固的知识结构。

其二，我赞同他们给了学生"自主"、"合作"和"探究"的机会。学生们分成若干"专家组"，他们先"自主和独立"学习所分到的那一部分内容，然后在"专家组"内与其他同学一起"探究"所遇到的问题，在完全掌握这部分内容并完成"作业单"之后，回到自己的小组，教会别人和被别人教，共同"合作"完成整个单元的学习，这时候的合作是真正的合作，因为组员们之间显然建立了积极的相互依赖关系。

其三，我赞同他们使用"切块拼接法"。我希望我的学员们能将我所教的每一种策略都在实践中运用，每一种策略都有用途，而切块拼接法这种合作学习策略无疑是最适用于单元教学的。当我看到"切块拼接法"如此完整和完美地呈现在课堂上，我的喜悦之情无以言表。

可是，坐在我边上一同听课的教研员却不以为然，不屑一顾的神情早已经掩饰不住了。课后的点评中，碍于面子，她先把课不痛不痒地夸奖了一番，无非就是课堂参与率高、课堂气氛活跃之类的，而后通过一个转折连词"但是"，就把话题从合作学习引入了她所擅长的"语文"，连连摇头说"语文味没有了"。于是，刚才还兴致勃勃地沉浸于合作学习的喜悦中的老师们，一下子沉默了。他们的心中一定如我一般起了涟漪，"语文味"？

听到"语文味"这三个字，我愣了一下。"语文味"这个词，我常常听到，虽然从未听到过有什么"数学味"、"物理味"。到底是语文老师，善于造出那些"只可意会不可言传"的充满"意境"的语汇来。我很想询问那名教研员，什么是"语文味"，可是我忍住了，我知道在教学领域内，那些无法被界定清晰的词句不只是这一个。而且我也知道，所谓课堂里的"语文味"也一定是在教师主导下才酿造出来的，是属于教师的那种"味道"，未必是文本本身的味道。即使有一种叫"语文味"的味道，其中也一定混合了不少杂味，比如议论文、说明文、记叙文，我估计味道一定不同，不同作家的文学作品味道也不同，鲁迅和张爱玲，你说能是一个味吗？文言文和外国翻译作品，肯定味也不同。即使所有作品本身都是一个味，读者也会读出属于自己的味来。所以，我主张，如果真的有一种味道叫作"语文味",也一定是由学生自己去评鉴的,如果不让学生自己亲近文本,而是通过教师咀嚼后吐出来给学生,那一定不是语文味,而是"老师味",至于这个老师的味是否就是语文味,就不得而知了。评课者使用一些无法清晰界定和量化的语句进行评课,实际上是一种语言暴力,所以我没有与那名教研员争执,毕竟话语系统不一致。

其实,"教研员"本身也是一个界定不清楚的职业,教研员是研究者吗?是,也不是。教研员是教师吗?是,也不是。教研员是领导吗?是,也不是。在现实中,我倒是见到不少教研员,还不如称之为"考研员",也就是"考试研究员",或者"编研员",编练习册是他们的拿手好戏。

教研员应该从研究考试,甚至从研究教转变为研究学生和研究学习。作为语文教研员,大可以在私人阅读和写作中品味属于自己的独特的"语文味";但在课堂里,无论亲自教学还是指导他人教学,都要好好地品味"学生味"和"学习味"。

对不起,我似乎也犯了个毛病,顺便造了两个未加界定也无法量化的词:"学生味"、"学习味"。

让班主任成为团队的"主任"

我以前在当班主任时经常自嘲是学校里最小的主任。可后来一想不对,我这个主任的管理对象是谁?是学生吗?不,因为每个科任教师都是学生的管理者,可为什么他们不都叫作主任?教师在学生面前有双重身份,既是学生的教育者,也是学生的管理者,班主任之所以被称为"主任",显然是要强调它的管理功能。在所有的学生管理者中,班主任承担的责任更大些。

我在当班主任的时候,经常会抱怨那些科任教师,明明是他们课上的问题,比如说有个别学生不做作业、上课不遵守纪律,他们也会找到我,似乎这些问题不是他们教学中的问题,而是我这个班主任一个人的事。我当时心里在想,如果我是这些科任教师的主任就好了:我可以聘任他们,可以给他们指派工作任务,可以协调他们之间的关系,可以评价他们并给他们必要的奖惩,那该有多好,那我就真的成为主任了。当然,这只是我这个小班主任一厢情愿的事。

后来,我当上了校长,开始推行团队管理,主要的做法是让班主任"组阁",具体程序主要是学校先聘任年级主任,而后由年级主任聘班主任,最后由班主任再聘任科任教师。学校把年级组和以班主任为核心的教师群体看作是一个个团队,充分地授权给他们,让他们去做他们所希望做的事。几年下来,我所领导的学校取得了较高的绩效,总结经验的话,不是我这个校长做得更多,而恰恰是做得更少的结果。

从团队分类上看,年级组和"以班主任为核心"的团队被称为"多功能团队",而教研组则是"单一功能团队",又被称为"专业团队"。相比"单一功能团队",混合不同学科教师组成的团队,效能更高,也更能解决复杂问题。但是,构建"多功能团队"还是存在一定的风险的,因为把教师组成年级组和各种形式的工作小组,却不对他们进行团队培训,结果不一定会如设想的那样美好。

一个糟糕的多功能团队,会有如下症状:1. 自我诱导的无助感,也就是经常会告诉自己,我们不行,我们做不到,而且这种消极情绪很容易弥散开,成为整个团队做事的一种基调。2. 责任感的分散,虽然人手不少,可是负责任的行为减少了,就像三个和尚与一个和尚,和尚多了反而连水都喝不上。3. 共同懈怠某项任务,即大家一起"罢工"和"磨洋工",原本想努力工作的人,却碍于面子,只能随大流。4. 无效能的分工,即小组内分工不合理,组长可能承担更多的工作,而其他人只是"搭便车",做做样子。5. 对权威的过分依赖,即大家越来越缺乏独立思考能力,反正谁是领导就听谁的,懒得动脑动手的人会日见其多。所以,不是只要将教师编成小组就能了事的,编组只是一个开端。

只有在某些条件下,团队才是有效能的。以下这些条件是必不可少的:1. 团队成员要形成积极的相互依赖关系,而且这种关系应该被强烈地感觉到。2. 面对面地沟通和交流,团队成员要经常在一起,让他们身体上更靠近,给他们要多"促膝而谈"的机会。3. 每个团队成员要清楚地知道团队目标,以及为达成目标自己所要承担的责任。4. 团队成员在一起时,要经常使用人际合作的技能,只有合理运用人际合作技能(而不仅仅是合作意识)才能增进相互了解和信任,才能正确清楚地与其他成员交流,也才能建设性地解决工作和交往中的冲突。5. 要经常对团队合作情况进行反思,通过反思有效地处理团队问题,以促进团队的后续效能。

这些年来,我致力于合作学习方面的教师培训,我认为这是一项很有意义的工作,那是因为教师接受合作学习的理念与方法需要经历一个过程,一个从理解、认同、接纳、模仿到创新的漫长过程。如果教师没有接受过专门培训,他们对合作学习作为一种有效的教学策略的理解就会非常有限,也容易产生偏差。

我原先组织的合作学习培训,在对教师进行编组时,是让同一学科的教师围坐在一起,我认为这样编组,教师们更有共同语言,便于他们研究教学问题。后来我意识到这样编组虽然照顾到了学科特点,却不利于合作学习的推行。于是我就将参加培训的教师们进行混合编组,要求小组应该是一个真实的教学班中的科任教师。我的用意是,围绕一个班级,要形成以班主任为核心的科任教师团队,这样混合编组有利于提高团队效能。在这个团队内,组长就是这个教学班的班主任;团队内的每个成员可以做到真正地相互依赖;他们面对面地交流;他们有着共同的目标,都为达成目标而承担起自己的责任;他们都能在团队交流中熟练运用所学到的人际合作技能;他们能经常反思,反思团队运行的质量。

多年来我观察到,一些非常优秀的教师兴致勃勃地尝试在课堂上实施合作学习,可是最终却不了了之,那是因为合作学习不太可能在一门学科中获得成功。在教学实践中,如果一个教学班只有一门学科在使用合作学习,而其他学科的教学依然不变,那么要不了多久,这门学科的合作学习也将持续不下去。合作学习表面上看是教学方法手段和策略上的变化,实际上却是课堂文化的变化,是师生关系、生生关系的深刻变化,同时也是教师与教师间关系的深刻变化。所以,我总是试图告诉那些致力于合作学习的教师们,暂时忘记你的学科,要与不同学科的教师结成联盟,在"学科之上"去寻找新的共同语言。

就本质而论,合作不仅是一种学习方式,更应该扩展为一种生活方式。

名教师对合作学习也许是有害的

武汉恒大嘉园学校开办之初，引进教师是一件大事，也是一件难事。

要引进教师，首先考虑的是刚毕业的大学生。可是，这些新入职的教师，因为缺乏经验，新手上岗后"麻烦事"不少，常常犯一些"低级错误"。即使派了老教师带教，可毕竟人的成长是需要一定时间的。面对如此"稚嫩"的新教师，家长们可等不及，因此，学校管理者不得不常常为小年轻们的"过失"向家长们致歉。对恒大嘉园学校来说，也就只能盼着青年教师快快成长，而不得不忍受这些充满活力的年轻人漫长而"坎坷"的成长期。随着城市人口的暴增以及又一次生育高峰的来临，我相信，像恒大嘉园学校这样类似处境的学校绝不在少数。

现在应聘教师的，其实大多数都不是师范院校毕业的，上岗前，他们没有系统地学习过教育方面的知识与技能，也根本不可能有实习的机会。对此，2012年起，上海开始实行一项新规定，即被录用的新教师必须参加一年的见习培训，一年后接受区县教师进修学校、实习基地、见习教师聘任学校的三方共同考核，考核合格者获得市教委统一印制的"上海市见习教师规范化培训合格证书"，不合格者将无法获得教师上岗资格。可是，这样的规定毕竟只在上海实施，只有那些经济发达地区才有能力每年掏出那么多钱让那么多新教师受训，毕竟他们不用教课还拿着薪水。因而，绝大多数地区的绝大多数学校都将继续忍受新教师不成熟而带来的种种问题。

既然新手型教师存在那么多问题，恒大嘉园学校为什么不引进成熟的教师呢？

那是因为作为公办学校，学校与学校之间在教师的收入待遇方面没有什么差别。既然收入待遇没有什么吸引力，凭什么成熟教师要放弃原单位而"投奔"你这里？而且，恒大嘉园学校坐落在新开发的楼盘内，离闹市区有一定距离，所以，学校在吸引人才方面没有什么地理上的优势。

成熟教师会不会冲着"新"学校而来？新办学校也不能成为成熟教师来应聘的一个理由，新办学校对成熟教师的吸引力并不大。学校与企业不同，新成立的企业蕴含着无限可能性，在不确定的商海中乘风破浪，自然会吸引一些"冒险家"的加入，而公办学校的前途命运却是确定的，说到底，办好了和办差了，对教师个人的前途命运不会有太大的实质性的影响。

会不会有若干教师是看在校长的面子上来应聘的？我想一定会有的，但是不会太多，因为校长的面子必须足够大才有可能让成熟教师放弃原单位重新创业。比如，李希贵在北京十一学校当校长，李希贵的面子就足够大。为什么山东好多人才愿意追随李希贵？那是因为至少李希贵能在很大程度上决定他自己的命运，而且他不仅有能力决定自己的命运，甚至在一定程度上还能部分决定其他人的命运。可是一般的校长，就如恒大嘉园的校长，可能连自己明天会被调到哪里去都未必知道，因而"面子"是不够大的。所以试图通过校长的个人影响力来吸引成熟教师，在绝大多数学校都是做不到的。

那什么样的成熟教师会放弃原单位而应聘到新单位？我猜测，估计就是那些"个性"较强，在原单位"混"得不那么好，甚至与领导闹得不愉快，想换个环境的人。那么，学校能不能引进这部分教师呢？我认为可以引进，但是存在一定的风险。那些特别能干的人，往往不太"驯服"，这就需要一种包容的学校文化，这种学校文化应该是主张"多元"的，是能对不同于一般的思想和行为抱有平常心的。可是，如果在这种文化未形成之前引入这样的教师，对学校秩序是会构成伤害的。其实，引入这样的教师最大的风险在于，确实存在一部分教师，他们未必真的如他们自认为的那样能干，却又不那么"驯服"，结果，在学校文化形成初期就埋下了"恶"的种子。

于是，到底是引入新教师还是引入成熟教师，对一所新办的公办学校来说，"两害取其轻"，答案只能是前者。因此，恒大嘉园学校的"十三五"规划，就确定要以青年教师培养为重点，我称之为"人力资源战略"。

但是，这一战略的目标是什么？照一般的思维，当然是要打造"名师"了！我们在一些学校的规划或计划上总是能看到培养多少多少省市区县级"名师"、"学科带头人"、"骨干教师"等等，似乎不出现这样的字眼就无以证明教师培养的"伟大成就"。我有时候在想，要是教育主管部门不再评选这些五花八门的名号，学校会更好还是更差？教育会更好还是更差？

我的答案是，名师的存在对学校是有利的。这主要是因为名师增强了学校的专业可信度，有利于学校的品牌提升。外部人员对一所学校的认识，很大程度上取决于对这所学校教师的认识，特别是家长群体，很容易因为学校出了若干了不得的教师而对整个学校刮目相看。难怪学校在打广告宣传的时候，要多强调一下本校的师资有多么的强大，教师中的代表人物有多么牛！政府官员们也乐于见到学校"快出人才"、"出好人才"，本地区有若干出类拔萃的教师成为教育的招牌和"名片"，当然是可喜可贺的事。

但是，名师对教育未必是有益的。这是因为那些名师，其产生的过程多系"人力"所为，而很少是自然长成的。在我看来，那些靠人力硬生生做出来的，无论是名师还是名校长、名校，都可能是有害的。有个词我特别反感，那就是"打造"，这个词无论从方式上看还是从力度上看，都是违背自然的。为了"打造"名师，就不得不集中优势资源在个别人身上，实质上破坏了整个教育的生态，到头来却会发现名师周围是一片"荒芜"。

更糟糕的是，在学校里集中力量打造若干名师，其实是将"竞争"的文化引入学校，这种文化因为鼓励教师与教师之间的竞争而破坏了人与人之间积极的互赖关系，使"不信任"成为学校的一种常态。因此，试图在校内通过竞争方式人为地制造"不平等"，并期冀这种"不平等"会反过来激发教师的上进心，我认为那是学校管理者一厢情愿的做法。鼓励竞争真正的结果是，越来越少的人努力工作，包括那些被校长捧上天的名师，说不定哪一天也会背叛你的"栽培"，选择离开这里。没有人真正喜欢崇尚竞争的学校文化。

在我看来，恒大嘉园学校的"人力资源"战略，只可能是构建教师学习共同体的战略，即创造和谐的、积极的互赖关系的良好环境，让教师在其中更自由地成长。与其大动干戈地打造名师，不如静悄悄地给每个人机会：自我实现的机会。

合作学习，不放过资深教师

有一次我在上海市实验学校讲合作学习的基本原理，听众不多，以徐红校长为首，偌大的图书馆里稀稀拉拉坐了十多个人；虽然人不多，可是这些人却很特别，他们都是实验学校的"资深教师"。一般来说，学校都会安排青年教师来听讲座，越是涉及课堂改革方面的事，在习惯上就越是由年轻人唱主角，而这里的听众都是中老年教师。所以，徐红校长的这个安排颇令我惊讶。

在学校里，有那么一群人，他们曾经年轻过，他们也曾作为培养对象，被寄予莫大的希望，可是随着年龄的增长，他们渐渐被划入中老年教师的圈子，渐渐地，他们被"边缘化"。学校领导对他们的期望一般不会太高：只要不带头跟领导作对，只要把手头工作做好就可以了。

在中国的学校，即使素养和水平不高，中老年教师在教师群体中还是有一定的威望的，那是因为我们的文化中至今还是讲一点资格的。于是，学校领导往往会担心中老年教师由资格带来的威望会变成一种难以驾驭的破坏力。我在当校长的时候，对若干年长的教师也非常头疼，尤其是曾经被"文化大革命"和历次政治运动浸润过的，更是难以对付，他们总是能"于无理处讲出道理来"。当时，我这个年轻校长也有意无意地把比我还年轻的教师划到我的阵营里来，因为他们年轻，听从于我，更重要的是，他们有梦想，有闯劲。

实验学校把中老年教师称为"资深"教师，我认为这个称呼比"中老年"更有内涵。"资深"代表着"蓄积深厚"和"阅历丰富"，用"资深"教师这个词来指代"中老年"教师，显示了一种尊重和敬仰，而且有一种诗意化的美感。教师是一个专业，而专业是可以"终身从事"的，在所有专业领域，资深人士都值得人们脱帽敬礼。相反，在一些非专业的职业中，年轻才会是个"宝"。

上海市实验学校一直非常重视教师专业发展，这些年来学校越来越被各方认可和赞誉，很大程度上得益于学校对教师专业发展的重视。"四课制展示活动"是实验学校促进教师专业发展的一项"定制式"活动，每年都要举行一次，到2017年已经第18届了。每年举办的"四课制展示"包括新教师汇报课、青年教师展能课、中年教师特色课和资深教师示范课。与一般学校总是让青年教师"比武赛课"不同，实验学校的舞台属于每个教师，于是那些资深教师才永葆青春。

跟资深教师讲合作学习，我是从"解放自己"开始讲起的，我认为我们这些"资深"的人，不要与青年教师比"表演"，那是比不过的，青年教师的才艺我们未必有，他们可人的容颜我们一定无，他们的时尚感我们未必跟得上，他们蹦蹦跳跳的快节奏我们一定吃不消，我们甚至连普通话都没有他们准确。

其实，我们根本没有必要与他们比课堂表演，因为课堂本质上不该属于教师，青年教师靠着自己个人的才艺来博得满堂彩的时代已经过去了，讲台早就该让给学生了。资深教师要趁着课堂改革的机会，真正把自己从繁重的课堂讲授中解脱出来，我们越是讲授和灌输，学生越是被动和厌学，于是我们更依赖讲授和灌输，到头来只有被学生拖垮，心力交瘁。

真正好的课堂是值得我们去享受的，如果把学习权还给学生，把关注点放在学生的"学习"上，成为课堂的组织者、帮助者、促进者，那我们将干得更轻松，也更愉悦。从根本上说，学生不是你教会的，而是学会的。其实，资深教师在组织学生学习方面是有优势的，比如他们对学习内容的把握更准确，所以更善于点拨；他们对学生行为的预见性使他们能更从容地应对课堂中可能的意外和变化。

在实验学校给资深教师讲合作学习，是我讲课生涯中一次美丽的纪念。徐红校长修改了我的一个错误的心智模式，那就是合作学习属于年轻人。在聊天中，徐红校长说她在上课时经常用到合作学习，孩子们也都很喜欢合作学习，只是对合作学习缺乏系统的了解和思考，有时遇到一些问题得不到解答。在谈到合作学习技术要领的时候，我看到她的眼睛里充满着憧憬和渴望，这种眼神我经常从真正热爱教育的人的眼中看到。徐红是特级教师，也是特级校长，与不少资深教师一样，真正支持他们在"拥有了该有的一切"之后还想要去做出改变的那种力量，就是爱。

于是，我暗暗对自己说，合作学习，绝不要放过资深教师。

讲授法与权力瘾

对我来说，在公开场合下发表讲演是一件蛮过瘾的事。当掌声响起来，我知道我是整个会场的主宰，听众只有听的份，没有与我讨论的资格，我的声音被扩音设备放大，我的每句话都显得无比正确。毋庸置疑，讲演给我带来了良好的自我感觉，让我上了瘾，当台下听众越多，我会越兴奋，越口若悬河。台下听众被我激发，时时有笑声和掌声，台上，我一定神采飞扬，得意洋洋。

可是，我心里清楚地知道，如果忘记我的个人感受而站在听者的角度看，讲演和讲授是所有可用的方法中效益最低的一种。迪金斯的一项研究发现，即使是成年听众，在一场还"说得过去"的讲演中，"15 分钟内，10% 的听众呈现出分神的迹象；18 分钟后 1/3 的听众已经不耐烦；35 分钟后，大多数人都不再专心；45 分钟后，一些人开始发呆；47 分钟时有人开始打瞌睡。讲演结束 24 小时后的检测表明，听众只记录一些无关紧要的细节，而且多数是错误的"。

讲授法带来的问题相信稍受过专业训练的教师都不会陌生：教师的讲授时间越长，学生的注意力水平越低，即使最优秀的听众和最优秀的讲授者，也无法抗拒这条"铁律"。学生在学校里上课从早上听到下午，即使他们都是优秀学生，教师也都如易中天那么能说会道，照样要睡倒一大片的。在听讲演时，听众的思维水平比较低，在大量的信息面前，人们来不及做细致的思维加工，只能全盘接受，分析、评价、创造等高水平思维活动几乎为零，所以长期做听众的人是会越来越"笨"的，对此我毫不怀疑。因为听众被要求按同样的步骤听讲，所以对超前掌握的听众和学习滞后的学生来说,这是不公平的。在讲授法盛行的学校,厌学的学生特别多,不仅学困生厌学,优秀学生对教师也会很有些微词。我们再从效果上来看,那些善于讲授的人能化难为简,深入浅出,使听众觉得内容很简单,听的时候热血沸腾,可是听完后到了工作现场却往往不会做,觉得无从入手,学生的学习也是如此,那些把课讲到无比精彩的教师,学生的学业成绩未必出彩,实践能力也未必强。

我在这里强调被动接受的弊端,并不是要把讲演和讲授的方法一棍子打死,在以下情况下,讲演和讲授还是有用的:1. 传播那些无需长期记忆的信息。2. 如果是那些无需长期记忆的信息,但只有讲授者知道,在其他地方找不到。3. 即使能在其他地方找到,听众却容易忽略不容易产生兴趣,为激发大家的兴趣,可以讲演和讲授。4. 如果时间不够用。我觉得在考前复习阶段,教师的讲授应该多一些,因为为了应考,以上四个条件都具备,没有别的方法比讲授更好了。一些学校热衷于"月考"和"周测",这就把每堂课都变成了考前复习课,教师们就只能堂堂讲,学生也只有堂堂听。

其实,只要做过听众的人都会对被动听讲有切身的体会,都会高度认同"讲演和讲授弊大于利"这一结论,可是为什么只要站到台上,教师们却又偏偏喜欢滔滔不绝、口若悬河呢?能说会道的人喜欢讲,那些未必有本事讲的人,甚至口才很差的人为什么也喜欢讲呢?这就涉及人性中的两个弱点:一是自欺欺人,二是权力欲。

首先是自欺欺人。从表面上看,讲演和讲授比组织课堂讨论要辛苦,当讲课讲到口干舌燥、撕心裂肺的时候,就可以安心地告诉听众,或心安理得地告诉领导,"我已经尽力了",没有功劳,还是有苦劳的。然后再轻轻丢下一句:"为什么我同样教,有人学会,你却学不会?分明是学的人有问题。"明知道讲授的效果不佳,却依然故我,这就叫作自欺欺人。在课堂教学中最自欺欺人的莫过于"拖堂"了,教师一定明白,学生的"魂魄"已经随着下课铃声而散去,可还是要坚持讲下去,这不是自欺欺人是什么?

其次是权力欲。如果组织小组讨论,教师就要从课堂的中心退出来而成为课堂的组织者、促进者、帮助者,就意味着教师主动地"让权"给学生,原本在讲演和讲授时的那种一呼百应的感觉找不到了,这会让很多人不舒服。那是因为沾上权力的边，是很容易上瘾的，毕竟"霸占"课堂霸占学生学习的进程让教师获得了控制感和满足感。

在我看来，所谓的课改，归根结底改的就是"师生关系"，要将"学习的权利"还给学生。可是，是什么在妨碍学生的学习自由？是"权力"。权力是一种强制力，教师在课堂上无所不能的权力如果缺乏制约的力量，就一定会侵犯"权利"。

一些教师经常会说，现在的学生真是拿他们没办法，不能打也不能骂，轻不得重不得！他们之所以会发出这样的感慨，我想主要原因就是教师传统的"权力"越来越小了，教师越来越不得不与学生平等了，这种平等是时代的进步，却会让教师感觉"被剥夺"。在一些教师的老脑筋里，对学生"吆五喝六"、"颐指气使"才是教师的好日子，可这样的好日子一去不复返了。

一些校长也经常会抱怨，现在的教师真不好管，又不能辞退他们，甚至连批评几句都不行，我这校长真不知道该怎么当了！我想校长们的抱怨也是因为校长传统的权力越来越小了，再也不能在学校里"为所欲为"了，却又无法调整自己的管理方式，也就只能哀叹和抱怨了。

当官员们抱怨现在的老百姓真不好管的时候，我的心中是欣喜的，一是老百姓觉醒了，再也不愿意被长官随意摆布，再也不跪着做奴才了；二是当官的渐渐开始知道老百姓不是被人管的，老百姓是被服务的，这是我们国家的幸事。

什么是"瘾"？是指特别深的不良嗜好。权力瘾是所有人类的瘾中最有害的一种，因为烟瘾只是伤及自身，而权力瘾会让那么多无辜的人付出自由的代价。而从某种意义上说，自由就如人的生命般宝贵。

合作学习与对教师不放心

在我看来,"切块拼接法"是合作学习中最经典的策略。

"切块拼接法"最初是由合作学习研究者阿伦逊及其同事在1978年提出的,在此基础上,斯莱文于1986年提出了修正。

"切块拼接法"的操作步骤是,首先把学生分为异质小组,通常是5～6人为一组,每个学生分到某一项学习材料的有关章节或单元,他们先进行自主阅读,并在阅读时独立完成一份"专家作业单";完成阅读后,不同小组阅读同一内容的成员组成"专家组",共同讨论他们的问题;"专家"在学会之后返回其所在小组,分别将自己所学的内容教给其他成员。

实践表明,这种方法适用于大多数书面材料的学习,尤其适合于与概念有关的学习内容的教学。我多次在教师体验式培训中使用"切块拼接法",学习效益大大提升,学员们不仅很快掌握了相关知识内容,而且在培养表达能力、促进合作交往方面的功效也是显而易见的。

但是,在课堂教学实践中,教师们却很少使用这种方法。不少教师告诉我,之所以不敢使用这种方法,主要是因为"不放心",不是不放心这种方法,而是不放心学生。不过我倒是认为,教师们不敢或不愿意使用这种方法,是因为他们不相信自己,不相信自己是因为他们缺乏组织合作学习的能力,所以他们的不自信是合理的。

让学生自己学,他们能学会吗?

我们常常批评教师在一堂课中，总是力求面面俱到，什么都要讲，就怕有哪里遗漏了，学生就学不会。教师从心底里不相信学生自己能学会，这就是所谓的"对学生不放心"。不过，我的教学经验告诉我，学生自己未必都能自己学会，学生的学会是有"必要条件"的，对学生的不放心是有理由的。

按照布鲁姆的掌握学习理论，只有达到以下条件，学生才能学会：1. 学习者必须清楚地理解教学目标，即学习任务。2. 学习者必须具备能顺利地进行该项学习任务所必要的知识与技能。3. 学习者必须具有掌握该项学习任务的意愿，不惜花费时间与精力。4. 教师对于学习者要学习的材料提供有关线索，保证他们主动积极地投入学习过程，对他们的成就给以强化、反馈和校正。5. 适当采用"相互教学"，鼓励学生互教互学。可见，学生的自主学习是不能排斥教师的教，也不能排除学生之间的互助行为的。

让学生们相互教，他们能学会吗？

一些教师"不放心"，是因为由同伴互教，效果会差强人意，一定不如教师亲自教得好。这样的怀疑是没有道理的。首先，同伴互助是有可能教好的，而且有可能教得比教师更好，这已经由研究证实了。维果斯基提出"最近发展区"的概念，所谓最近发展区是"儿童现有的独立解决问题的水平"和"通过成人或更有经验的同伴的帮助而能达到的潜在的发展水平"之间的区域。这个"区"的定义就是一个儿童的表现和同一个儿童与成人一起活动或在成人或在更有经验的同伴辅助下活动的表现之间的差异。最近发展区理论给我们提供了一条理解儿童发展的途径，其蕴含的重要思想是：儿童的发展主要是通过与成人或更有经验的同伴的社会交往而获得的。维果斯基说："如果儿童在最近发展区接受新的学习，其发展会更有成果。在这个区内，如能得到成人帮助，儿童比较容易吸收单靠自己无法吸收的东西。"

那么，由成人还是由更有经验的同伴提供帮助效果更好呢？其实很有可能同伴互助的效果更好。因为学生和成人之间存在较大的知识和阅历方面的差异，教师提供的指导往往难以做到贴近。举个最简单的例子，如果让高中教师去辅导小学生做应用题，总是会用设未知数列方程的办法，而一般不会用算术方法，还不如小学生同学之间辅导效果来得明显。

那是不是由同伴教就可以放心了呢？不是。因为为他人提供指导和帮助并不是一件简单的事，首先要确保指导者比被指导者学得更多和更好，其次要善于运用多种方法进行指导，如"模仿的方法示范"、"列举实例"、"启发式提问"等等，在指导时不能仅将学习结果告知被指导者，而要使用"出声思维"的方法，大声地将思维过程传递给对方。

所以，我认为我们应该相信学生自己会学会，学生也会指导他们的同伴们学会，但是，学生自己学会和教同伴学会都是有条件的，这个必不可少的条件就是教师。

如果教师没有掌握相关要领，学生自己学和相互教，就可能是无效的。比如，切块拼接法说起来容易，但在操作流程中的阅读、专家组讨论、小组报告、测验和小组认可的每个环节上都有具体的要领。如，"专家作业单"的论题应该如何设计；专家组应该如何编组；专家组成员返回其原来小组后如何向同伴报告所学内容；如何安排测验和如何计算基础分、提高分。说到底，衡量切块拼接法的使用是否得当，是有专业标准的，整个合作的流程必须符合合作学习的要素，即组员之间构成正相互依赖关系，每个小组成员必须为自己的学习承担责任，并且为其他成员的学习也承担起一部分责任来。

所以，我们推动课堂改革，不能只是停留在教师是不是对学生"放不放心"的问题上，因为这只是一个理念问题。真正重要的问题是，这支尚不够专业的教师队伍他们是不是真正令人放心。

合作学习与教师个人理论

2016年5月，宁波海曙中心小学的6名教师开了6堂合作学习研讨课，吸引了不少同行的眼光。这次研讨活动的看点在于在两天时间内集中展示了12种合作学习的策略和方法，这在类似的研讨活动中是不多见的。

海曙中心小学是宁波的一所名校，教师专业素养普遍较高，可是对这样的活动他们依然不敢掉以轻心，差不多提前两个月就在积极准备了。我应邀给6位教师讲解合作学习策略和方法，与他们一堂课一堂课地打磨。我发现，将合作学习的知识转化为课堂实践，起关键作用的并非我的讲授，而是他们自己的领悟和建构。

其实，教师们并不缺乏教学方面的知识，而是缺少"转化"。以前在大学里学到的知识，到底有多少在教育工作中被使用？平时参加了那么多的培训活动，听了那么多场专家报告，又有多少能在实践中体现出来？我们学了那么多，记了那么多，却没有在实践中产生预期的效果，是因为知识不是外在于我们而独立存在的，只有当外在的理论被我们所感悟、理解和内化，并转化为"自我的概念"时，才是真正的知识，也才能有效地指导教师的教学实践。

有研究者提出，教师专业发展的主要目的是促进教师对自己"教育学框架"的充分理解，而不是简单地吸收官方的和法定的理论，这就有必要提出"个人理论"这个概念。教师"个人理论"是"教师个人关于教育的实践理论"，就是教师个人所持有的教育观念，包括教育目的、教与学、学生、学科、自己的角色和责任等的观念。因为是教师个体所持有的"教育观念",因此更能显现其个别性和实践性。

专家型教师与一般教师相比,最大的区别就是前者形成了"个人理论",后者则没有。专家型教师是那些在教育实践活动中有独到见解和独特做法的优秀教师,是能将所学知识运用在实践中,能将知识转化为"生产力"的教师。

我相信,海曙中心小学的教师听完我的讲授之后,回到自己的教学实践中,指导他们的早已不是我所讲授的知识和理论,而是他们自己建构起来的知识和理论。事实上,教师对教学事实的认识和对教学问题的理解都是从他们所认为的理想教学的角度出发,以自己的努力并按照自己认为的最合适的方式行事的。教师在教学决策和采取行动的时候,并非不假思索、机械地执行任务或随意而为,他们总是受到自己的某种内在的解释性框架的指引,这种内在的解释性框架便是他们的个人理论。

个人理论与所谓宏大理论相比,显然属于"小理论",但正是教师个体的小理论才能更具体地落实到真实的个人,落实到每天都在进行着的、真正发生的教育过程中。这就是说,教师的"个人理论"比我所表述的那些理论,对实践产生的影响更大。这些个人理论都带有教师的个人经验与个性化的诠释成分。

相对于公共理论,个人理论的"个人性"是其最显著的特征。事实上每个人对事物的看法都是个人化的,因为人总是在自己的经验基础上建构知识,所不同的是,个人理论比一般的个人化知识更有条理,组织得更好,也更规范和更能自圆其说。

与公共理论相比,个人理论因为太过于个人化,所以输出较为困难,也就是说个人理论很难被他人理解。因此,专家和校长就要充分地尊重教师的"个人理论",引导和帮助教师形成鲜明的个人理论,给他们机会去充分表述自己的"解释性框架",并提高他们用个人理论指引自己行为的意识和能力。

传统意义的书本、教材上的公共知识和公共理论,只有经由个人实践、研究、反思、感悟和内化,才能最终转化为教师个人对教学的认识和观念,以及在教学实践中信奉和遵循的准则。我认为,教师的个人"表述"尤为重要,写作和言说能不断地使自己的思想条理化和规范化,最终成为理论,那是因为个人理论是以科学为基础而不是以"艺术"为基础的,因而是可靠的和稳定的。

我有时候在想，现在针对教师的各种各样的培训活动很多，可教师学得越多就越不知道该怎么做了，反而将头脑搞成各家理论和学说的"跑马场"、"中药铺"，失去了自己宝贵的创新力和行动力。

教师的成长不是外在的和被规定的，教师完全有能力向自己学，有能力将自己教学生活中的内在经验和外在知识理论进行整合，有能力主动与外来知识进行对话，有能力形成富有个性的个人理论。

海曙中心小学组织的这次活动吸引了两百多位来自全国各地的教师参加，我希望这两百多人不是来寻找合作学习的秘笈的，谁都给不了任何秘笈，真正的秘笈只在每个人的心里，并且只在自己特定的实践活动中发挥作用。

假定于丹当中学老师,她合格吗?

2006年"十一"黄金假期,北京师范大学教授于丹"火"了,她在央视《百家讲坛》连续7天解读《论语》心得,受到观众的热烈欢迎。短短7天,她迅速蹿红,受到很多人的喜爱和追捧,形成了"于丹现象"。对于这种文化现象,褒和贬的声音都有。

褒之者认为,于丹在传播中华优秀文化,而且就传播本身而言非常成功。与一般的传统文化传播者不同,她的成功主要在于她将古老经典和现代精神结合起来,用带有世俗化甚至娱乐化色彩的方式来讲述,对大众产生了很大的吸引力。

贬之者认为,于丹在给大众提供"心灵鸡汤"类的东西,有学者批评于丹有把《论语》庸俗化、简单化的倾向,说她不过是励志故事加一些浅显的道理,既不足以言说夫子之道之精深,又不足以阐述夫子之学之丰富。

假定于丹是一位中学语文老师,她会不会是一名好老师呢?从传统意义上看,她应该是个非常不错的好老师。在《百家讲坛》中登台的阎崇年、易中天和刘心武,他们都应该算是好老师。

什么样的人适合《百家讲坛》?央视《百家讲坛》制片人万卫曾说:"来讲课的老师必须满足三个条件:第一,要有丰厚的学术根基。第二,要有良好的语言表达能力,有亲和力,《百家讲坛》为什么要带观众录制?得让下面听的人直点头才行。最后,也是至关重要的一点,您讲的内容得让中学文化水平的人感兴趣。"在三个条件之外,万卫又补充了一点:有中学教学经验者优先。

事实上,《百家讲坛》受欢迎的主讲人不少都当过中学老师,阎崇年原来是北京46中的老师,刘心武原来是北京13中的老师,易中天到武汉大学读硕士以前曾是新疆一所中学的老师,而纪连海目前仍然是北师大二附中的历史老师,袁腾飞是北京市海淀区教师进修学校的教研员。

如果我是学生,我一定会欢迎这样的老师,因为由他们执教,学生们一定会对他们所教的学科产生兴趣,而且能从他们的讲述中获得完美的体验。一般意义上的好老师,既能受学生欢迎,又有自己的教学风格,他们极具成为中小学特级教师的潜质。

可是,从现代教学的角度看,于丹们可能未必胜任。

如果我是中小学老教师,我可能会善意地提示他们,要注意多研究考试,将教学与考试内容、考试改革趋势结合起来;我会正告他们,虽然教学受学生热捧是件好事,可是校长最终是要看分数的。我想,那些曾经是中学老师的《百家讲坛》主讲人们,不知道当初是怎么离开中学的,反正让他们再回中小学是不可能的了,即使如钱理群这样有教育情怀的大学者,也会"落荒而逃"的,因为中小学与大学不同,中小学是要考试的,校长和校长的上司们是要分数的,而靠口若悬河的讲述是远远不够的。

如果我是指导他们的语文教研员,按照新课程理念的要求,我可能会流露出对他们的课堂讲授的担忧,教学应该是"教"与"学"的统一体,教师应该关注学生的学,要让学生自己读文本,要让他们接触一手货,教师不能变成《论语》与学生之间的"二传手"。我尤其要批评于丹,给孩子们讲《论语》应该充分尊重《论语》原义,你自己要先读对读透,不能由着自己的性子信马由缰地说。用著名节目主持人老梁的话来说,你不能"端着肩膀说话","孔夫子假如活着,走到于丹跟前来,都得跟于丹鞠躬,于老师,你讲的那些我当初都没想到!"

如果是如钟启泉那样的课程专家,或者如佐藤学那样的学习共同体倡导者,他们会说,真正的学习是协同学习,倾听他人的声音是学习的出发点,教师要与学生对话,不能老在讲台上自我享受,享受自己的精彩独白,享受学生对自己的膜拜。

我国课程改革的一项重要目标就是推动学生学习方式的变革,即由被动接受性学习向主动探究性学习转变。要实现这一转变,教师角色的转变十分关键。之所以改革很艰难,与教师很难做好角色转变有关。

如果于丹们到中小学来(或重返中小学),应该对他们进行角色转变的培训,引导他们完成以下转变：

1. 从"权威"向"非权威"转变。你们即使学富五车也不应该以"知识的权威"自居，不应该端着肩膀说话，绝不能放下肩膀不会说话。尤其是于丹老师，在学生面前不要"装"，而应该与学生建立一种平等的师生关系，并且让学生感受到学习是一种平等的对话。

2. 从"主导者"向"促进者"转变。不要总是"牵着学生走"，要相信他们自己会学习，你不是"教授"，而是他们的学友，与学生一起学习、一起快乐、一起分享、一起成长。绝不要再扮演什么"灵魂工程师"，特别是于丹老师，一定要改变教学时的那种"慷慨激昂"、"舍我其谁"的霸道姿态。即使手里握着《论语》这样的经典，也不要"仗势欺人"。

3. 从"主讲人"向"主持人"转变。在课堂教学中，要把舞台让给学生，让学生成为"主讲人"，所以于丹们要具备作为主持人的三项能力：

（1）控制现场的能力。在主持现场，随时都有可能发生各种情况。这时，主持人应围绕主题控制现场，使课堂朝着主题、目标方向发展。学生在学习时，教师应始终与"主讲人"平等对话，要耐心启发和提示，要将掌握课堂的进程和节奏作为主要职责。

（2）朴实无华的亲和力。教师作为学生的朋友，要亲切友好，态度要诚恳，体贴入微，坦率热情。要认真研习中央电视台的《对话》栏目，感受这档节目的气氛：主持人与嘉宾积极对话，又与现场观众直接对话，而且充分调动现场的气氛，形成共同思考、共同对话的热烈场面。

（3）良好的心理素质。教师应当以平和、安适、端庄大方的仪态真诚走进学生，任何妨碍教师以真诚态度面对学生的心理状态，诸如自我表现、个人情绪失控等都要被有效排除。多次看到网络上流出的于丹的"不雅"视频，那些偶像级的主讲人在后台和录播现场失态，实在与其身份不符。

从教育的发展方向上看，于丹们是不能当中小学老师的，如果他们的角色不能发生转变的话。而我们的大学如果还把他们当宝贝，那也只能是大学课堂的悲哀。所以，还是把他们留在电视屏幕上当《百家讲坛》的主讲，或者在互联网上当个"网红"吧。

合作学习与专业素养

有不少教育改革方案，刚开始的时候，人们对其很有激情，为之热血沸腾，可不久就偃旗息鼓，虎头蛇尾，往往是因为我们严重忽视了改革背后的专业要求。

一些教师的职业倦怠，一个重要的原因是缺乏专业能力，眼高手低。教师不好当，因为现在对教师的专业要求越来越高，如果没有受过足够的专业训练，就不能胜任工作。不能胜任工作的一个必然结果就是，特别容易有身心俱疲的感觉。即使我们去尝试做一些专业性和复杂度均不如教师的普通工作，比如做家务，要是没有专门训练或长期经验积累，照样做不好，如果做不好却勉强去做，情绪自然就坏透了，时间稍长，怎能不倦怠？

一些教师在实施合作学习时遇到不少问题，往往手足无措起来，便起了怨恨，心绪十分不宁，这实在是因为在实施合作学习之前缺乏必要培训的结果。一些学校和教师急于求成，只学了一点点合作学习的皮毛就在教学中全面实施，结果犯了不少"低级错误"，教学效果反而更差，无端地把学生当实验品、牺牲品了。

一些教师在合作学习中暴露出来的问题，其实不是合作学习的问题，而是专业素养不够的问题，比如不知晓课标，不能很好地理解教材，不能恰当地设定教学目标，课堂提问缺乏思维含量，不能掌控课堂纪律等等，上述这些问题哪一样都不是合作学习的问题，而哪一样又都是。合作学习对教师提出的要求是高于传统教学的，因为合作学习是以小组形式展开的学习，所以对教师驾驭课堂的能力提出了很大的挑战。如果教师不能成为一个多面手，是无法胜任的。

在合作学习中，教师应能集各种角色于一身，既要成为学生学习的组织者、指导者、帮助者和促进者，还要担当学习活动的指挥与决策者、管理与参与者、仲裁者的责任，因此，合作学习中教师的角色也就更为丰富，扮演好这些角色，其难度也就更大。所以，有不少教师宁愿自己讲授也不愿意组织学生小组讨论，实在是迫不得已。

有的领导认为，青年教师更适合搞合作学习，其实不然。合作学习的成效问题与教师的素养相关，而与年龄的相关性较低，中老年教师如果个人素养高，合作学习一样能搞得很好，相反青年教师即使个人表现力强，若对教学的理解以及课堂掌控不到位，合作学习也是一团糟。

我们往往产生错觉，认为青年教师能上合作学习的课，是因为相当一部分中老年教师的专业素养其实不如青年教师，且不说合作学习的课上不好，即便是传统教学的课他们也未必就上得好。这背后的原因非本文所能讨论。

上海最近在推行小学等第制评价改革，除了对学生的学习成果进行评价外，还要对学习兴趣和学习习惯进行评价，这就要求教师不仅能对学生进行纸笔测试，还得使用诸如观察法、表现性评价等评价方法。有不少教师认为这个评价改革不可行。为什么会认为不可行？是因为方案太麻烦，老师们认为操作不了。你看，一个再好的方案，大家理念上都能接受，可一旦操作起来就一片反对声，问题出在哪里？评价不能仅针对知识和技能，还要关注情感态度、价值观和过程方法，理念是被普遍接受了的，问题还是出在教师的专业素养上。

有的老师说，有没有更简便易行的评价操作方案？是的，无论研究者还是实践者，大家都希望有简约的方案，但是评价是一项科学性很强的工作，简还是繁都要服从于科学性的要求，缺乏科学性的改革就是在乱改，是不会有什么效果的。所以该简才简，该繁就得繁。

不过，改革做不下去，也不能全怪教师，他们从来没有系统地学习评价方面的专业知识和技能，当然就无法有效地实施，如果教师不能有效实施，即使是一个科学的方案，也会弄得一团糟。

教育界各种新思想、新理念、新概念层出不穷，可到头来往往一团糟，是因为很少有人舍得花时间认认真真地去演练，将这些新东西化作教师的操作技能。

合作学习如此，评价改革也是如此。

合作学习是解放教师还是给教师增负

武汉中南路小学陈抒红老师与我同岁，却很优雅和年轻，她在给银川同行们做分享时向大家透露了一个秘密，她说，当初让她产生积极投入合作学习实践和研究的动力是"不想变老"。我在培训中也常常鼓动大家说，合作学习是中老年教师的福音。因为传统教学以教师的讲授为主，课堂的主体是教师，学生只是被动地学习，时间久了，学生会越来越不爱学习，教师也会越教越辛苦，越教越心力交瘁直到可能"绝望"。合作学习则不同，合作学习是要把学习权还给学生的，而教师在课堂教学中只要把手插在口袋里，悠闲地点拨一下即可。显然，陈抒红老师把我的话听进去了，而且还当真去这么做了。实施合作学习才两年时间，陈抒红老师班上的学生越发能干了，他们不仅能自己组织合作学习，而且还能自己给自己出测试题。

这么看来，合作学习是能解放教师的，是能将教师从"体力劳动"转化为"脑力劳动"的。可是我却发现，真正着迷于合作学习的中老年教师并不多，活跃在合作学习活动中的还是以青年教师居多，甚至大多是走上工作岗位一两年的新手。这是为什么呢？我想这可能是因为合作学习带给教师的这份"清闲"是要以更多的工作和更大的努力作为铺垫的。

首先是更多的工作。

一是在教学准备方面要完成更多的工作。按照合作学习的要求，教师在备课时要详细说明学习目标，而与传统教学不同的是，学习目标不仅包括学术上的目标，还应包括合作技能上的目标。此外，教师不仅要把握课程标准和教材中的重难点，还要考虑如何使教学过程达到最优，即采取怎样的策略和方法才能更好地达成学习目标、完成学习任务，这就要综合考虑小组规模、时间的限制、学生原有的学习经验、学生的年龄、教材的适用性等等。

二是在课堂组织方面要完成更多的工作。教师要保证小组具有异质性，将不同学习能力、兴趣、性格、智能类型的学生编排在一起；教师要分配小组内的任务角色，要确保每个小组都应包含四种类型能力的学生：组织能力、管理能力、理解能力和加工能力；教师要安排合作活动的空间，包括学生如何"跑位"、"归位"、如何挪动课桌椅、如何摆放小组学习用具等。

三是在解释任务方面要完成更多的工作。教师要像个导演，向演员们解释任务过程。教师要告诉全班应当做些什么来完成合作学习任务，要解释分配给学生的任务，以使所分配的任务清楚明了并能衡量。为了保证课堂秩序，教师应当重申学习目标，以确保合作学习不偏离主题。教师在学生正式展开学习活动前，还应详细说明成功的标准，并且用这些标准来评价每个学生的成绩。此外，教师还应提示学生保持积极互赖的关系，确保小组围绕着一个共同目标团结在一起。

四是在强化责任方面完成更多的工作。为防止学生在合作小组内"搭便车"，教师应采取随机抽查、及时反馈等方法，不让任何一名学生游离于小组活动之外，更不能坐享其他同学的劳动成果。

五是在监控和评价方面完成更多的工作。课堂教学过程中，教师要对每个学习小组进行监督，对未达到预期的行为进行必要的干预。为此，教师要成为一个观察家，并且在观察的基础上评价学生的学术进展和合作技能的运用。评价学生学习的数量和质量是一个非常重要的任务，评价不仅要掌握评价标准，还要考虑评价主体的多元化，要使学生和小组都能获得自评和互评的机会。

合作学习不仅需要教师做更多的工作，而且还要尽更大的努力。

一是努力完成以上五个方面"额外"的工作，而且一件都不能少。之所以需要花费格外的努力才能完成这些工作，是因为这些工作都是有技术要领的，是需要灌注心力的。如果草草了事，在技术细节上经不起推敲，则很有可能使合作学习的课变成"乱课"，影响到教学的有效性。

二是胜任这五个方面的工作，是需要努力的。教师平时要经常做"刻意练习"，设定目标、课堂组织、解释任务、强化责任、监控评价都是技术活，只有通过刻意训练才能将这些技术转化为合作学习的教学技能，只有将这些技能经常性地运用于不同的场景中，并达到应付自如的程度，才能真正变成教师的能力。也只有具备了灵活运用的能力，教师才可能享受由合作学习带来的对体力上的真正的解放。

三是从传统教学向合作学习转型，是对自己之前的经验的否定，说得夸张一点，那是在向自己宣战，所以需要格外努力。没有这份决心和定力，要实现从观念到行为上的转变是不可能的。所以，在课堂改革这条道路上，成功者总是寥寥。

四是要积极参与交流和展示活动，要多与同行切磋合作学习技艺，这方面也需要很大的努力。真正专业的合作学习，在国内其实还未成气候，所以先行者就更要抱团发展，以更大的勇气去面对可能的不理解甚至非议。

总之，合作学习最终是解放教师的，但是，在这之前也许应该做好增负的准备。

作为合作学习项目经理的教师

对合作学习的过程管理直接决定了合作学习的有效性，或者说，合作学习的有效性往往与教师的课堂管理方法和水平高度相关。比如一旦开展合作学习，则会出现时间不够用、部分学生"搭便车"、小组讨论不能围绕主题、教学目标无法达成等问题，这些问题说到底都是课堂的管理问题。因此，合作学习对于教师的管理能力无疑是个挑战。教师要熟练掌握合作学习的策略和方法，就要跨过课堂管理这道坎。

相比于传统教学，合作学习的课堂管理要复杂得多，因此，教师们要"补课"，补管理课，尤其是要补项目管理的课。

什么是项目管理？所谓项目管理，就是项目的管理者在有限的资源约束下运用系统的观点、方法和理论，对项目涉及的全部工作进行有效的管理。即对从项目决策开始到项目结束的全过程进行计划、组织、指挥、协调、控制和评价，以实现项目目标。项目管理是 20 世纪 60 年代后期，为适应大型项目中复杂多变情况的协调、管理及控制而产生的一门管理科学，是对项目的计划、实施和控制等方面进行科学化、规范化管理的方法。后因其有效性，而逐渐被广泛应用到各个领域。

我们知道，合作学习由教师确定学习任务，学生组成小组，小组成员之间相互合作，在教师的指导和监督下完成学习任务，合作学习的组织模式和运行方式与项目小组具有一定的相似性。我认为，如果我们能学习和借鉴项目管理思维，在合作学习的过程管理中运用一些项目管理的相关技术和方法，想必可以为合作学习的有效实施提供坚实的保障。

其实，合作学习就是完成一个又一个项目的过程，按鲍尔·格雷斯的说法，"一切都是项目"，合作学习当然也是项目。合作学习一般都有课题或任务，为完成课题或任务的活动都可以看成是项目。只是合作学习中的项目有其特殊性，不同于企业、工程、建筑中的项目。项目管理过程与合作学习过程也是相似的，项目管理有五大过程，即"启动"、"计划"、"执行"、"控制"、"收尾"，而合作学习的开展则有开始合作学习、对合作学习进行计划、学生开展合作学习、教师或者小组负责人控制合作学习的进程、完成合作学习等一系列环节。合作学习过程中的每个环节都可以借鉴项目管理的方法。项目管理的方式是目标管理，而合作学习也有学习目标和合作技能目标，都需要通过合作学习来达成。运用项目管理的思想和方法完全可以达成合作学习的目标。

此外，项目管理和合作学习都强调个体有具体的责任，并在一定时间（阶段）完成，个体（部分）对整体有重要的影响。在强调个人责任感方面，合作学习与项目管理的要求也是一致的。

我认为，如果将合作学习过程看作项目管理的过程，那么项目管理者的作用就是至关重要的。项目管理的体制是基于团队管理的个人负责制，需要集中权力以保障工作正常进行，因此项目负责人（项目经理）是团队的核心和灵魂。这也正如合作学习中，教师（有时候是各小组负责人）其实是在充当项目负责人的角色，正是教师在对合作学习进行总体的计划、组织、控制、协调。

作为项目负责人，教师可以在以下环节运用项目管理的思想和方法来提高合作学习的有效性：

1. 确立项目。

教师在备课时，应将项目任务定义清楚。一个好的项目任务应体现以下特征：

（1）围绕目标。所设计的项目任务应紧紧围绕着学习目标，使学习活动指向于目标的达成。教师应帮助学生明确项目目标，所设定的目标应非常明晰并富有挑战性。

（2）切实可行。应确保学生能在有限的时间内通过合作完成任务。

（3）趣味性强。项目任务要使学生在学习中保持注意和向往的心向，为此项目应带有探究性和游戏性。

（4）接近生活。设计的项目要结合其他学科，并与学生的实际生活紧密联系起来。

（5）保持开放性。要给学生充分发挥创造、发展和想象的空间，并使学生能举一反三、触类旁通。

2. 启动项目。

教师应在启动合作学习时，激发学生学习动机并呈现学习目标。在下达任务前，教师应通过设置"悬疑"等方法引发学生的关注度、吸引学生的注意力，提高他们的兴趣，使他们产生强烈的完成任务的意愿。

3. 项目计划。

在合作学习开展的初始阶段教师要做好计划工作，对合作学习中的各项活动进行周密安排，"计划越详细越好"。一般而言，时间越紧计划就应该越细，因为计划越细项目中不确定的东西就越少，项目就越顺利。合作学习中，项目计划主要包括以下内容：

（1）说明项目成果。教师要向学生交代清楚，合作学习完成后需要交付的成果是什么，这一成果必须是具体、可见的，比如一份笔记、一张思维导图。

（2）分解项目任务。教师要将一个项目任务具体分解成一个个小任务，便于小组中的成员每人负责一部分，以利于他们通过合作共同完成。

（3）宣布起始时间。要明确合作学习任务持续的时间，并在任务过程中做好时间提示。

（4）安排项目步骤。我特别关注合作学习的操作步骤问题，为此整理了合作学习的35个策略，其中每个策略都有一套具体的操作步骤。操作步骤的安排要结合项目工作的分解和项目持续的时间。

（5）分派角色责任。应详细说明在合作小组中的人员如何安排，任务负责人是谁，每个小组成员需要承担的责任是什么。

（6）确定考核方法。要向学生阐明如何进行过程性评价，如何评价最终的成果。过程性评价一般采取"过程性的观察为主"的评价，要适时采用"成长记录（学习档案）"或"表现式的评价"等方法。最终结果的评价要有标准，标准应该是具体的、可见的。

（7）提示关键问题。要对学生进行完成项目过程中的关键问题和解决方法的指导。在合作学习中为完成某一项目需要解决的一系列关键性问题是什么，以及用什么方法来解决这些问题，这些都是需要事先计划的。

（8）资源管理计划。完成合作学习任务需要资源条件方面的支持，要指导学生合理利用资源（包括信息资源）和相关设施、设备。

4．项目控制。

合作学习过程中存在着一定的不确定性，稍不注意就会导致合作学习失序，因此要在实施过程中进行有效控制。按项目管理的要求，控制的功能在于"纠偏"和"适应"。"纠偏"是指调整执行中的偏差，"适应"是指不断调整计划，以使其适应变化着的客观环境。合作学习中的控制可分为"预控"、"时控"和"后控"三种形式。

合作学习中的预控是指在合作学习开展前要做好充分的预测，对可能发生的问题预先采取防范措施，以"防患于未然"；时控是指教师在巡视、监控中发现问题，就要及时调控、提示学生进入学习状态，促进合作学习的有序进行；后控是一种事后控制，在合作学习每个阶段任务完成后再对活动进行评价和纠偏，后控要及时反馈，并根据情况拿出具体的对策。项目管理中的控制主要包括进度控制和质量控制两个方面，在规定的时间是否完成了规定的工作，完成的质量如何，都是要控制的，我想这对合作学习也同样重要。

5．项目收尾。

合作学习任务完成后，教师应组织汇报和展示活动，或通过定期填写表格或小组负责人（或汇报员）定期汇报进行项目总结。教师应根据任务完成过程和目标达成情况，对小组和学生进行激励。如何进行表彰和奖励，教师可以与学生讨论后决定，用学生感兴趣的方式激励学生，效果会更好。

此外，教会学生在合作学习过程中相互赞美，鼓励学生在项目收尾阶段感谢其他同伴为小组成功所做的贡献。教师作为合作学习的项目经理，这可能是合作学习赋予教师的又一个有意思的新角色，让我们好好来感受。

貌合神离的教师团队

学校的成功在很大程度上依赖于教师，不仅依赖于教师个体的才能，更是仰仗教师团队的努力。可是，现实的状况是，教师之间很难建立真正的合作关系，而学校也很难形成以教与学为焦点的合作文化。富兰和埃克指出，任何一个学校，如果希望形成专业学习共同体，就必须解决重塑学校文化的问题。

根据富兰和埃克的研究，关于合作，主要有四种学校文化类型：

1. 个人主义的。在这种文化下，教师只是埋头于自己的教学工作，钻研自己的业务，而不关心同事的工作。教师们甚至将课堂看作是自己的私人领地，拒绝与同事分享教学经验和技术。

2. 分裂的。这种文化的特征是在教师间出现了派系，甚至能感觉到派系斗争。在分裂的学校环境中，教师将自己归属于某个小团体中，而与其他持相反观念的群体争斗。他们完全忠于自己所属的小团体，对整个学校的利益缺乏足够的关注。

3. 人为分权的。在这种文化中，教师们表面上看起来是合作的，他们也会组织各种研究和交流活动，但实际上并不真正关注与教学相关的深层问题，大家只在表面上合作，而没有挑战自己的教学信念和方法。

4. 合作的。在合作的校园文化中，教师团队中每个个体都非常精通业务，每个人都努力帮助学生进步，并非常注重自身专业水平的提升。更为重要的是，他们能不断与同事合作、分享，他们相信，只要和同事一起来解决问题，就可以应对遇到的挑战。因此，团队成员相互依赖以达成共同的目标。反过来，团队目标又支持学校的愿景，并与学校的愿景和价值观保持一致。

理想的学校文化应该是"合作的"，可事实上，教师之间的关系却往往体现出貌合神离的特征，这就如"马赛克"，表面上看是个美丽的整体，可实际上却是"个人主义"的、"分裂"的和"人为分权"的。在貌似合作的现象背后，教师个体之间是相互独立的，每个人都以"自给自足"的方式从事教学活动，他们之间很少进行互相的交流和合作。可是，教师们不会承认自己是"个人主义"的和"分裂"的。

在我国，学校普遍比较重视教研活动、校本研修，也很关注教研组建设，教师用于集体备课、集体研究的时间是不少的，可是效益却不高。也就是说，教研活动也好、校本研修也好，因为存在着教师马赛克文化，这种文化是个人主义和小团体主义的，所以，学校里的这些专业活动多半是形式主义，走过场，没有太大的实效。因此，教师们对于参加集体研究性活动的兴趣始终不高。

那如何破解学校的"马赛克文化"？我想办法无非有以下四个：

1. 最大限度地减少教师间的不良竞争。虽然现在普遍实施绩效工资制度，不得不通过绩效评价将教师分为三六九等，教师间的竞争似乎在所难免，但是，作为学校领导者应通过将个人业绩与团队业绩捆绑在一起的方式，尽力消解由竞争而带来的不良反应。

2. 最大限度地减少对教师专业活动的干预。为了消除教师马赛克文化的负面影响，哈格里夫斯等学者开展了自然合作文化的研究，他们主张通过自然合作文化呈现出的自发、自愿、自主发展和超越时空等特点，使教师主动地相互学习，一起分享和发展他们的专长。

3. 最大限度地减少由学校举办的正式活动。学校应促进教师非正式群体的形成，鼓励更多的教师为了钻研业务而自发结群，互相切磋。学校应因势利导，强化各群体之间的渗透性和各群体成员的流动性，打破教师马赛克文化的低渗透性和高持久性。

4. 最大限度地减少灌输式的理论学习。灌输式理论学习使教师越来越远离专业成长的道路，学校帮助教师专业成长，应更多地让教师在经验中学习。这就是说，学校应该鼓励教师坚持实践与反思，将团队的实际经验作为学习的资源。

只有团队成员们自己提出教学中的问题,并通过集体性的实践和反思解决问题,教师才能有真正的专业发展。

在现实生活中,可能我们看到的更多的是人与人之间的相互提防,在自我防卫机制启动的情况下,信任关系很难建立,全社会的所谓"和谐",也只是美丽的马赛克而已。在这种大的文化背景下,学校要将文化转化为合作,无疑是十分困难的。但是,不等于说,我们就毫无希望。其实,每个人的心底里何尝不是在呼喊真正的合作与和谐。

能不能建立合作学习的专业标准?

经常有教师和校长会提出这样的问题:什么样的教学任务适宜使用合作学习方式?

国外的研究结论是,合作学习特别适宜于较为复杂或较高层次的认知学习任务,适宜于绝大多数的情感、态度、价值观的学习任务;如果想要在教学中格外重视学生的人际交往品质与能力培养,那么,就更需要采用合作学习的方式。

浙江大学的盛群力教授及其研究团队认为,如果教学任务或者学习内容蕴含了下列因素,则应该优先考虑采用合作学习方式:1. 互动,如要求生生之间讨论、展示、争辩、操作等。2. 互助,即通过相互帮助共同完成任务。3. 协同,小组成员承担不同的角色,齐心协力完成任务。4. 整合,教学任务体现了跨学科性、综合性的特点。5. 求新,教学任务突出学习者个人的独特感受与体验,要求生成别出心裁、与众不同的理解。6. 辨析,教学内容需要经过争辩、探讨、质疑,在独立思考的基础上交换意见。7. 评判,教学任务涉及较多的价值判断和选择。8. 表现,教学任务要求学生充分展示、表露或外化已经学到的东西。

以上的回答其实已经告诉我们,合作学习适用于大多数教学场景。在我看来,可能只有以下四种情况下不适宜合作学习:1. 小学低年级。2. 教学内容太多而教学时间不够。3. 个人的感受性训练和技能训练。4. 只需短时记忆的学习内容。但是,我的这些推测未必是可靠的,因为已经有不少教师在寻求突破,积累了不少案例,表明如果我们以更为积极的心态去迎接挑战,合作学习显然能适应更多的场景，并取得传统教学难以企及的效果。

合作学习之所以能取得良好的效果，其实是有坚实的理论支持的。以下列举一些支持合作学习的理论供大家学习。

1. 群体动力理论。这一理论的创始人勒温经过大量的实验研究证明：在合作性群体中，个体具有较强工作动机，能够相互激励，相互体谅，个体间的信息交流也比较畅通，合作性群体的工作效率明显高于非合作性群体。

约翰逊兄弟经过多年研究，建立了竞争与合作的理论模型。模型显示，合作的目标结构会导致人际吸引，能促进相互作用，能提高心理接纳感，形成动态的、多样化的、现实的合作观等。而"竞争"的或"个人主义"的目标结构则不会出现互动现象，反而会导致人际回拒，形成孤立的、静态的、单纯的同学观，有限的觉察能力，以及对未来互动的失望等。

2. 选择理论。选择理论创始人哥拉斯博士在《课堂中的控制论》一书中指出，学生到学校来学习和生活，主要的需要就是自尊和归属等。按照选择理论，不爱学习的学生，绝大多数不是"脑子笨"（硬件问题），而是他"不愿学习"（软件问题）。只有创造条件满足学生对归属感和自尊感的需要，他们才会感到学习是有意义的，才会愿意学习，才有可能取得学业成功。

3. 教学工学理论。这一理论的创始人斯莱文博士认为：课堂教学工艺学可以描述为三个要素——任务结构、奖励结构和权威结构的统一体。从表面上看，合作学习似乎只是改变了课堂内的社会群体结构，但在实际上，课堂上的任务结构、奖励结构和权威结构也都发生了很大的变化，改变最为突出的主要是奖励结构。研究结果证明，奖励结构是合作学习足以提高学业成绩的最为关键的因素。

4. 动机理论。这一理论认为，合作性目标结构（与竞争性相反）创设了一种只有通过小组成功，小组成员才能达到个人目标的情境。因此，要达到他们个人的目标，小组成员必须帮助本组其他成员做任何有助于小组成功的事，而且要鼓励同伴们尽最大的努力。约翰逊等人认为，学习动机是借助于人际交往过程产生的，其本质体现了一种因人际相互作用而建立起的积极的彼此依赖关系。激发动机的最有效手段就是在课堂教学中建立起一种"利益共同体"的关系。

5. 发展理论。这一理论认为，儿童围绕适宜的任务所进行的相互作用能促进他们对重要概念的掌握；儿童认知发展和社会性发展是通过同伴相互作用和交往发展起来的。从发展的观点来看，合作学习对于学生学业成绩的影响主要或全部应归结于合作性任务的运用。

合作学习适用于大多数教学场景，已经得到实践和理论两方面的支持，而且，无论哪个教育理论和流派，都支持合作学习。可是，为什么绝大多数教师在课堂中并不实行合作学习？我想可能真正的原因是教师还没有掌握这种方法，他们不仅没有经历过合作学习的系统学习和培训，甚至对合作学习还存在不少误解。可是，碍于面子，很少有人愿意承认自己在合作学习方面的"无知"和"无能"，越是有资历的教师越是如此。

因此，我呼吁，需要在教师专业标准中增加合作学习方面的内容，在"专业素养"、"专业知识"和"专业能力"三个方面都能明确地提出与合作学习相关的标准，唯此，才能在师范教育和继续教育中落实相关内容，并有可能依据标准对教师合作学习的专业资格进行必要的认证。

合作学习给教师带来的失落感

随着课堂改革的深入，原本属于教师的课堂权力实际上是被削弱了，因此，教师一定会在这一过程中感受到越来越多的失落感，甚至是被剥夺感。

教育历史上，教师的地位还是比较高的，我想主要原因在于教师掌握着学习资源，而且是课堂上唯一掌握资源的人，而掌握资源就意味着掌握权力。但是，现在的学生，他们获取知识的途径越来越多，特别是互联网的发展，使得教师在占有知识方面的优势几乎丧失殆尽。因此，合作学习将以往师生间的单边关系进行了拓展，将学习放在了一个更为广阔、更为多样性的背景中，其实是对"残酷现实"的一种默认。毕竟，教师还要像以前那样霸占课堂，实在是不合时宜了。

在传统课堂中，教师是学生学习的唯一重要的和"活"的资源，只有通过教师的教授，学生才能了解和掌握学习内容，教师是学生和书本（教材）之间的中介。相比于传统教学，在合作学习的课堂中，学生学到的知识可能拓展到三个部分，即教科书提供的知识、教师个人的知识、学生带来的知识，而且有可能通过师生之间、生生之间的互动生成更多的知识，这就大大地扩充了教学资源。可是，由此带来的问题是这一变化使教师丧失了一部分课堂权力，进而使教师良好的自我感觉受损。

传统教学中，教师为了保持权威，既要当"导演"又要当"演员"，导致学生被动学习，教师要通过严格的纪律来维持自己的权威地位，结果是事倍功半，苦不堪言；与此对应，学生在传统教学中只是个跑跑龙套、敲敲边鼓的角色，他们虽然参加学习,可是很少参与,只是自己学习的旁观者。在自主、合作和探究学习中,课堂上许多原先应由教师完成的工作完全可以由学生小组来完成,教师成了学生学习过程的促进者、组织者、帮助者,咨询者、顾问,这些"被动"的角色可能使教师感觉失落。教师与学生之间原有的"权威—服从"关系变成了"指导—参与"的关系,这种心理落差让不少习惯霸占讲台的教师很不适应。

合作学习是以学生为中心的学习方式,为有效实施,就要事先设定学习的流程,有些是整堂课的大流程,比如"合作设计—目标呈现—集体讲授—小组合作活动—测验—反馈与补救";有些是小组讨论的小流程,比如"情绪—理解—回忆—检查—详述—概括"。因为学生在学习之前就已经明确这些流程,而且通过训练熟练地掌握了这些流程,所以课堂的运行基本达到了自动化,这让教师在课堂上不再那么忙碌,终于清闲了下来,可是清闲往往会让人有不踏实的感觉,这给勤劳惯了的教师带来了些许不安甚至是恐慌感。不仅学习过程流程化了,而且教师的课堂讲授也是以合作为基础的,课堂指令力求简洁明了,讲授过程也力求简要清晰,这让教师感觉自己有大段的时间简直无所事事。

此外,传统教学中,教师还拥有评价和奖惩学生的权力。而主张合作学习的课堂,学生的"自评"成为了合作学习的主要评价方式。这是因为合作学习的主体回归学生,那么评价权也相应地回归。以学生为主体的评价,强调通过及时的反馈信息,让学生自我判断、自我调节和自我改进,从而提高"学"的质量。这一改变,将使教师良好的自我感觉又一次受挫。

总之,资源的多样化,导致了一系列连锁反应,如课堂权威的丧失、学习的流程化、评价权的回归,这一切都在"剥夺"教师的"神圣"权力,让依赖讲授和"管头管脚"的教师很难适应。有些教师因为没有认清这一发展趋势,千方百计地反对改革,结果越教越累,职业生涯中感受到从未有过的倦怠感,即便如此,他们也不谋求自身的改变,而是责怪学生、家长和改革的策动者,这只能加重自身的痛苦。

在我看来,向新型的课堂转变,过渡期越长,失落感越是持久,而痛感也就越强烈。

专业蕴含在技术细节中

我认为，在我国课改之所以难以深入下去，与我们急功近利、浅尝辄止有关。课堂中的合作学习也是如此，有不少校长和老师在与我的交谈中都会说道，"怎么才能快点出成绩"？虽然，每次在关于合作学习的开场白中，我都会说，"合作学习是个技术活，不是一个两个简单技术，而是一系列的复杂技术"，因此"慢就是流畅，流畅了才会快"。可是人们等不及，他们太渴望有"神仙皇帝"能教他们"一招鲜"，让他们一蹴而就、一步登天。每到此时，我不得不表达出我深深的失望。因为急功近利必然不能潜心研究问题，不能细致打磨技术，所以，课堂改革总是半途而废，"改而不革"。

我在指导合作学习时，不断强调小组成员的共同目标和个人承担学习责任在合作学习中的巨大作用，因为这是一个技术要领，如果不能遵守，合作学习就达不到预期的效果。首先，小组有共同的目标，就会产生激励作用，不仅激励学生努力完成自己的学习任务，而且还会促其乐于帮助同伴共同完成任务。关于合作学习的大量研究事实上也支持了上述观点，在以小组目标和个人责任为方法的研究中，有78%的研究发现合作学习对学习成绩有明显的积极影响，且没有发现明显的不良影响。而缺少这两种因素的方法，只有37%的研究发现有明显的积极效果，14%的研究发现有明显的负效果。

为了使小组能形成共同目标，教师设定（或由学生自行确定）的教学目标，在表述时应包含四个基本要素：行为主体、行为动词、行为条件和表现程度。

如"在与同学的交往中（条件），学生（主体）能复述（行为动词）他人的主要观点（表现程度）"。具体来说，教学目标的叙写要达到以下"技术标准"：

1. 行为主体应是学生，而不是教师。教学评价是要评价学生的学习结果有没有达到课程标准的要求，而不是评价教师有没有完成某一项工作。因此，目标的陈述必须从学生的角度出发，陈述行为结果的典型特征。行为的主体必须是学生，而不能是以教师为目标的行为主体。

2. 行为动词应尽可能是可理解的、可评估的。作为评价的依据，目标应该是具体明确、可操作的。如"理解"这个行为动词还不够具体，而应该是"解释、说明、归纳、概述、推断、区别、提供、预测、检索、整理"等词语，才更精确。

3. 要有行为条件。必要时，附上产生目标指向的结果的行为条件。行为条件是指影响学生产生学习结果的特定的限制或范围。行为条件共分为四种类型：一是关于使用手册与辅助手段的，如"可以带计算器"或"允许查词典"；二是提供信息或提示的，如"在中国行政区划图中，能……"；三是关于时间限制的，如"在10分钟内，能……"；四是关于完成行为的情景的，如"在课堂讨论时，能叙述要点"。

4. 要有具体的表现程度。要写明学生通过一段时间的学习后所产生的行为变化的最低表现水准或学习水平，用以评价学习表现或学习结果所达到的程度。如"至少写出三种解题方案"、"百分之八十学生都能答出五种解题方案"等。

一些教师教学目标写得不清楚，导致学生小组学习时目标也不清楚，学习效益低下也就可以想见了。

以上强调的是小组目标的重要性，学习目标是师生对学习结果的预期，将影响到学生的"个人责任"。

美国合作学习研究专家卡甘将个体责任定义为"个体的公众表现与所有同伴的相关性"。个体责任意味着每个参与者都要对小组的学习和成功负有责任，小组的每个成员都要有为组内学习和组间竞争出力的责任心。而如果小组合作学习中出现偷懒的学生，他们却与其他努力工作的同伴一起共享成果，那么不仅这些搭便车的学生丧失了自己学习和上进的机会，还会挫伤整个小组的积极性。

美国明尼苏达大学的约翰逊兄弟在《合作性学习的原理与技巧——在教与学中组建有效的团队》一书中提出了构成个人责任的几个一般方式：一是保持小组

的规模，建议组的规模应小一些，这有利于个体责任的构建；二是要对每个学生进行测验，"一个不放过"；三是对小组学生进行随机抽查，以确定一个小组工作的情况；四是观察每个组并记下每个成员为小组做贡献的次数；五是在每个组里安排一个学生检查者。我想，这五种方式就是"提高个体责任感"的技术标准，要在合作学习中认真执行。

以上说明合作学习要取得成效，一些技术要求是非常重要的，是马虎不得的。但是，这不等于说执行"技术标准"就一点都不能通融，教学是一个非常复杂的系统，是不能认死道理的，更不能教条主义。比如，我们如此强调小组目标和个人责任，但是在有些情况下却是不必要的。比如：

1. 没有单一答案的有争议的任务。有些需要高水平思维的复杂问题，没有明确的解决办法，也没有唯一正确的答案，这就要鼓励学生积极思考，能产生独特的和不同的看法。按维果斯基的说法，对于这类任务来说，参加争论，甚至于听别人争论，以便明确各自的看法和解决办法的过程，就足以促进学习；甚至在小组中教学、解释和帮助不再继续的情况下，也同样如此。研究发现，听别人说出思考过程，即使没有相互教学，学生们同样也能受益。

2. 自愿学习小组。学生们自愿组成一个小组，被某个目的强烈地激励着，完全自主地、忘我地展开活动，这时，强调小组目标和个体责任显然是多余的。

3. 结构性匹配的任务。下达的学习任务已经被高度结构化，比如"切块拼接法"、"MURDER"等合作学习活动，无论学生事先是否有参与的动机，一旦进入学习过程，就会不由自主地投入学习，也一定会有结果。这类被高度结构化的方法主要适用于需要机械记忆的任务。

写到这里，可能那些有着"宏大理想"却对技术细节毫无兴趣的人早就放弃阅读了，因为那太细致，也太麻烦。

可是，什么是专业？呼喊合作学习的口号不是专业，这些技术细节里才有专业。虽然太细太小，却可能为"不那么专业"或"专业声誉不够高"的教育专业赢得专业的尊严。

教师何尝不是学生培养的呢？

新课程改革一直在强调教师角色的转变，要求教师不仅是知识的传授者，而且是学生发展的促进者、指导者、学习者和合作者等。可是，教师角色与学生角色是一种互动的关系：一方面，教师努力转变自己的角色；另一方面，教师角色也受制于学生的角色。如果学生作为学习者主体这一角色很难发生变化，那么，教师角色变化也只会是一场空。

我们要求教师由知识的传授者转变为学生学习的促进者，要求教师越来越少地直接传递知识，而要越来越多地激发学生自主学习和独立思考，让学生像专家那样在解决实际问题的过程中建构知识。可是，教师更少地传递知识并不必然促进学生的自主学习，也不必然就激发了学生的思考。如果学生本人不能从一个被动的学习者变成一个主动建构的学习者，那么，教师恐怕也就只有继续发挥传统教学优势，一教到底了。

我们要求教师由知识的输出者转变为学生自主学习的指导者，教师在学生自主学习过程中承担起为学生提供选择、管理、组织和加工知识的引导者和帮助者的责任。可是，学生如果本身并没有自主学习的愿望和能力，教师指导者的身份还是无法建立起来。

总体来说，中国的学生更愿意听命于教师，更愿意且更能够接受教师的讲授，这并不是完全由教师决定的，而是文化使然。人的行为是深受文化影响的，我们的文化与西方国家主张个人自主独立的文化存在显著差异。因此，要转变学生在学习中的角色,看来单纯讨论教师角色的转变还是不够的。

成功的合作学习,要求学生的角色发生转变,新课程倡导课堂要体现自主、合作和探究,学生要成为自主学习者、合作者和研究者。如果学生在合作学习中不能成为一个自主学习者,那么,合作学习就缺少了一个基本的前提,也就无法抵达合作学习的最终归宿。

自主学习是一种主动学习、独立学习、自主管理的学习,要求学生有较强的元认知能力,即认知主体具备了心理状态、能力、任务、目标、认知策略等方面的知识,认知主体有能力对自身各种认知活动进行计划、监控和调节。自主学习的学生能担负起学习的责任,能挖掘自己的学习潜能,更重要的是,他们能在学习过程中进行自我计划、自我调整、自我指导、自我强化,能够不断发现问题、提出问题、分析问题和解决问题。教师只有逐渐使学生具备自主学习能力,合作学习才有良好的基础。

另外,学生还要成为合作者。面对一些复杂问题,学生应该能充分利用所在的小组,与伙伴们一起共享知识,共同处理问题解决过程中所遇到的各种困难。为此,学生就要学会主动参与小组活动,与小组其他成员相互依赖,共同承担责任,相互交流想法,相互鼓励和沟通。如果学生不会合作,不能与他人建立良好的合作关系,在学习中不能转换为合作者,那合作学习也就无从谈起了。

更进一步,学生还要成为一个"研究者"。学生要逐渐掌握研究性(探究性)活动所要求的方法,比如提出问题、猜想结果、制订计划、观察、实验、制作、搜集证据、进行解释、表达与交流等,要建立理性思维,拥有科学的头脑,只有这样才能在小组学习中与他人平等交流,合力寻找解决问题的方法。

平时,我们可能比较多地批评教师不能完成新课程要求的角色转换。面对不能自主、合作和探究的学生,教师应先行逐渐完成角色转变。这一方面要求教师自身努力,不断挑战自己,摆脱传统教学的"舒适区",实现自身角色的真正转变;另一方面,要致力于促进学习者角色的转变,舍得花时间培养学生的自主学习能力、合作能力和研究能力。在学生尚未具备这些能力时,要有足够的耐心,不要轻易做出剧烈的变化。

一种教总是与一种学相适应的。从某种意义上,教师的教何尝不是由学生的学所塑造的呢?

丙 课堂与合作学习

合作学习之羊皮和分组教学之狗肉

只要说起课改，人们多多少少会扯到合作学习，也多多少少会对合作学习批评两句。作为合作学习的研究者、实践者和培训师，我非常乐意与人探讨合作学习，甚至只要一说起这方面的话题，我就兴奋起来。但是，有时候大家的分歧很大，尤其是对合作学习的弊端和适用范围的分歧特别大，常常讨论到面红耳赤，这时候我会建议大家停下来，先把什么是合作学习说清楚，结果发现虽然大家都在说合作学习，说的却不是同一个事物，每个人都在说他心目中的合作学习。后来在培训中，我愤愤然地说："不懂合作学习的人，没有资格讨论合作学习。"这话虽然极端，但正是我要提示学员们注意的，合作学习的定义和内涵非常重要，我们对合作学习的全部讨论几乎都建立在对合作学习的共同理解的基础之上。

人们往往会将分组教学与合作学习混同起来，结果发现分组教学的效果并不如预想得那样好，于是回过头来把板子打在了合作学习上。在课堂中把学生编成小组，让学生围在一起学习，并非就是合作学习；反之，那些虽然没有进行编组的学习，也很有可能是合作学习。

分组教学与合作学习的区别在哪里？

区别关键就在于"合作"二字，一群人在一起而没有构成合作关系的，就不能叫作合作学习。真正好的合作是小组成员之间构成积极的相互依赖关系，也就是要有强烈的"荣辱与共"的感觉；此外，还应该有"结构化"的合作方式，或"互助"或"协同"，以使合作效率更高；更重要的是，合作学习要直接教授合作技能，因为没有人生来就会合作，所以教师在课堂上要舍得花时间教学生如何与人合作。因此，实施合作学习就等于在学科学习之外再加一项学习内容：合作。而教合作，也要像教别的内容一样，要有"知识与技能"、"过程与方法"、"情感、态度和价值观"的目标，否则就教不好，教不彻底。

进入一个课堂，我们一般就能感受到课堂的文化，是崇尚"合作"的还是崇尚"竞争性"的，还是崇尚"个人主义"的。传统的分组教学，虽然表面上是"合作"的，但骨子里却是"竞争性"的和"个人主义"的，课堂文化不变，合作学习就做不起来。合作的课堂中，小组成员们一起学习，他们在为全体成员共同的成功而努力，他们在一起庆贺共同的成功；"竞争性"的学习虽然学生们也可能被安排坐在一起，但本质上说还是在"单独学习"，他们在为"超过他人而奋斗"，会在心底里庆贺自己的成功，为他人的失败而"欢欣鼓舞"，长期在竞争性的课堂文化中，优秀的学生会变得自私和保守，而"差生"则容易放弃学习；"个人主义"的课堂文化中，学生各管各的，他们为个人的成功而奋斗，为自己的成功而沾沾自喜。

什么是课堂的文化？

课堂的文化实质就是课堂内的"关系"，不仅看师生关系，更重要的是看"生生关系"。生生关系有共同的目标，追求"共赢"，是"利己利人"的关系的，我们称之为"合作"的课堂文化；生生关系崇尚"你死我活"、"有你没我"，每个人都要争第一，除了第一其他都是失败者，学生间是"损人利己"的关系的，就是"竞争性"的课堂文化；而成员间"老死不相往来"，"事不关己高高挂起"，学生间倾向于"利己不损人"的，就是"个人主义"的课堂文化。

从课堂文化这个角度来鉴别教学的话，我们认为"合作"的是现代教学，而"竞争性"的和"个人主义"的是传统教学（更确切地说是"前现代"的教学）。有意思的是，传统课堂常常把自己打扮一番来冒充现代教学，发现效果不好，就回转身来狠狠地批评现代教学，结果使那些原本对合作学习抱有兴趣的教师们，也变得游移不定。

所以，当有人在你面前批评合作学习，请不要急于与他展开讨论，而应先询问对方，什么是他所理解的合作学习。如果对方正在讨论的那个合作学习其实是传统的分组教学，那你就与他一起"骂娘"吧。

"读读议议"不是合作学习

课堂教学质量在很大程度上取决于教师教学方法的使用,因为教学方法可以决定教学效果,这是毫无疑问的。那么,到底用什么样的教学方法好呢?在这个问题上有两大传统:一是主张讲授教学的传统,二是主张探究教学、对话教学的传统。这两大传统,也许后一种更为悠久和古老,中国的孔子、古希腊的苏格拉底,他们的教法称得上是探究和对话的典范,只要读一读《论语》和《理想国》,对此一定会印象深刻。所以,我国第八次基础教育课程改革倡导自主、合作、探究的学与教的方式,集中体现了"探究教学"和"对话教学"的精神,也可以认为是对教学传统上的一次回归吧!

"讲授"和"探究"、"对话"到底哪种教学方法好?这是没有定论的,它们各有各的好处,也各有各的问题,所以优秀教师总能灵活运用这些方法,为其所用。但一旦灵活,就拿捏不准了,于是灵活运用可能变成随心所欲地运用,结果可能比"生硬"地运用某一种方法效果更差。

关于讲授法的利弊,有研究发现:讲授法对能力强的学生最有好处;在大班额的情况下,采用讨论和探究的教学方法,如果组织不好,弊要大于利;一对一讲授、同伴辅导最适合能力差的学生;讨论法适合中等水平的学生,特别优秀的和特别差的学生在讨论中受益不如中等学生多;在讲授法实施时,学生往往不能很好地参与到课堂学习中,他们可能被灌输了太多知识,而能力没有得到发展;在教师使用教授法时,学生容易感到厌烦而产生很多纪律问题,那些注意力不够集中、记笔记能力差、记性不好的学生有可能会跟不上,而逐渐变成学困生。教师们为什么会不由自主地使用讲授法?不是因为他们笨,放着好办法不用,而是因为在教学时间有限而教学内容过多时,往往使用教授法是效益最高的。

什么时候应该运用讨论法?在复习所学知识、形成观点、培养解决问题或交流能力的时候,就应该让学生开展讨论;当需要学生长期记忆,需要其高层次思考时,也应该采取讨论的方法;要激发学生学习动机,希望学生转变态度,更好地满足学生的社会需求和心理需求时,也应该开展讨论。

但是,讨论法也有局限性。如耗时太多,教学任务完不成;学生还不够成熟,讨论停留在浅层次深入不下去;讨论由少数几个人控制着,有的学生不太愿意参加讨论;等等。

所以,灵活运用多种教学方法,并不是由着领导的兴致也不是由着自己的兴致,想怎么用就怎么用,到底哪一种方法有效,是要在实践中验证的。

20世纪80年代,上海育才中学校长段力佩提出了"茶馆式"教学,在上海乃至在全国产生了很大的影响。如"茶馆"这个词所寓意的,"茶馆式"教学主张多使用"讨论法",所以可以把茶馆式教学概括为"读读、议议、练练、讲讲"教学法。段力佩先生认为"课堂气氛不必过于严肃,只有教师讲学生听,而可以在教师的引导下像茶馆那样,随便交谈议论"。

我没有亲见当初的"茶馆式"教学,但我可以断言,一旦强调了课堂讨论,一定会出现课时不够之类的问题。因此,上海育才中学的教师们可能不太会自觉地实施"茶馆式"教学,除非育才的学生可以不参加高考。后来,"茶馆式"教学渐渐式微,也是必然的了。

在培训活动中,我反复与学员们强调,大家千万不要将课堂讨论当成合作学习,有的老师随意将学生组成小组,让他们自由发言,就如茶馆里那样"发言自由,不规定发言顺序、不规定发言时间长短,可以插嘴,可以打断对方发言,可以群体说话,可以说给全体听",这不是合作学习,而是自由讨论。

"自由讨论"与"合作学习"有两大区别:

一是"学习"。合作学习是一种学习方式,其目的是要让学生通过合作真正"学到什么",也即是说,合作的目的是为了学习;而自由讨论,可能讨论的内容很宽松,甚至真的如茶馆中的一群老年朋友在一起聊天,拉家常,也许什么也没有学到。那些如茶馆般"人声鼎沸"的课堂，看上去挺美，实际上却可能是"无效"的。

二是"合作"。合作学习是要将学生有效地组织起来的，有"互助"，也有"协同"，为了有效地将学生组织起来，就要清晰地告诉他们合作的流畅、步骤、要领和方法，还要教学生如何与人合作，提高他们的合作技能。合作学习绝对不是如茶馆那么随意，更不能"随意插嘴"、"不规定发言顺序"、"说些与主题无关的话"。

所以，"读读议议"不一定是合作学习，但是，合作学习一定是要"读读议议"的。

学习有多么优雅，课堂就该有多优雅

听了不少"高效课堂"的课，发现这些课都非常注重让学生成为课堂的主人，一个显著的特征就是将课堂展示作为主要（或重要）环节。一般在学生合作学习之后会安排这个环节，而且很是热闹。还有一些课会安排更多的展示环节，在课的开端、中间和结束阶段都会要求学生展示。学生展示的方式也是多样的，有屏幕投影、书面展示（板书）、口头展示（语言）、行为展示（表演），通过教室四周墙面上的黑板来展示，也是一种常见的展示方式。

我从走上工作岗位第二年起就担任学校行政管理工作，经常要迎接上级的检查、评比、考核，而出于工作需要，我也要去检查一线老师们的工作。于是，在我的印象中，"展示"这个词是和"评比考核"联系在一起的，是一种向上级"汇报"工作的方式。如果下属们做过的工作没有充分展示出来，上级就很难对下属的工作做出评估，这对平时从来不问下情的官僚作风的领导来说更是如此，他们对下属们工作的评价几乎完全来自对汇报展示的观感；而下属知道汇报展示的重要性，为了保全自己，就会花十二万分的努力来做好展示工作。

有机会去邻国朝鲜的朋友们，会对朝鲜的成人和儿童精彩的"展示活动"印象深刻；而我们有一些长期在"官本位"文化熏陶下长大的人，在如何通过展示来取悦领导、让领导满意方面积累了大量的经验。展示往往带有一定的"表演"性质，因而"失真"的可能性更大，所以有着"讲求效率"和"求真务实"做派的人，会对各种各样的展示活动，包括商品方面的展示或"巨大成就"的展示，均抱着警惕的态度。

于是，在我的字典里，"展示"这个词就带有那么一点点的贬义。看多了在"高效课堂"中的展示活动后，我在心里默默地评估，评估展示这个环节在课堂教学中的价值和意义。

展示是不是应该成为教学中的一个环节？我不这么认为，因为实际上并不是所有的课都需要展示的。为什么要学生展示？其目的主要还是为了便于做出评价，无论评价是由教师做出的还是由学生做出的，因此展示当属于课堂教学中"评价"环节的一种方式。

我认为，每堂课都需要对学习做出评价，评价而不是展示应该成为课堂教学中的一个环节。在合作学习中，评价这个环节尤为重要，因为课堂评价尤其是随机抽查的评价，可以有效地防止小组成员"搭便车"的现象，以提高学生学习的"个人责任感"。

我们一般可以将课堂评价分为两类，一类是"基础性评价"，一类是"表现性评价"。前者针对基础知识和基本技能，那些有固定答案的学习内容，评价的方式主要是"检测"而不是展示；"展示"这种方式一般在表现性评价中才被使用，而表现性评价主要是针对高水平的认知活动或情感态度的，因此一些创造性和情感性的学习成果特别需要通过"展示"来进行评价。这就是说，如果有些课的教学目标被设定为"基础性"的，那么就不一定要让学生展示，只要检测就可以了。

如果展示是为了便于表现性评价，那么展示是不是要让学生们去表演呢？我不这么认为。表现性评价要努力将"真实感"引入课堂，要向学生呈现可信的，与真实世界相似的情景、任务或问题。比如，在课堂上创设一个情境：有一位来自美国的学生到你家做客，请你介绍一下你的家庭成员、住房条件、你的兴趣爱好等，这就是一个真实性的任务。所以，一般而言，展示是不需要夸张表演的，除非特别情况，或特定的艺术或表演课，展示是不需要孩子们"张牙舞爪"、"声泪俱下"的。

课堂展示是不是应该很热闹呢？我不这么认为。我们总喜欢在一堂课中有些令人难忘的高潮部分，于是课堂展示就是一个"华彩乐章"。可是，学习活动是人类的一种自然的和本能的活动，任何人为制造的热闹和安静，都不是真正的学习。孩子们在黑板前大声嚷嚷并不都是学习，我们应该教育学生平静地说话，平静地与课本、他人和自己对话，尤其是在数学、科学等富有逻辑的学科学习过程中，不需要发出太大的声音。试图将声音盖过别人，以显示"理直气壮"的，都是一种"语言霸权"。

教师要不要提醒台上的学生大声说话呢？不，不应该，即使那名学生在台上声音太轻，我们也应提示台下的学生注意倾听。如果学生们不得不放大音量说话，很有可能是在教室里，孩子们没有学会倾听。而合作学习中，倾听是最重要的一项合作技能，需要反反复复地训练。

有的老师说，展示难道只是用于评价的吗？展示本身也是一种学习。

我不这么认为，因为学生在课堂上展示的是他们的学习成果，而真正的学习应该在学习的过程中。我们为什么需要评价和展示？因为如果学生带着表现性的任务去学习，可能会使他们投入学习的过程更为专注和有效，尤其会使他们的合作学习过程更为有效。一开始，学生们可能为了展示而努力学习，可是展示绝不应该成为一切学习的目的。因为学习本身才是目的。

学习有多么优雅，课堂就该有多优雅。

合作学习与价值澄清的结伴

济南育秀小学是一所只有 5 年办学历史的年轻学校，教师群体也格外年轻。一般而言，年轻教师接受新思想和新方法的速度要快一些，所以我对他们充满期待，期待他们不仅能在课堂中使用合作学习，而且还能有所创造。

有一次，我听了一节语文课，课文是《中彩那天》，文中所讲述的故事发生在第二次世界大战前，在一个穷苦的汽车修理工的家庭中，父亲幸运地成为获奖者，而且奖品是一辆崭新的奔驰牌汽车，对当时正在上学的"我"来说是多么高兴的一件事。然而，当父亲开着获奖的奔驰车缓缓驶过拥挤的大街时，我却发现父亲"神情严肃"，"看不出中彩带给他的喜悦"。"我"自然会感到"闷闷不乐"。回到家里，慈祥的母亲揭示了其中的奥秘——"父亲正面临着一个道德难题"。"我"迷惑不解，母亲详细说出了事情的经过。最后在没有人知情的情况下，父亲毅然地拨通电话，通知真正的获奖者库伯。

张乐老师执教这节课，她的教龄是 4 年，在组织课堂教学方面却已非常"老到"。与一般的语文课不同，她没有将"真理"强加给学生，虽然这篇课文事实上是要向学生传播"真理"的，这个真理就是"这一动人的故事反映了一个普通工人的崇高的精神世界，它让我们懂得，诚信是人的精神财富，它比物质财富更为珍贵"。我非常反感教师利用语文课灌输大道理，哪怕这些大道理再靠谱，也要设法给学生自己学习的机会。

张乐老师向孩子们展示了父亲所面临的那个"道德难题"：这辆奔驰车到底

是"留"还是"还"？然后运用"扎堆"的方法组织学生进行讨论。"扎堆"是一种非常宽松的合作学习策略，这种策略是让有共同观点的学生"扎堆"在一起讨论，也就是让主张"留"的孩子们在一起讨论，让主张"还"的孩子们在一起讨论。于是，我最愿意看到的一幕开始了，孩子们忘我地展开了讨论，忘了教室后面有四五十位旁听的教师。我悄悄走到孩子们身边听他们的讨论，发现他们非常真实地袒露自己的思想观点，"理直气壮"、"头头是道"；虽然"扎堆"的人不少，可是课堂上一点都不乱，因为他们显然受过合作技能方面的训练，他们知道"倾听"别人，知道不能随意打断别人；我还看到一张张生动的稚嫩的小脸，他们所谈到的那个"道德难题"，直到今天，哪怕对我们这些"自以为是"的成年人也未尝不是一个难题。

听着这节课，我想到了"价值澄清"这一教育方法。"价值澄清"于20世纪20年代开始出现，在60年代时逐渐形成一个教育学派，纽约大学教育学院教授路易斯·拉思斯是这一学派的公认创建人。这一学派认为，在价值观多元化的条件下，传统的说教、榜样、说服、限制性鼓励、宗教等都不能起到教育的效果，拉思斯说："把那些预定到的东西兜售、强加于别人，不仅不能产生思想，而且会扼杀了德性的发展，因为他们缺乏人性所需要的自由探究、审慎思考和理性的观念，这些方法都没有考虑如何帮助儿童发展一种评价过程，而仅仅是如何劝说儿童应采纳'正确'、'永恒'的价值观。"在《价值与教学》一书中，拉斯等人还说："对我们来说，关心一个人怎么获得节俭的观念要比他（或她）是否有节俭这种价值观更重要。"因此价值澄清这种方法的主要任务不是认同和传授"正确的"价值观，而在于帮助学生澄清其自身的价值观。只要学生学会了如何思考，就可以调整自身去适应变化着的世界。

在评课时，我发表了关于合作学习适用范围的一些观点。有些老师认为，在好多课上，合作学习都用不上。我认为刚好相反，很少有课居然是用不上合作学习的。但是，如果课堂教学始终是以低水平思维活动为主的话，就会发现合作学习没有用武之地。比如说这一节语文课，要是张乐老师直接教授真理，让学生机械地记住"诚信是人的精神财富，它比物质财富更为珍贵"，这样的教学不会使学生的思维能力有丝毫的发展。

我对听课的老师们说，让我最欣喜的就是看到了"批判性思维"。当教师越来越在课上组织学生展开"高水平的认知活动",就越会发现,合作学习是必不可少的。"价值澄清"这一方法,是要帮助孩子们在人的价值观形成过程中,减少价值混乱,增进富于理智的价值选择,并在这一过程中有效地提高学生思考和理解人类价值观的能力,因此价值澄清的过程是需要"高水平的认知活动"的,也就一定会将合作学习视为"伙伴"的。

　　低水平认知活动的伙伴一定是灌输式教学。灌输是反人类的,因为灌输从不承诺自由成长。

合作学习"教有定法"

我有个梦想,要将多年来积累起来的合作学习策略和方法做"结构化"处理,也就是要将教师组织学生进行合作学习的步骤、要领、适用范围等固定下来,然后一一传授给教师,使他们在组织合作学习时"教有定法"。为此,我整理出了35种策略和方法,其中一些是"互助式"的,一些是"协同式"的;一些是用于小组讨论的,一些是用于小组检查的;一些是用于高水平认知活动的,一些则是用于记忆层面的学习的;一些是用于知识的学习的,一些是用于情感、态度和价值观的学习的;一些是几分钟内可以完成的,还有一些是耗时较长,使用的周期可以达到一个月甚至更长时间的。

这35种策略和方法中,有18种在我的实验学校中被教师尝试使用,我清楚地知道每一种的具体用途和适用范围,还有17种是有了构想,但还没有经过实践的检验。我花了整整5年时间用文字来阐述这些策略和方法,我认为,只有将合作学习的策略和方法进行结构化处理,才能对合作学习产生积极的作用。

在文字阐述的基础上,我通过自己的微信平台将每一种策略和方法用视频的形式呈现出来。最近,我在华科大附小建立了一个合作项目,动用他们学校雄厚的师资和灵动的学生,将每一种策略和方法表演出来;我在济南第二十七中学与老师们有了个约定,要将这些策略和方法做成课例。我相信,未来的中国教师要学习合作学习,一定会简便很多。

在我打算投入我的几乎所有精力,致力于合作学习"结构化"处理的工作之前，我是充分做好了被指责的准备的。因为我们历来相信教有法，却怀疑"教有定法"。这一方面是由于我们的传统文化注重"道"，不重视"术"；重视直觉把握，不重视深究和标准化。另一方面是因为偷懒，只要认可了"教无定法"，就不必去研究了，连同"教有法"的"法"，也懒得去研究了。

美国加利福尼亚州的卡甘博士是合作学习理论的代表人物之一，他从20世纪60年代开始从事合作学习的研究，成功地创办了合作学习的研究机构——卡甘合作学习中心（Kagan Cooperative Learning Center），该中心主要进行合作学习理论的研究和师资的培训。卡甘认为，合作学习中的课堂交往互动的一系列教学策略和方法必须被"结构化"，在他看来，这些结构化的合作学习，因为经过精心的设计，所以才能使学生之间、学生与教学内容之间、学生与教师之间的互动更为有效。对卡甘的这一观点我非常认同。

在我看来，合作学习的课堂活动就是被结构化了的合作学习策略和方法加上特定的学习内容，教师只要掌握足够丰富的合作学习策略和方法，并将具体的学科内容添加进去，一堂课的设计差不多就大功告成了。我甚至认为，这些结构化的策略和方法是可以单独学习的，因为这是合作学习的最为重要的"工具"，是超越学科内容的，具有高于学科的独特价值。

经常有校长和教师在我面前抱怨说，一些专家讲报告，总是先把中国教育批一通，把课堂批一通，把教师批一通，然后抬出"自主合作探究"，说说学习方式转变的重要性，可是讲到关键处，到底如何实施"自主合作探究"，却"因为时间关系"，没了下文，匆匆散场。我想，他们的这些牢骚实际上是对我的一种鞭策，作为教育咨询者和培训者，我的工作不是发动学员自己去"悟"，而是要为他们能成功地在课堂中实施合作学习提供"阶梯"，这阶梯不仅是合作学习的理念和理论，更重要的是合作学习的策略和方法，而且是结构化了的策略和方法。

我还热衷于给每一种策略和方法起名字，比如"三步采访法"、"叽叽喳喳法"、"切块拼接法"、"发言卡"、"内外圈"、"世界咖啡"等等，其中大多数名字都是现成的，是合作学习的研究者们已经在使用的，还有一些是我"发明"的。之所以为合作学习策略定名，主要有三个原因：一是便于给学生下指令，当学生了解每一种合作学习方法的指称，教师就能在给学生下指令时更为清晰和准确；二是便于合作学习在一个教学班内实行，当语文、数学、英语等所有的学科教师都使用这套语言系统时,学生很快就会适应;三是教学研究的需要,合作学习在各个学科教学中都能运用,跨学科教研活动中,如果大家使用共同的术语,无疑有利于提高研讨的效益。

我将教育改革看成是一份事业,这份事业主要在三个层面上展开:一是学校发展层面上,我关注学校自主发展和战略选择;二是学校管理层面上,我关注团队合作和分布式管理;三是课堂教学层面上,我关注合作学习和学习方式转变。这三个层面中,我觉得最有意义的就是课堂,因为课堂直接关乎学生的成长。而我将推动合作学习这一"事业"的目标设定为"让合作学习教有定法",为此,我一定要讲授对教师有用的知识,一定要让合作学习在课堂中实施变得更容易操作。

我在想象,终于有那么一天,教师们通过阅读我的讲义,观看华科大附小的视频,研磨济南第二十七中学的课例,他们一定能在很短的时间内掌握合作学习的知识和技能,并能在课堂中将合作学习有效地组织起来。要是真有那么一天,学生们在课堂中的生存状态将会发生多么重大的变化啊。

合作学习中的"合争"

经常有人问我,既然在合作学习中,合作那么重要,是不是就可以取消竞争了?我们这个社会充满竞争,孩子们在课堂中如果不能体验到竞争,合适吗?我的观点是,合作学习并没有排斥竞争,没有竞争就没有合作,但是课堂文化是主张合作的,即使有竞争也是为合作服务的。我把既有合作又有竞争,通过适度的组与组之间的竞争来加强合作的课堂模式,称为"合作型竞争"(简称"合争")。

如果从学生与学生的关系这个视角来看,我们可以将课堂内学习小组的关系分为"正向相互依赖"、"负向相互依赖"和"零相互依赖"三种。所谓"正向相互依赖"代表了小组成员之间是一种积极的相互关系,每个成员都认识到自己与其他成员之间是同舟共济、荣辱与共的关系,也就是说,正向的相互依赖意味着每个人都要为本组内其他伙伴的学习负责;所谓"负向相互依赖"是指组员之间是一种消极的人际关系,他们相互拆台,彼此排斥,在一般的传统教学中,教师往往会鼓励学生超过自己的同伴和对手,导致"竞争性"的课堂文化,这种课堂文化只会让优秀的学生变得自私和保守,而那些在竞争中无望取胜的学生则会放弃学习,成为课堂里的"麻烦制造者";所谓"零相互依赖"是指成员虽然在一个小组内,但是相互之间没有任何关系,他们只管自己的学习,只对自己的学习负责,不少老师会有意无意地鼓励这种"个人主义"文化,使课堂呈现"原子"状态。

什么家庭是"和谐家庭"?我想只有家庭成员之间构成"正向相互依赖"关

系，才是真正的和谐，同舟共济、荣辱与共是和谐家庭最好的写照，如果家庭成员之间相互拆台或者呈现原子状态，这样的家庭一定是有问题的。什么学校是"和谐团队"？学校的教研组、年级组的成员之间构成"正向相互依赖关系"，同舟共济、荣辱与共，才能有高的绩效。什么是和谐校园？师生之间、生生之间、师师之间的关系是正向的相互依赖关系，才是和谐的校园。

说到这里，你一定想问，既然"同舟共济、荣辱与共"那么重要，为何还要提"合争"？那是因为促进小组内正相互依赖关系的途径主要有五条，这些途径或多或少都需要组与组之间的良性竞争。

途径1：正身份相互依赖。

即小组成员要有一个共同的身份，比如小组要给自己取个响亮的名称，要提出自己的口号和誓言，要设计统一的手势和标志性动作，要展示自己的标志等。共同的身份有助于激发小组成员对自己所在小组的归属感，能增强小组的凝聚力。小到一个学习小组、一个家庭，大到一所学校、一个协会、一个地区，甚至一个国家，也都需要身份或标识来增强其成员的协作与互助。

途径2：正角色相互依赖。

即为完成某一任务，组员分别承担不同的工作角色，这些工作是互补的和有内在关联的。每个成员承担着不同的工作角色，所以在小组内每个人都很重要，组内的协作效益也会更高。关于在小组内应该设哪些工作角色，有不同的看法，美国明尼苏达大学"合作学习中心"的约翰逊教授建议，不同成员可以分别承担以下角色：总结人（负责重述小组的主要结论和答案）、检查者（负责保证小组所有的成员都能清楚地说出小组得出的答案或结论）、精确性裁判（负责纠正别人在解释或总结中的任何错误）、联络员（负责小组与教师及其他小组进行联络和协调）、记录员（负责记录小组的决议并编写小组报告）、观察者（负责关注小组的活动情况，为改善或提高小组活动效率提供建议）。约翰逊认为上述角色对保证小组活动的顺利进展都是必不可少的，在追求共同目标的背景下，小组所有成员都认真履行自己的角色职责，从而形成成员之间紧密的合作关系。

途径3：正资料相互依赖。

即每个组员只拥有一部分信息或材料，要想完成任务就必须分享、共享。比如，在一个4人小组中，可以将一篇完整的课文切分为四个部分，分别给每位成员一部分学习内容，在规定的时间内读完后，再通过相互交流使所有成员对材料都有完整的认识。这种方法就如同"拼图"般，靠着每个人的努力最终完成完整的学习。

途径4：正目标相互依赖。

即全组有一个或若干个共同的目标，如完成一个任务，或者在测试中获得好成绩。因为有了这种合作性的目标，所以小组所有成员共同承担责任。因为组内没有竞争压力，所以有利于调动所有成员积极参与。

途径5：正奖励相互依赖。

即小组成绩取决于小组内每一成员的成绩，"一荣俱荣，一损俱损"，从而将小组成员牢牢地捆绑在一起。比如，小组分段朗读课文，只有当每个成员的错误都不多于5处时，小组的阅读成绩才能得优。正奖励相互依赖打破了小组内由好学生包揽一切或小组成员各自为政的局面，可以推动小组成员相互帮助、共同进步。

大家看，这五条通往"正向相互依赖"的途径，是不是或多或少都与小组间的竞争有关？比如"正奖励相互依赖"，因为奖励是"稀缺"的，只有表现突出才能获得，于是组与组之间的竞争一定是激烈的，而正是激烈的小组外部竞争强化了小组内部的合作；再如"正目标相互依赖"，小组的共同目标往往建立在"努力在小组间的竞争中胜出"的基础上，显然组际竞争也对小组合作起到了积极的作用。其他的途径，如"正身份相互依赖"、"正角色相互依赖"和"正资料相互依赖"，也都是因为有了组际竞争，才能充分发挥效益。因为有外部竞争，小组"身份依赖"和归属感更强烈，不同角色之间的协作也更为有效。

竞争与合作是一对伙伴，合作学习是要将"合作"作为课堂的文化的，因此就要使课堂的"竞争性活动"服务于"合作性活动"，我称这种态势为"合作型竞争"。

不为赢得一次战斗而输掉一场战争

奥地利作曲家舒伯特，被后人评价为"古典主义音乐"的最后一位巨匠，在他短短31年的生命中，创作了600多首歌曲，18部歌剧、歌唱剧和配剧音乐，10部交响曲，还未算上他的弦乐四重奏、钢琴奏鸣曲。在他所有的作品中，我最喜爱他的第八交响曲，这是一部未完成的音乐作品，第一、第二两乐章拥有完整的曲谱，第三乐章只有9小节改编为管弦乐曲，其他部分仍停留在钢琴曲谱的形态，第四乐章则连草稿都没有。虽然这是一部没有完成的作品，但却是西方艺术史上最著名的"未完成"之作，因为人们发现再为这首乐曲加上任何诙谐曲乐章或终乐章，均有画蛇添足的感觉。

一些艺术作品虽然在形式上"未完成"，但实际上是完整无缺的，第八交响曲不仅是舒伯特交响曲中最杰出的作品，也是浪漫音乐的一部绝世佳作。与此类似的例子是莫扎特的《安魂曲》，莫扎特完成的部分主要是"进台咏"与"求主垂怜"，第三部分"继叙咏"和第四部分"奉献经"都未完成，整个乐曲的后半部分都由绪斯迈尔谱写完。我们可以接受一部未完成的作品，是因为我们不能仅仅从形式上来看待艺术，不能为形式上的完整和完美伤及所要表达的内容上的完整和完美。

现在我们再来看一堂课，一堂课一般是40分钟，最完整和最完美的应该是有开端、高潮和尾声，最好在下课铃声响起的那一瞬间由教师说完最后一句话并宣布下课，否则就会"耿耿于怀"。我们尤其不能接受的是，自己在上课时明明已经讲过，讲得如此清晰、完美，可是学生就是学不会。这种对一堂课的完美主义追求其实是一种"病态"，因为对完美的过度追求，会使人轻率地采取行动，而又太早地放弃，最终会陷入挫折、失败、碌碌无为和怨怒的心情中而无法自拔，他们会转而责怪学生，责怪家长，责怪这个社会不重视教育。

其实，这是完美主义者的视角出了问题，他们专注于自己的教，追求的是教的完整和完美，却忽略了学生的学习过程。越是完整和完美的教，可能越是顾及不到学生完整和完美的学。

我们经常说要"以学定教"，可是骨子里还是"以教定学"。比如，我们在做教学设计时，不太去调查以下内容：1. 前提条件——为达成这堂课的教学目标，学生应该预先掌握什么，他们已经掌握了吗？2. 关联知识——同这堂课将要学习的内容相关的内容还有哪些？这些相关的内容应该来自学生的生活。3. 学习愿望——学生对于这堂课的学习是否会有兴趣、热情和信心？4. 学业水平——学生现有的学习水平能否理解这堂课的内容？5. 学习方法——学生在学习方法上是否有特别的喜好和习惯？6. 班级特征——这个班的学习氛围、差异度和学习风格等等。完美主义者可以全然不顾这些，只顾着自己完整而完美地讲述自己心中所设计好的内容，就如一个医生如果只是按照自己心中的愿望和标准来给不同的病人动同样的手术，注定将是失败的。而一个完美主义的医生不为自己的完美主义负责，却责怪病人"不配合"，那岂不是一件怪事了。

偏执于完美 40 分钟的教师的一个更严重的偏差在于对到底应该让学生学什么，他们还不是很明白。如果课堂上就是教那些确定的知识点，那么这些知识点就得在规定的时间内学会，而且越快越好。难道教学就是让学生掌握这些知识点吗？情感、态度、价值观、思维方法、探究能力、合作交往能力等，这些也许比知识点更为重要的内容到哪里去了？这些内容也是短短的 40 分钟内可以完成的？

即使是知识点，那些事实性知识尚且还有可能在一堂课内学完，比如"郑杰在 2016 年的《中国教师报》上开设合作学习的专栏文章"算是一个事实性知识，这类知识比其他知识更有可能在短时间内学完，可是概念性知识的学习其周期可能会更长，比如"什么是合作学习"，这就是一个概念性知识，不是短短的 40 分钟就能掌握的。另外一些比事实性和概念性知识都更重要的知识，如程序性知识和元认知知识，学习的周期会更长。如果教学中只关注短期见效的知识点，就容易使教学发生偏差，最终受害的是学生。

看来我们真的不必执着于40分钟的完美，而要追求一个单元、一个学期、一年、一个学段甚至一生学习的"完美"。一些学校引入"单元教学"和"主题教学"的概念，我认为就是在打破40分钟的"课时魔咒"。

几乎所有开始尝试合作学习的老师都会问我，在课堂中组织小组合作活动，效果很好，可是一堂课就会拉得很长，孩子们才开始做小组讨论，才热火朝天起来，不知不觉下课铃声就响了，按传统教法可以完成教学任务，可现在完不成了。

我的回答是，传统教学注重40分钟，每40分钟就如同一场又一场的战斗，也许每一场战斗都很完美，却可能为此输了一场战争。

合作学习是在打一场必胜的战争。

合作学习的公开课为什么"难看"？

一般在稍有点规模的公开课和研讨课上，教师们总要设置小组讨论的环节，否则这样的公开课似乎太落伍了，实在是"拿不出手"。因为有了小组讨论，课堂气氛显得更活跃了，向观课教师呈现出了学生"主动学习"的生动局面，课堂参与率大大提升。如果一堂课竟然不设置小组讨论环节，那这堂课该有多么沉闷！执教者从头讲到尾，这样的课怎么体现新课程"自主、合作、探究"的理念呢？于是，小组讨论就成了公开课和研讨课上必不可少的一种点缀。

为什么我会说小组讨论只是一种"点缀"？是因为我所观察到的小组讨论，效益普遍比较低下。我认为这些做做样子的课堂讨论，学生并没有真正的参与。一堂好课，要努力创造机会让每个学生都能成功地展示自己，并获得成功的喜悦，从而获得最大的发展。可是，形式化的小组讨论，表面上看很热闹，实际上学生的参与却是不均衡的。其实，在一般的小组讨论中，学生的活动是"无组织"的，在无组织的情况下，学优生参与的机会远远多于其他学生，他们往往是小组内最活跃的，甚至在小组中处于主宰地位，占据了小组讨论的主动权。而学困生则因为基础薄弱，思维的敏捷性、深刻性稍逊，导致他们的参与性和主动性都比较欠缺，他们在组内处于从属的和被忽略的地位，要么保持沉默，要么早就走神做别的事去了。所以，这样的无组织的小组讨论实际上加剧了"两极分化"，在一定程度上剥夺了学困生学习的权利。

一些教师认为，合作学习反而导致学生学业成绩下降。我认为这个板子也许不应该打在合作学习上,这笔账实在是应该算在无组织的小组讨论上。

真正的合作学习在学生的"个人责任"要求上明显区别于一般的小组讨论。所谓"个人责任"是指小组中每一个成员都必须承担学习的责任,首先是自我的责任,此外还有小组的责任。

一般的小组讨论中存在着大量的"搭便车"现象,组员的参与一定是不均衡的,出现若干个"麦霸"主宰着小组讨论,而其他小组成员则沦为"听众",这已经是一个"不正常"的正常现象了。社会心理学的研究表明,在群体活动中,如果成员没有明确的责任,就容易出现成员不参与群体活动、逃避工作的"责任扩散"现象。正是由于这种社会心理效应,在缺乏明确的个人责任时,小组就会嬗变为学生逃避学习责任的"避风港"。因此,为提高小组讨论的有效性,为了鼓励每个组员参与活动,就必须通过制定小组活动规则的方法明确组员的个人责任。以下是一些增强个人责任感的比较常用的方法:

1. 角色互赖。即在小组活动中,让每个组员都担当特定的角色,并且每个人的角色都是不可或缺的、不能替代的。小组工作角色不仅明确了每个组员的工作任务,而且使他们体验到了个人的价值,避免了在小组活动中无所事事的现象。

2. 责任承包。即小组活动的总任务被分解成若干个任务,每人承担一个子任务,小组完成总任务的质量取决于完成每个子任务的质量。比如,一个小组要准备一份关于环境污染的报告,可以由不同的组员分别完成以下分报告——水污染、空气污染、噪音污染、光污染等,并由此组合成一份完整的环境污染报告。

3. 随机提问。即随机提问小组中的某个成员,根据他的表现评价小组活动的质量。由于提问是随机的,每个组员都有机会代表小组来汇报学习结果或展示活动成果,如果不积极参与小组活动,就可能难以回答提问,使整个小组得到差评。随机提问其实就是要让小组成绩受到任何一个组员的影响,只要有一名组员不好好学习就会影响到全组的成绩。这种由集体"连坐"而产生的群体压力可以促使每个组员认真投入小组活动。

4. 个别测试。即在学习时小组成员之间可以交流、互相帮助,但是,教师在检查小组的学习质量时,要让每个学生独立完成测验,并且要综合每个学生的测验成绩来评价小组的活动。在这种评价体系下,一方面,学生再也不能以小组为掩护来逃避学习责任,因为他们在测验中的表现会暴露出他们在小组活动中的情况；另一方面，学生积极参与小组活动，在测验中的良好表现能够对小组的总成绩有直接的贡献。

以上这些方法之所以可以显著地增强学生的个人责任感，是因为这些方法蕴含着两条共同的原则，即"体现个人的价值"和"利用群体压力"。

但是，在课堂上使用这些方法会面临风险，这个风险就是教学过程可能不够流畅。比如，小组内每个人都要承担一定的工作职责，可并不是每个学生都能承担起这些责任；小组总任务分解成小任务，学困生可能完不成他们的任务，导致总任务完不成；随机提问，可能抽到的学生回答不上来，课就会"很难看"；对学生实施个别测试，要是好多学生都不过关，这堂课的有效性就会被质疑。

因为任何增强学生个人责任的方法都会面临风险，所以在公开课上教师们一般是不会主动冒险去采取那些能够增强学生个人责任感的方法的。让优秀学生在小组内起主宰作用，让优秀学生代表小组汇报和展示，这是最可控的和最安全的，于是小组讨论也就只能是公开课的点缀了。

合作学习不应成为教学的一个流派

2016年11月，我在济南参加合作学习的专题研讨会，一共听了16堂合作学习的课。在评课时，大家对同一堂课会提出不同的看法，是因为不同的人心目中好课的标准是不同的，人们对教学目的的理解也不同，这就是所谓的理念上的差异性。

从大的方面讲，有的老师认为教学一定要加强基础知识和基本技能的落实，尤其反对由学生自主学习而教师只在一边做课堂组织工作的那些课。这次台湾地区有两位教师开课，观者对这两堂课的评价并没有想象的那么高，这说明不少教师还是习惯于看教师教而不是学生学。有的教师在听评课的互动环节中提出，这种让孩子玩的课看着很好很热闹，可是如何应对考试呢？我想提出这类问题的教师，他们是把知识点的落实放在第一位的，即使关注到学生的学习过程，可还是要将一切成效最后显示在考试成绩上的。有的教师（在教师中属于少数）认为所谓的基础不应该限定在知识和技能方面，有比知识和技能更重要的基础那就是学习兴趣、学习习惯和学习能力，而这些"基础"应该在学习过程中通过体验来获得。

关于知识与能力哪个更为重要，我想这个问题讨论得太多了，虽然不会有什么最终统一的标准答案，但还是会继续讨论下去。就如个性与共性哪个重要之类的问题，虽没有答案，可还是有继续讨论下去的价值，因为正是对这些问题的讨论加深了我们对教育的理解。而我们这些搞教育的人就该花一生的时间来思索这些问题。

即使大家都认同的所谓新理念，具体说起来也还是有价值观的分歧的。

比如新课程所倡导的自主学习、合作学习、探究性学习这三种学习方式就各有其价值倾向性，各自强调的侧重点也是不同的。"自主学习"是强调个体独立、主动、自觉、自我负责地学习，强调对学习的自我定向、自我监控、自我调节和自我评价，"自主学习"是与"被动学习"相对的一个概念。主张自主学习的，会认为合作学习不是目的，合作学习只是实现自主学习的一个工具，是为自主学习服务的，学习终究是要自主完成的。

"合作学习"强调以学习小组为依托，以群体的分工、协作为特征来进行学习，它是与"独立学习"相对的一个概念。合作学习的信仰者不认为合作学习仅仅是个工具，合作本身就是目的。从"全人"的角度来看，学会合作比学会学科知识重要得多，自主和探究学习都应该为合作学习服务，合作学习就是学习的最高形式。

"探究性学习"强调以问题为依托，以探究、发现的方式来习得知识和技能，它与"接受性学习"是相对的。竭力主张探究（研究）性学习的人，会将自主和合作看成是探究学习的条件，在他们看来，学习本质上就是探究性的和创新性的。

一种折衷的说法就是要将这三种价值取向合起来，只要结合起来就是在为培养完整的人服务了。这种永远正确的"结合论"一旦抛出来，会让所有的人立正和闭嘴，对这种废话我们不说也罢。

理念上的差异必然导致教学行为上的差异，也必然影响到人们对具体某堂课的评价，毕竟观课与评课者也都会有自己的价值取向，即使有时候他们未必能清晰地表述。

我将合作学习研讨活动定位为"技术"研讨，引导与会者绕开复杂的理念问题，直指合作学习的实践与操作层面的问题，并对每一届活动能实实在在地推动技术进步抱有信心，希望有真正的学术活动，尽量少地涉及价值层面的问题。

在教育领域内有不少"山头"或"流派"，我们做技术的如果有流派的话，那就只有一个流派——"求真派"，技术在实操中是否真正有效，是可以而且是应该得到检验的。

有观者问，能否将专题研讨的"发言卡"的使用做一个标准版供大家临摹和使用？我回复说"不"，因为任何一种技术都会被运用在不同的教学情境，服务于不同的教学目的和目标，过度的标准化，会使合作学习技术失去内在活力。也就是说，合作学习作为一种技术应能服务于各种情境与教学流派，合作学习不应成为一个流派。而且对合作学习技术方面的研讨，无论哪个流派都会持欢迎的态度，因为任何一种目标和理想要得以实现必然需要技术和工具的支持，无论重视"双基"还是重视能力发展，无论重视个性发展还是重视共同素养，都可以使用这些技术。

工具性的东西都是中立的，其本身不包含价值，因而也不存在偏见。本次研讨活动，一共16节课，有中学也有小学，有文科也有理科，有考试科也有非考试科，有南方的课也有北方的课，有沿海发达地区的课也有边疆少数民族聚集地的课，开课的教师及其所在学校的教学观差异也不小，这16位老师在一起使用发言卡的方式来展开合作学习，运用起来自然也是五花八门，精彩纷呈。这就是我要的价值中立的研讨。

合作学习：从规范到全面优化

我国基础教育领域内的课程改革，一直将"学习方式的转变"作为改革的一项重要目标，目前"转变学习方式"这一口号看来已深入人心。但这种提法其实隐含着一个前提，那就是之前原有的学习方式是有问题的，现在要转变。

可是，学习方式无非是告诉我们应该"如何学"，学习方式真有好和差之分吗？如果说传统的学习方式是接受式的，现代的学习方式即所谓自主、合作和探究式的，后者就一定比前者优越？虽然我一直在"鼓吹"合作学习，将合作学习的研究和推广作为我的"主业"，但我知道，学习方式本身是多样的，每一种学习方式都有其特定的功能，我其实并不想给一线教师们传递一个错误的信号：合作学习是唯一重要的学习方式。

在学习心理学研究史上，不同的心理学家曾根据不同的标准提出过各种不同的学习方式。

比如"发现学习"与"接受学习"，发现学习是指需要学习的内容是没有定论的，学习者必须经历一个发现过程，自己得出结论或找到答案；而接受学习指的是要学习的内容是以定论的方式呈现的，学习者可以直接获取，不需要经历发现的过程。我们知道，在教学中有些知识（尤其是系统的和复杂的知识）是需要教师亲自传授的，而有些则应该由学生自己去探索。

比如"维持性学习"与"创新性学习"，前者有利于学习者获取人类已有的知识、经验，使他们更好地适应社会；后者则要打破既定的法则，创造出新的思维产品，以变革来促进社会的发展。你说哪个更重要？显然这两者都是不能偏颇的。

再如"体验式学习"与"学术学习"，前者适用于情感和实用技能的学习，后者则适合抽象知识的学习。你不能夸大体验式学习的重要性，毕竟课堂中知识的学习还是占大多数的，因此大多数情况下还是要抽象地学。

还得说说"合作学习"，与合作学习相对应的学习方式便是"独立学习"了。如果在教学中运用小组合作，使学生共同开展学习活动，就是合作学习了，反之，个体独自进行的学习就是独立学习。虽然合作学习被证明有诸多的良好效果，特别是有利于学生学会人际合作和高水平思维活动的运用，但我们不能否定独立学习的功能，毕竟最终人还是要学会独立学习的。我们都学过辩证法，辩证法把世界上的一切现象和事物，都看作是普遍联系和永恒运动、变化、发展的，把事物的发展看作是自身所固有的各种矛盾运动的结果。从辩证法的角度来看，发现式与接受式、维持性与创新性、体验性和学术性、合作学习与独立学习之间是互为补充的关系的，每种学习形式都有其自身的价值，都有其适用的条件，某种所谓新的学习方式，是补充了原有学习方式的不足，而不是要替换。而且这些学习方式之间不是二元对立、非此即彼、非黑即白的关系，从本质上看，它们分别居于同一连续体的两端，中间还有若干形态。比如，布鲁纳在划分接受学习和发现学习时，中间就添加了一个"有指导的发现学习"。学习方式是多样的，并无绝对的"好坏"之分。但这并不应该成为拒绝课堂变革的借口。

真正好的课堂教学就应该能灵活运用多种学习方式，而固守某种方式，无论这种方式被称为传统的还是现代的，都是有问题的。

我认为，真正理想的课堂是经过"优化"的，所谓优化就是课堂中的学习方式与学习目标、学习内容、学生特征、课堂具体情境紧密相关，达到了"高度匹配"的程度。如果让学习方式转变，就是要将原本"不匹配"的方式转变为"匹配"的方式。

但能达到课堂教学的优化，还得具备三个基本条件：一是对学科课程的深刻理解，要吃透课程标准；二是对学生的真实情况的了解，尤其是对学生差异性的了解；三是掌握每一种学习方式的操作步骤和要领。于是合作学习的好课标准就应该是：教师具备了以上三个基本条件，并使合作学习在课堂中的运用达到最优化。

餐桌和课桌

我是一个靠"嘴皮子"吃饭的人，长期做教师，做校长，后来又为教师和校长做培训和咨询，虽不敢说能说会道，但在公开场合发表自己的意见，那是毫无问题的。然而，我这样一个专业说话的人要是出现在某些场合，却非常的"嘴拙"。比如，在春节过年这段时间，要给长辈拜年，餐桌上坐着一起吃饭，却发现自己像是变了一个人，变得不会说话了，含在嘴里的话怎么也说不出口，有想法也不愿意多说，就这么沉默着做一个乖乖的听众。

是不是我在餐桌上有些怯场？我想肯定不是，我这样一个年过半百的"老司机"，一个经历过多少大场面的人，一个现在还保持着一年讲200场报告的人，一个久经考验的人，哪里会怯场？

是不是我的性格比较内向，平时因为职业关系，不得不抛头露面，现在过节了放假了，就恢复本性，变得沉默寡言？我想也不是，因为实际上满桌都是自己家的亲戚，而且都是有亲情的人，难得一聚，本来就有千言万语，再内向也不至于无话可说！奇怪的是，只要一离开餐桌，我与别人交谈起来怎么就那么溜呢？

百思不得其解，酒席散场后我与女儿讨论这个问题，我发现她也不爱在这种场合说话。她说和长辈说话不对等，还是不说吧！我才明白，因为长辈与小辈之间的关系出了问题，导致沟通和交往产生了障碍。可是问题出在哪里呢？我想可能出在长辈的"唠叨"上，小辈与长辈在一起，长辈总要唠叨，也许长辈觉得这是理所当然的，可小辈并不这么认为，小辈认为这是不对等的。为什么不对等？那就要看长辈们都唠叨些什么了。长辈们无非是在数落小辈，要不就是给小辈某些路人皆知的忠告，比如按时睡觉啊、要注意身体啊、吃东西要小心啊，等等之类，小辈们不胜其烦。一开始还装作虔诚的样子听，后来就一定会厌烦，巴不得早早散席，这就叫不欢而散了。

可是为什么小辈不与长辈对话，纠正他们的唠叨呢？因为如果与长辈争辩那绝对是大逆不道的，尤其是节假日、新年里，好不容易家人团聚，谁也不愿意把气氛搞坏，于是只能忍着。

长辈还有个坏毛病，就是好打听小辈的隐私，比如有没有男朋友女朋友之类，什么时候结婚生小孩之类，长辈们将打听小辈的私人信息看作是对对方的关心。而小辈一旦公开了自己的事，那好，接着一大堆忠告又开始了。

由此，我基本可以下个结论，在对话双方不对等的情况下，会使一方无语，即使一个能说会道的人也会以保持沉默来对抗。群体动力理论的创始人库尔特·勒温把人的行为（B）看成是个体特征（P）和环境特征（E）相互作用的结果，即：$B=f(P,E)$。套用这个公式，我们可以说，人的行为不完全由其个性决定，环境也起着很大的作用，甚至不良的环境会扭曲人的个性。就像中国式的餐桌，之所以人与人之间的对话产生了障碍，不是小辈们不愿意说话，而是对话双方的不对等关系构成了一种人际环境，使小辈们感受到了压力。

虽然我早已经是我女儿的长辈，可是我还有我的长辈，我的一桌长辈，那种环境给我的压力完完全全地把我挤下了桌。

由不对等的中国式餐桌，想到不对等的课堂，孩子们为什么在课堂上不发言？不发言不是他们的个性使然，而是传统的班级授课制，教师占据着主导地位，就如同餐桌上的老长辈。在这样的课堂上，教师无形中就成了学生心目中的仲裁者和权威，师生之间的关系是上级与下级、权威与服从的关系。这种关系导致课堂气氛紧张、压抑、不安全，学生感到有压力，"闭嘴"是他们最佳的姿态了。

但是，改变了课堂组织形式，从大班级授课转向分组教学，是不是能让孩子们放松，更好地参与、互动和交流？我想这很有可能，就像孩子们一旦下了餐桌，长辈们那一本正经的面孔看不见了，他们立马变得生动活泼，恢复了本性。

但是，细细一想，却也未必。如果我们把小组当成是"小饭桌"的话，这个饭桌要是氛围不够民主，也有个"家长"式的人物，孩子们一样会学会闭嘴的。虽然这个"家长"只是由孩子们扮演的。一些老师努力培植"小干部",并非是要真的搞他们所声称的"自主管理民主管理",而是要找个替代自己的人,以实现对学生们更轻松和更有效的管制。

小组内要是有一个或若干个"小长辈"在,其他孩子也会感觉到压力,而他们在压力面前除了闭嘴,除了口拙,还会出现以下常见的问题:1. 他们不提问题,至少不提那些可能会被嗤笑的和没有把握的问题;2. 为了维护表面的团结,他们刻意回避分歧,不提出任何不同意见;3. 他们倾向于得出折中性结论。合作学习中一旦出现这些情况,就不会激发出有创造性的、有深度的、有价值的想法,合作学习也就失去了意义。

因此,教学的民主不仅仅是教师在课堂上的民主,不仅仅要摆脱师生间的"权威—服从"关系,建立"指导—参与"的新型师生关系,而且还要努力建设学生之间的关系,将建立相互信任、团结互助的同伴关系作为合作学习中一项长期而重要的工作来看待。

同伴之间的良好关系是小组成员进行合作的基础。教师要引导学生养成相互尊重、相互信任的意识和习惯,要教会他们理解、宽容,使他们能欣赏不同的见解与个性,防止和消除学生之间的歧视和压制现象。

餐桌实际上反映了一个民族的文化,文化的变化是很缓慢的,这就要靠教育来加速不良文化的变化。要让餐桌早日呈现民主的氛围,就要从娃娃的课桌抓起。

是不是每项学习任务都要抓落实？

2017年的合作学习年会在武汉举行，这次年会的主题是"合作学习的课堂监控"，会议要求所有研讨课都使用合作学习策略"内外圈"法。合作学习的研讨活动常常采用"异课同构"的方式来进行，即所有参加展示的课，无论哪个学段、哪门学科，都要使用"内外圈"法，并借助该法来尝试实施有效的课堂监控。我们想通过"异课同构"打破学段和学科的界限，从而实现教师间更大范围内的分享与协作。

内外圈是一种跨小组的合作，要求一个合作小组的成员组成内圈，面朝外，另一个合作小组的成员组成外圈，面对内圈，外圈中的每个人都应面对内圈的一个人，然后内圈和外圈面对面的两人进行互动交流。完成交流后，外圈的人轮换位置，面对内圈中的另外一个人，面对面继续交流。相比于其他不少合作学习策略，内外圈主要适用于分析、评价和创造等认知活动。显然内外圈法能促进高水平思维活动。

有不少教师在尝试使用内外圈法后向我提出问题：内外圈法使每个学生都动起来了，课堂参与率特别高，可是无法得知他们在圈内到底讨论得好不好，要不要内外圈互动活动之后，让学生们回到本组再将讨论的信息汇总一下？

我认为没有必要浪费这个时间了，因为内外圈法的目的在于沟通信息，通过这个策略让每个学生都发布信息，并接收其他小组中多位同学的信息。内外圈创造了跨组的多元化信息沟通和碰撞的机会，使每个发布者的观点得以完善，一些发布者甚至在讨论中改变了自己原有的观点。内外圈法一般不用于说服他人，不用于与人辩论，不用于谈判和达成妥协，内外圈仅仅用于沟通信息。要让每个学生都有机会发表意见，而且能理解和包容别人的意见。如果把内外圈法用于寻求标准答案，那就大错特错了。

有一些格外负责任的教师对我的上述解释很不以为然，认为既然花了那么多时间讨论，何不将讨论结果汇总和集中发布一下？我认为，我们传统的课堂最大的毛病就在于要让课堂的每个活动指向于某种统一的结论，似乎这样的课才完美，也才能让学生"学有所得"。可是，内外圈法恰恰不求这种狭隘的完美，而是更注重学生的学习过程，每个人都发布了，每个人也都倾听了，至于结果是什么，已经不重要了。

传统的课堂是被过度控制的课堂，学生失去了自由学习的空间和时间，导致学生学习兴趣不足、思维能力低下，我们舍得花时间去统一答案，却不舍得花时间培养学生的关键性能力，这似乎是中国式课堂的通病了。

在合作学习的策略中，有不少是不需要汇总和统一答案的，比如"定焦自由写作"法。所谓定焦自由写作，是一种写作任务，学生们在一定的时间内，就某一固定的话题进行写作。在写的时候，学生们不用担心文体、语法、标点、拼写，完全不考虑那些"条条框框"，而是把注意力放在把观点写到纸上，随意地写，写下的观点越多越好。

定焦自由写作是一种完全不考虑结果的合作学习策略，一般用于增加学生对某一话题的兴趣，使之将新的学习材料与以前的知识联系起来，以期打开学生思维，给学生们一个探究性地运用学习材料的机会。

再比如"世界咖啡"法，其操作步骤是：1. 将分学生成4～6人组，让大家围着铺满宣传纸的桌子坐下。2. 每张桌子选定一个谈话主持人，由主持人负责告知讨论主题。3. 每张桌子的学生以主持人为中心展开自由讨论，并在桌子的纸上记录下印象深刻的关键词。4. 当讨论进行到一定的时候，每张桌子除主持人以外的其他学生都转移到另一张桌子上。5. 转移的学生和留下来的学生，各自介绍自己刚才所在桌所讨论的话题后，同先前一样继续讨论，并继续在纸上记录下关键词。6. 所有学生回到原位，相互介绍自己在移动过程中的谈话内容，然后继续讨论。7. 汇总时由主持人从桌上留下的纸张中找出共同点，并贴在墙上让全体小组成员进行评估和总结。

世界咖啡法是合作学习中最松散的一种策略，全班学生除了每桌主持人外，所有人都可以在课堂里随意走动，可以在任何一个小组逗留。这种方法可以在最终阶段对各组讨论的结果进行汇总，也完全可以不进行任何的总结。只有不刻意去追求讨论结果，才能将所有学生的关注点调整到学习的过程与方法上，从而激发更多的联想和想象，使创造力在每个人的心中涌动。

我们经常说要让学生自己去学习，而真正的学习一定是让学生自己去探索、自己去创造的。合作学习就是一种逼着教师们放手让学生自己学习的手段。该放手时且放手。

有的老师说，我实在不放心，在内外圈中讨论、在焦点自由写作中随手写、在世界咖啡中乘兴而走，学生们会认真学吗？我说，他们一定会的。相反，只有当我们总是死死地拽着他们，才会使他们厌倦学习，停下了学习的脚步。

学生们本来是爱学习的，他们比我们想象得更爱学习。前提是，我们将主动探索看作是学习，而不是被动地接受。

知识本来就有其不确定性，学习其实就是一次又一次的偶然相遇，与他人、与自己的相遇。我相信，在内外圈中，在定焦自由写作中，在世界咖啡中，孩子们会遇见格外美丽的风景，比我们给他们的还要美。

不怕冲突，就怕没有冲突

一些教师在课堂上不太愿意放开让学生讨论，因为学生很难控制自己的情绪，一旦兴奋起来就很难再安静下来；尤其是小组活动，听上去很热闹，讨论的效益却很低。小组中常常会发生冲突，教师还要从中调停，浪费了不少教学时间。

可是，我认为，正是因为学生们还没有学会与人合作，他们不会倾听，不善于提出自己的不同意见，不善于清晰表述自己的观点，也不善于化解矛盾冲突，所以我们更有必要花时间耐心地教他们。学生们是在合作中学会与人合作的，也是在冲突中学习如何面对冲突的。如果学校不能给学生充分体验的机会，他们就只有等到了社会上之后，或走上工作岗位后再去补课了。但那时可能已为时晚矣。

其实在人际交往中时时处处都孕育着或大或小的冲突，只要有人群的地方就会有交往，有交往就有冲突。冲突是社会生活中普遍存在的各种矛盾的反映，是群体成员间潜在影响关系的不一致或不相容所造成的结果。而在小组活动中，因为存在着各种不同层次的学习交往，势必也会发生冲突。冲突是一个团队走向高绩效所必须经历的，能否处理冲突也是一个人心理是否成熟的重要标志之一。在合作学习实施过程中，教师应引导学生正确认识冲突，学会处理冲突的技能。

其一，要帮助学生认识到冲突的来源，使学生认识到冲突其实有其合理性。我们要告诉学生，人的认识不同会引发冲突，小组成员在知识、能力、经验、经历等方面都存在着一定的差异，所以对同一问题往往会持有不同的看法，看法不一致就可能引发冲突；我们还要告诉学生，信息来源不同也会产生冲突，合作学习需要学生在课前收集大量的相关资料，可是由于各自的信息来源不同，掌握信息的量也不同，信息的质量存在差异，大家对信息的理解也存在着差异，因此在讨论时难免会出现冲突；我们还可以告诉他们，个性差异容易产生冲突，同一小组中有的内向，有的外向，有的温柔，有的暴躁，有的爱动，有的爱静，难免引起冲突。此外，不同的价值观、思想意识、角色等也可能产生分歧、引起冲突。

其二，要引导学生认识到小组成员之间的人际冲突并不总是坏事。冲突当然有其消极的一面，冲突过于剧烈，会导致小组的分崩离析。但是，冲突也有积极的一面。因为适度的冲突可以激发人们思考，打破一潭死水的状况，可能产生更多的创新；此外，从小组成长过程来看，如果小组没有或很少有冲突，总是一团和气，那么，小组成员彼此间就不可能达成真正的了解，也就不可能真诚以待；在冲突面前采取回避和退缩的态度，会导致创新不足，而且真诚与信任缺失，会导致小组绩效较低，对环境变化的反应变得迟钝。

其三，教会学生解决冲突的策略。解决冲突的策略主要包括：小组一定要明确各项规范，小组成员要花更多的时间对重要的问题达成共识，形成公约，以减少未来的不确定性，并通过建立各项程序来提高处理问题的效率；小组要做好计划，通过计划把目标任务和活动进程事先安排好，然后大家都按照统一编制的计划进行活动，以减少引发冲突的机会。

为更有效地处理冲突，对一些容易产生冲突的小组，教师要为小组设置协调员。一般对协调员的素质要求很高，不仅本人应该善于交往和合作，而且能及时洞察问题和矛盾，随时协调、处理小组中出现的冲突。那些学习成绩优秀的学生未必适合担任此项工作，这就给交往能力强的孩子以发展的机会。

总之，对合作学习而言，学生之间在合作交往中发生冲突，正是培养学生合作意识、教授学生合作技能的机会。合作学习不怕冲突，而是怕没有冲突。

不过，教师本人是否有能力帮助学生处理矛盾冲突，这是一个大问题。在我看来，作为成年人，教师与教师之间的交往品质并不高，学校里"明争暗斗"是常见的。要让那些不善于解决同事间矛盾冲突的教师去指导学生化解人际矛盾，这是不可想象的。

而更令人担忧的是，师生之间的矛盾冲突严重地困扰着不少教师，因而，这一切还需要等待教师自身有所改变。

合作学习中的偷工减料现象

什么是好的合作学习策略？从科学的角度看，应该是那些基于学习心理学理论，并在实践中经过验证的策略。这就是说，看一个策略好不好，一是要看这个策略有什么科学依据和理论基础，二是要看能不能经得起实践的检验。

也有教师说，您介绍的那些策略，有些在实践中操作起来很困难，我想可能主要是因为到了实践中，这些策略要根据实际情况进行一些变通，如果不变通，就无法取得预期的效果。我教给老师们的其实是"元策略"，所谓元策略就是"策略之母"，规定了这一策略的"基因"，到了具体情境中用于解决具体问题时，可以由一生二，乃至无穷。但是，无论怎么变通，都不能违背元策略所规定的基本步骤和要领，否则所实施的某个策略就不是"此"策略而是"彼"策略了。

比如经常用于两人互助的合作学习策略 MURDER 就是一个元策略，其中的每个步骤都不能轻易被改动，而且每个步骤在操作时都要符合相关的操作要领。MURDER 是由一组英文词汇的首字母构成，这六个字母分别代表两人互助学习的一个步骤：

第一步：mood（情绪：互相问候，确定步骤）。

第二步：understand（理解：默读理解段落）。

第三步：recall（回忆：中心思想，不再看文章）。

第四步：detect（检查：概述中的错误和遗漏）。

第五步：elaborate（详述：举例、联系、意见、应用、问题）。

第六步：review（复习：总结概括整篇文章）。

在合作学习中运用 MURDER 时，以上六个基本的步骤和操作要领是不能变通的，因为 MURDER 这个元策略是由美国合作学习研究专家斯莱文所领导的研究小组从认知心理学的基本原理中推导出来的，只有按这些基本的操作步骤来，才能取得我们所要的效果。

认知心理学是西方研究人类学习心理的一个主要的流派，主要研究人的认知过程，如注意、知觉、表象、记忆、思维和言语等。与行为主义心理学家相反，认知心理学家研究那些不能观察的内部机制和过程，如记忆的加工、存储、提取和记忆力的改变。

以信息加工观点研究认知过程是现代认知心理学的主流，可以说认知心理学相当于信息加工心理学。它将人看作是一个信息加工的系统，认为认知就是信息加工过程，包括感觉输入的编码、贮存和提取的全过程。认知心理学家认为人脑的信息加工系统是由感受器（receptor）、反应器（effector）、记忆（memory）和处理器（或控制系统）（processor）四部分组成。环境向感觉系统即感受器输入信息，感受器对信息进行转换；转换后的信息在进入长时记忆之前，要经过控制系统进行符号重构，辨别和比较；记忆系统贮存着可供提取的符号结构；反应器对外界做出反应。

按照认知心理学的观点，认知可以分解为一系列阶段，每个阶段是一个对输入的信息进行某些特定操作的单元，而反应则是这一系列阶段和操作的产物。信息加工系统的各个组成部分之间都以某种方式相互联系着。MURDER 这种合作学习策略的开发就是根据信息加工理论中的认知活动阶段推导出来的。

第一个阶段是输入编码。

"mood（情绪）"是为信息输入编码做准备，要求两人组要努力创造一种放松而有目标的气氛，两人可以简短地聊一会儿，然后决定自己读完一段后怎样示意对方。比如，可以拍一下对方的肩膀或抬起头来。

"understand（理解）"是进行信息输入，两人组一起同时阅读课文中的同一部分。教师可以事先把文章分成几部分，也可由学生来分。

第二个阶段是贮存。

"recall（回忆）"和"detect（检查）"是通过"复述"将知识贮存到人脑中

的"长时记忆库"。两人组中，一人做回忆者，在不看材料的情况下，概述材料中的重点内容；另一人为检查者，当回忆者做概述时，检查者在参考材料后，指出概述中的错误和遗漏。

第三个阶段是提取。

"elaborate（详述）"，是两个成员各自举出反映文章中心思想的例子，结合自己的实际生活或以前学过的其他观点，阐述自己对材料内容的看法和情感上的反应。这个阶段是必不可少的，因为知识只有经过"详述"，才能与头脑中原有的知识结构进行"缝合"，只有经过缝合的知识，将来才可能被准确地提取。

"review（复习）"，完成全文后，两个人都要对全文进行概括总结。

MUREER是从认知心理学的理论中推导来的，所以有其科学性，而且在之后的研究中进一步验证了这一策略的优势，研究表明，MURDER显然加强了学生对所学材料的理解和提取。对此，认知心理学家的解释是：

1. 与其他人一起学习可使学生注意力集中在任务上。2. 谈论学习内容可以有助于回忆和理解。3. 找出中心思想有助于回忆和理解。4. 检查有利于提供改正错误的机会。5. 详述可以帮助学生把文章思想与自己的生活联系起来，并提供了一个提出问题的机会。6. 复习有助于从更全面的角度来理解学习材料的每一部分。7. 不同步骤中的重复有助于回忆。

一些教师在教学过程中，为了省时间，容易把"情绪"和"详述"这两个步骤省略，导致未能达到预期学习效果。

学生学业成绩的下降，可能正是教师"偷工减料"的结果。

莫让合作学习成为应试教育的帮凶

合作学习能激发学生的学习动机，在这一点上是毋庸置疑的。学习动机是直接推动学生学习的一种动力，学习动机的激发与维持能大大促进学习，而合作学习显著地增强了学生的学习动机。

一般来说，动机可以分为两类：外部动机和内部动机。外部动机是指"由某种外部诱因所引起的动机"，它是在外界的要求或作用下产生的；而内部动机则是指"对活动本身的兴趣所引起的动机"，它取决于个体内在的需要。但是，到底合作学习是由外部还是由内部驱动学生的学习动机，在这方面似乎存在争议。这两派意见以美国合作学习研究者斯莱文和约翰逊兄弟为代表，斯莱文强调通过共同获益的外部诱因来激发与维持合作动机，突出小组奖励与学习结果的评价；而约翰逊兄弟则强调在满足学生内在需要的基础上激发与维持合作动机，着眼于小组成员间积极互赖关系的建立。

斯莱文之所以强调外部动机，是因为他认为学生的努力必须得到认可和强化，他认为采取组间竞争的方式，显然能通过奖励强化学生的合作行为。斯莱文强调对合作学习的外部强化，所以他所倡导的合作学习策略在实施过程中保留了教师全班授课的教学环节，突出了合作学习过程中教师的主导作用和中心地位。

约翰逊兄弟之所以强调合作学习的内在动机，是因为他们认为激发合作动机的最有效手段是在课堂学习中建立一种"积极互赖"的关系，这种关系并非外界强加给学生的标准，而是学生的内在需要。

这两派的争议反映了"行为主义"和"人本主义"学习心理学之间的冲突。

斯莱文的观点来自行为主义心理学中的强化理论。强化理论认为，在操作条件作用的模式下，如果一种反应之后伴随一种强化，那么在类似环境里发生这种反应的概率就增加。在教学中，强化的具体方式有四种：1. 正强化，奖励那些符合目标的行为，以便使这些行为得以进一步的加强，并重复出现。2. 惩罚，当学生出现一些不符合目标的行为时，采取惩罚的办法，可以约束这些行为少发生或不再发生。3. 负强化，就是通过"剥夺"方式以削弱所不希望的行为。4. 忽略，就是对已出现的不符合要求的行为不予理睬，以削弱所不希望的行为。

我并不赞同斯莱文的观点，因为他显然将合作学习看作是一种促进学生学习的外部工具，强化理论过于关注外部因素或环境刺激对行为的影响，而忽略人的内在因素和主观能动性对环境的反作用，这显然使合作学习更具功利色彩，容易与应试教育相结合，导致学生迷恋外部奖励，彻底丧失了学习内驱力，最终可能使合作学习沦为消解学生主体性的又一"邪恶"的工具，而成为应试教育帮凶。

我认为，在当前教育功利主义阴魂不散的情况下，要小心将合作学习工具化的倾向，而应该使合作学习始终走在人本主义的健康道路上，以助力我国举步维艰的素质教育改革，助力学生核心素养的形成。

相反约翰逊兄弟的观点是站在人本主义立场上的。人本主义认为，人类具有天生的学习愿望和潜能，这是一种值得信赖的心理倾向，它们可以在合适的条件下释放出来；当学生了解到学习内容与自身需要相关时，学习的积极性最容易激发；在一种具有心理安全感的环境下可以更好地学习。而合作学习正提供了这样一种环境和氛围，我们的课堂不就缺乏这样的环境和氛围吗？

在这里，我并不是全盘否定行为主义和强化理论，这些理论可以运用在某些简单的操作反应上，如在驯化动物、知识学习、儿童行为教育及在特定条件下的行为矫正中，但运用到合作学习中，却是十分危险的。

有好的讲授法，也有坏的讲授法。好的讲授法是启发学生的，坏的讲授法是灌输的，让学生被动接受的。

有好的合作学习，也有坏的合作学习。好的合作学习注重激发学生内驱力，是给学生自由的，坏的合作学习是由外部推动的，是将合作学习看作迫使学生被动学习的工具的。

师生合作是在为学生合作做示范

广义的合作学习不仅指课堂中学生与学生之间的合作，还包括教师与学生之间的合作、教师与教师之间的合作。

合作学习首先是指学生之间的合作学习。《基础教育课程改革纲要（试行）》明确提出，本次课程改革要"改变课程实施中强调接受学习、死记硬背、机械训练的现象，倡导学生主动参与、乐于探究、勤于动手，培养学生收集和处理信息的能力、获取新知识的能力、分析和解决问题的能力以及交流与合作的能力"。为此，新课程改革提倡"自主、合作、探究"的学习方式。

除了学生之间的合作，我们已经普遍接受了以下理念：合作学习还要求教师与教师之间建立合作关系，通过同伴互助的方式进行校本化的研修活动，形成教师学习共同体，促进教师专业发展。

学生与学生的合作、教师与学生的合作，大家都颇为重视，但是，合作学习在促进教师与学生之间的合作方面，似乎进展甚微，也缺乏深度的研究。即使提出师生间的合作学习，也是口头上的，无论在师生合作的形式上还是实质上都没有取得预期的效果。究其原因在于，对合作学习本身的认识，只是停留在了合作的形式方面。合作学习的根本目的在于合作本身，而不仅是一种工具或者手段，如果这个认识建立不起来，师生之间的平等合作关系是无法真正建立的。这涉及我们对合作学习本质的理解。

合作学习的本质是什么？美国明尼苏达大学教授约翰逊等人认为，合作就是"在教学中采用小组的方式以使学生之间能协同努力,充分地发挥自身及其同伴的学习优势"。合作的功能并不仅限于小组,合作学习的价值远在小组之上。作为当代最有影响的教学改革成果之一的合作学习,其意义绝不只在于教学方式上的标新立异。在合作学习的教学理论中,蕴含的是一种人生态度。如同杰克布斯等人所说的那样:"合作学习是一种价值观,这是最重要的合作学习原理。换句话说,合作并不只是一种学习方式,而是一种生活方式。我们希望学生能接受作为一种价值观的合作。"

每一个采取合作学习方式的教师都应该意识到而且也应该使学生意识到,在一个合作学习小组中,真正的合作意味着组员们彼此接纳欣赏、互相取长补短和共同携手进步。这是合作的本质,同时也是合作的最高境界。

长期负责联合国教科文组织基础教育的高官奥德内斯总结了基础教育在面向未来学习化社会应注意的一个问题,他说:"全球范围内的教育系统在传授知识和计算技能方面已取得进步,但它们在第三个主要领域,即生活技能、社会技能和价值观念的传授方面却没有太多的成绩。虽然20世纪造就了一代在计算机和知识开发领域里的专家,但这些专家在价值观念、生活技能、对多样化持宽容尊重态度方面却不那么完美。可以说,这个世纪教育的失败不是在科学、语言和数学教学上的失败,而是在倡导人类之间和平共处上的失败,是在为了充分平等的发展而发掘个人和社会潜能上的失败。"我非常认同奥德内斯的观点,他非常清楚表述了一个重要的观念:我们实施合作学习的目的在于"生活技能、社会技能和价值观念"等领域,而非认知本身。

我们要教会学生学会合作,而不是为了认知目的使合作变得可有可无。真正的合作学习,其最高明的地方在于将交流、沟通技能的学习与学科内容的学习有机地融为一体,通过合作学习,教会学生掌握合作技能,学会与人沟通,使教学成为培养学生合作意识和精神的活动。许多教师在教学过程中只要求在学生之间开展合作学习,自己则作壁上观。许多人误以为合作学习是学生自己的事,教师只要允许学生进行小组合作学习就行了。这是很有问题的。因此,合作学习的教学中,要将合作技能作为学生重要的学习内容,也就是说,与其他知识和技能一样,"合作"也是需要教师教授的,而且是要花大力气教的。

那怎么教呢?首先教师要将合作的知识和技能讲解清楚,如果教师自己讲不清楚，就无法教会学生。更为重要的是，教师要向学生做好合作技能的演示和示范，在课堂内如何做好演示和示范呢？无非就是要扮演好学生的合作者的角色。为了让学生学会倾听，教师就要倾听学生；为了让他们有礼貌地提出异议，教师就要展示有礼貌提出异议的技能；为了让学生学会恰当地提出自己的建议，教师就要以自己的行为做出恰当地提出建议的演示和示范。所有的技能学习，教师的演示和示范作用都是无可替代的，合作技能的教授更是如此。

我们很难想象一个在师生交往中，不善于运用合作技能的教师，居然能教学生合作。因此，师生之间的合作才是学生之间合作的前提。

科普与合作学习的理论自信

合作学习实施中有一种非常可怕的情形，那就是一些在公开场合鼓吹合作学习的权威人士，在私底下却不主张合作学习。我听说上海的一名教育局官员对一个想实施合作学习的学校的校长说，你们抓成绩，不要搞这些花头（合作学习）；浙江一名知名教授提醒前去讨教的校长，搞合作学习一定要谨慎，而他本人恰恰出版了多部介绍合作学习的书。

台面上，大家都认可合作学习，可实际操作中，杂音却很多，主要还是怕合作学习把学习成绩搞下去了。其实，太多的研究都表明，合作学习对学生的学习成绩有积极的影响。可是，为什么大家对合作学习还是有疑虑？我想主要还是理论不自信。

在对合作学习研究的回顾中，研究者们总结了上百个这方面的研究，它们在学业学习方面的平均效应大小大约是 0.61，这就意味着在学业学习的测试中，使用合作学习策略的学生的平均得分比在竞争性氛围中学习的学生的第 70 个百分位的成绩还略高一点。一些设计更精心的合作性学习模式创造了高于 1 个标准差的平均效应大小，一些则超过了 2 个标准差（学生的平均成绩高于控制小组的第 90 个百分位数）。使用高级思维方式学习的效果甚至更好，其平均效果大约是 1.25 个标准差，在一些研究中高达 3 个标准差。许多研究也表明，合作学习可以促进创造性思维的发展。

大量的研究对于合作学习为什么能影响学生的学习成绩，以及在什么情况

下合作学习才会对学生的学习成绩有积极的作用等问题,都有极具说服力的解释,概括起来主要有以下几种观点:

1. 动机的观点。这种观点认为,合作学习之所以能够提高学生的成绩,是因为合作学习为学生创设了一种团体奖励和合作性目标的机制,这种激励机制,使小组成员因受到奖励而更加努力。许多实验研究和实践研究都证实了上述观点。还有一种动机观点与上述观点不同,这种观点认为,学生在小组中一起学习,其潜在的动机有好几种,主要有结果性动机、方法性动机和人际关系动机。这些动机都对合作学习产生影响。

2. 社会凝聚力的观点。这一观点认为,合作学习对学习成绩的影响在很大程度上是以集体凝聚力为中介的,实质上,学生们在学习上互相帮助是因为他们相互关心,并希望彼此都成功。

3. 认知发展的观点。合作学习的认知发展观认为,儿童围绕适宜的任务所进行的交互作用本身便可以促进他们掌握重要概念。从认知发展的观点来看,合作学习对学生学习成绩的影响主要或全部归功于运用了合作性任务。许多研究支持了这种观点。维果茨基将最近发展区定义为:"独立解决问题所确定的实际发展水平与通过成人指导或与更有力的同伴协作解决问题所确定的潜在发展水平之间的距离。"在他看来,儿童间的协作活动能够促进成长,因为年龄相近的儿童可能在彼此的最近发展区协作活动,在协作小组中表现出比单独行动时更高级的行为。

4. 认知阐释的观点。认知阐释的观点是以认知心理学的研究为基础提出的。认知心理学研究指出,如果信息要在记忆中贮存下来,并与记忆中原有的信息联系,学习者就必须对其种材料进行认知重组或阐释。阐释最有效的方式之一是向他人解释材料。对同伴互教活动的研究发现,教者和被教者在成绩上都有所提高。

5. 练习的观点。这一观点认为,练习的机会是教学效果重要的决定因素,而合作学习增加了练习的机会。有的研究发现,在缺乏小组奖励的个体责任的情况下,合作学习仍然显示出积极的效果。对学生而言,学习时轮流相互测验显然提供了更多的练习机会,比自己单独学习时更有效,而且可能不需要外界激励。

6. 课堂组织的观点。这一观点认为,合作学习对学习成绩的影响主要是因为合作学习为教师的课堂管理和课堂教学提供了潜在的优势条件。合作学习为课堂组织提供了动机的、认知合成的、练习的动态机制，这种机制既能保证教师从课堂管理的负担中解放出来，使教师有更多的时间从事更基本的教学任务以及与个别学生商讨，又能保证学生积极主动地参与学习过程，提高学生的自我管理能力。

7. 综合的观点。这一观点综合了各项研究，认为合作学习之所以能提高学业成绩，主要原因是：学生有更多的机会参与课堂讨论；学生有更多的机会来给予或接受帮助；他们希望获得成功的动机得到了增强；学习策略差的同学有更多的机会目睹学习策略好的同学所做的示范；由于学生们感到不那么孤立，他们的焦虑程度下降了；与在那种不承担个人责任的小组中的同学相比，学生们具有更多的责任感；成功往往哺育成功，当人们感到他们的努力能够转换为成果时，他们会更加努力。

这里，我列举了解释合作学习能提高学业成绩的一些理论，算是在做"科普"工作。可是，科普未必能让人们倾向于合作学习，因为人未必听从于理性。

这正如人们明知道吸烟有害健康却依然吸烟一样，习惯一旦养成是很难改变的，即使伤害自己的身体和性命，也毫不动摇。

与吸烟不同的是，传统教学伤害的不是自己而是别人家的孩子。人们为吸烟甚至连自己的健康都不顾，又怎么会自觉地看护好别人家的孩子呢？

所以，对合作学习的科普，效果不会好于禁烟。

实行差异化教学的唯一可行的方式

作为一种现代教育理念，不少学校都提出"创造适合每个学生的教育"，甚至耗费极大的成本为每个学生量身定做一张课表。有些学校试图通过互联网手段来精确测量每个学生的学习进展和结果，以期使教师的"教"更有针对性。可是在我看来，个别化教育不同于个性化教育，如果教育的理念不能发生实质性的变化，个别化教育只可能强化了教师对学生的"奴役"。我甚至认为，在现时代试图通过学校教育来适应学生的个性差异是不可能的，除非学校和教师能真正尊重学生的学习，而不是只顾及自己的教。

关于什么是个性差异化教学，美国学者汤姆林森认为，"在差异教学课堂中，教师会根据学生的准备水平、学习兴趣和学习需要来主动设计和实施多种形式的教学内容、教学过程与教学成果"。我认同这个观点。简而言之，个性差异化的教学就是为每个学生提供适合他自身的发展方式，促进他最大限度的发展。为实现这一教育理想，我认为有以下几个关键点：

第一，要了解学生的个性差异，这是实现个性差异化教学目标的前提。因为每个人都是独特的，同时每个人又都是出色的。我们的教育应多方面、多角度，以多种方式去发现人、培养人。

了解学生不能仅靠经验来目测，还要做科学的测查与评估。测查和评估的不仅是他们学业方面的准备情况（学习成绩），更重要的是要全面了解学生在心理上的量的差异和质的差异，发现学生的优势和不足。不仅要在教学之前做这些差异测查和评估，而且要将这一工作贯穿于整个教学过程的始终。

困难的是，了解学生的个性差异说起来容易，做起来却难。比如，关于与学生学习和未来发展极具相关性的"智力"，我们到底应该如何测量，就存在着很大的分歧。也就是说，我们不能简单地根据智商测试结果来论定学生的智力。那么，多元智力理论呢？其实这个假说也没有在实践中得到充分的验证。

美国心理学家加德纳认为，每一个个体的智力都具有自己的特点和独特的表现形式。在他看来，每个人都同时拥有相对独立的八种智力，这八种智力在每个人身上以不同方式、不同程度的组合使得每个人的智力各具特点：同样具有较高智力的人，可能是一名作家，可能是一名歌唱家，可能是一名数学家，可能是一名画家，可能是一名运动员，可能是一名思想家，也可能是一名社会活动家。同时，即便是同一种智力，也有着不一样的表现形式：同样具有较高逻辑—数理智力的两个人，其中一个可能是数学家，而另一个可能是文盲，但他有很好的心算能力；同理，两个同样具有较高身体—动觉智力的人，其中一个可能在运动场上有出色的表现，而另一个可能因为动作不协调根本上不了运动场，但他在棋艺室里却有上乘的表现。

你看，根据加德纳的多元智力理论，由于每个人的智力各具特点，每一种智力又都有多种表现方式，所以我们很难找到一个类似于智力量表那样的东西来对任何人进行标准化的测试。

第二，尊重个性差异的教学要以建构系统的、多样化的教学策略为施教的途径。为有效照顾学生的差异，要从教学的整体上来构建教学策略体系，应分别从教学目标、教学内容、教学过程、教学方法、教学组织形式、教学评估等方面全方位地适应学生的差异性需要。比如，教学目标应具有差异性，考虑到不同层次学生的要求，无论对于哪个层次的学生，为他们设立的目标都应在他们的最近发展区内；教学内容应具有可选择性，以适合不同学习兴趣、不同学习风格的学生的需要；教学方法应灵活多样；等等。可是，教学目标、内容和要求的"弹性"很小，教学过程、方法和组织形式又受制于班级规模。（大规模的大班级授课条件下，除了讲授还有别的更好的方法吗？）如果我们不能更多地放弃统一规定和要求，班级人数不能得到有效的控制，教学策略的多样化是根本做不到的。

第三，差异化教学的目的是开发每个学生的潜能，因此，针对学生的评价方式要多样化,评价主体要多元化,在评价的性质上要将终结性评价与过程性评价相结合。可是,这种理想中的评价方案,需要很大的成本和技术上的支持。

第四,差异化教学需要一个能够包容个性差异的环境。教学环境是教学活动所必需的各种客观条件和力量的综合,环境的创造要靠各方的努力。可是至今为止,我看不到"应试"的环境转向"尊重人的个性差异"的环境转换的迹象,即使在所谓发达地区的上海,教育环境依然是"考试成绩"这一主旋律。尊重个性差异只是一个口号而已。

第五,差异化教学追求的是共性与个性的和谐统一,因此,要将个别学习、小组学习和班集体学习结合起来,着眼于在集体和小组活动中发展学生个性潜能。差异化教学认为,集体和小组的合作学习有利于学生自尊、自重情感的产生,有利于学生自我意识的形成,在交往过程中从其他同学的经验中能更好地认识自己,完善自己。

实行差异化教学,以上五个关键点是必不可少的,可是,其中有哪些任务是切实可行的呢?我看都很难。尤其是前四个关键点,实施起来尤其困难。所以,有志于个性差异教学的人们,会越来越多地将眼光放到合作学习上。

让信息化手段服务于合作学习

记得在 20 世纪 80 年代中期,那时我是高考生,我的英语老师就在尝试用电脑辅助教学,让我们坐在电脑前做习题,只能依着顺序一题一题往下做,前一道题答错,如果不能按电脑指示纠正,就不能做下一道题。当时可能电脑和软件支持不够,我们上机的机会并不多,效果到底好不好也未可知。后来自己从事教育实践和研究了,才知道当时的英语老师使用电脑辅助教学其实叫作程序教学,在那时是很先进的,放到现在也还算是"先进"的。

程序教学,是一种使用程序教材并以个人自学形式进行的教学。程序教学由教学机器的发明人普莱西首创,并通过行为主义心理学家们的努力,确立了一整套理论和操作模式。

在理论方面,程序教学提出了一些重要的教学原则,如:

1. 积极反应原则。程序教学过程中应使学生始终处于积极的学习状态,为达到这一目的,要对学生的行为做出反应,然后给予强化或奖励,以巩固这个行为。

2. 小步子原则。学习内容应被分解成一小步一小步,前一步的学习为后一步的学习做铺垫,后一步的学习在前一步的学习之后进行。两个步子之间的难度不应相差太大,以使学生很容易就能获得成功,从而建立起自信。

3. 即时反馈原则。程序教学特别强调即时反馈,应让学生立即知道自己的答案是否正确。

4. 自定步调原则。程序教学允许学生按自己的实际情况来确定学习的速度。

这能很好地解决传统教学中教学针对性差的问题。

程序教学之所以一度风靡，是因为机器的进步，特别是计算机的发展，为程序教学带来了广阔的运用空间。但是，程序教学法也有其局限性，如教学内容须具有严密的科学系统和逻辑顺序，否则难以实现教学的程序化；学生的学习只按一定程序进行，活动方式单调，易产生厌烦情绪，这在一定程度上影响了学生的积极性和创造性；使用人机对话，缺少师生交流，更缺乏学生之间的互动交往，对学生个体的情感发展不利。

从某种意义上说，计算机只是辅助教学，从程序教学的理论和实践中我们可以看到，计算机辅助的是传统教学。因此，使用机器、计算机和网络虽然看上去很先进，实际上却可能很"落伍"。所以，到了 20 世纪 60 年代后期，在程序教学的发祥地美国，程序教学就已经开始退潮了。

我认为，计算机作为一种现代化的教学手段应该辅助现代意义上的教学活动，应该有利于帮助学生建立现代的学习方式。具体来说，合作学习是一种现代的学习方式，在学生合作性的学习活动中，应该设法让电脑增强而不是削弱学生间的合作。合作学习研究者们普遍认为，学生间通过计算机进行合作，实际上是利用电脑的最好方法。哥伦比亚大学师范学院研究电脑和教育程序的布丁教授认为，计算机是增强合作学习的最好的工具。哥伦比亚大学的一个研究小组通过研究认为，用计算机进行合作性写作具有很好的发展前景。美国合作学习研究专家赖萨维和塞尔斯以相关研究的成果为基础，指出为了使电脑辅助教学在合作学习的情景中更为有效，课程软件设计者和教师都应注意他们所采用的活动一定要适用于合作学习的环境，约翰逊兄弟勾勒了创造这样一种合作学习环境的要素：个人责任感、正相互依赖、合作技能、检查交互行为等。

不仅是计算机辅助合作学习，在此基础上发展起来的基于网络的合作学习是合作学习发展史上的又一新的阶段。什么是现代教学？现代教学最好的学习方式一定是自主的个别化的探索性学习，以及学习中的对话交流模式。网络环境下的合作学习既包含个体的自主学习，同时又大大拓展了对话交流的运用场景。通过网络环境下的合作学习活动，学生在达到对学习任务的深刻理解与深化拓展的同时，也能够发展高层次信息能力与团队协作精神。

但是，互联网提供的是虚拟的空间，在虚拟空间里，学生们会不会合作？

不少教师担心，网络上的合作学习听上去很美，可是操作起来很难，因为学生们不会合作，尤其是不会在虚拟世界里与人合作。

我认为这不是一个问题，在虚拟空间中与他人合作是不是一项技能？这项技能是不是很重要？如果这是一项技能，而且是一项在未来生活和工作中必须使用的十分重要的技能，我们为什么不教呢？这正像不愿意在课堂上实施合作学习的教师常常会提出的问题，学生不会合作，所以我们课堂上不要搞合作学习。其实学生不会合作根本不是一个问题，明知道学生不会合作却偏偏不教学生去合作，这才是一个问题。

其实，我们这些成年人，因为没有学过如何与人合作，尤其没有受过在互联网上如何与人合作的训练，导致我们很难借助互联网进行团队学习和工作。比如，微信圈、QQ 群是虚拟的合作空间，但是往往从建群到解散（或成为僵尸群）并不会太久，这一方面与"虚拟"和"分散"有关，但更重要的是因为这个群只是"乌合之众"，一个群如果没有确立共同的目标，彼此之间缺乏必要的信任，彼此相互依赖的关系没有建立起来，没有什么群内必要的规范，成员也不具备基本的合作技能，那么这个群可能一开始就是一个僵尸群。

总之，计算机也好，互联网也好，都是我们的学习工具，都要服务于人的健康和谐发展。所以，不等于说一个地区经济发展水平高了，现代化设备武装到"牙齿"了，就是在搞现代教育了。就如同，我们用互联网从事迷信活动，或传播流言蜚语，那就是在作恶，与现代化无关。

丁 学生
与合作学习

合作学习与儿童的学习权

根据联合国《儿童权利公约》第一条的规定，儿童系指18岁以下的任何人。因此，我可以称小学生和初中生为儿童，称绝大多数高中生为儿童。我特别喜欢在文章和谈话中使用"儿童"这个词，不太爱用"学生"来指称，因为儿童指的是有血有肉的"生命体"，而学生指的是某种特定的社会身份；学生到学校里来是受教育的，他们有"受教育权"，儿童是来成长的，他们有"学习权"。更重要的是，学生难免就有"好的"、"差的"之分，要区别对待；而儿童作为成长中的生命体，是应该平等对待的。

联合国《儿童权利公约》确立了"儿童最大利益"原则，即"儿童的一切事物和行为，都应首先考虑以儿童的最大利益为出发点"，不论是"由公私社会福利机构、法院、行政当局或立法机构执行，均应以儿童的最大利益为一种首要考虑"。学校作为教育机构，当然也应该将"儿童最大利益"原则作为首要原则。在这一点上，如果仅仅将学生作为一种"社会身份"的话，我们就会说出"学生就要以学习为重"之类的话来，并以此为幌子做出伤及儿童权利的事。

权利的最重要的要素就是"利益"，如果不能保障儿童权利，就无法实现《儿童权利公约》所谓的"儿童最大利益"原则，因为权利是受到保护的利益，是为道德和法律所确证的利益。

儿童有哪些权利来确保儿童最大利益？《儿童权利公约》确立了"尊重儿童基本权利的原则"，明确了儿童的四项权利：

1. 生存权。每个儿童都有其固有的生命权和健康权。

2. 受保护权。不受危害自身发展影响的、被保护的权利。

3. 发展权。充分发展其全部体能和智能的权利。

4. 参与权。参与家庭、文化和社会生活的权利。儿童有参与社会生活的权利，有权对影响他们的一切事项发表自己的意见（表达权）。

在这四项儿童权利中，学校的最大责任在于保障儿童的"发展权"，即"充分发展其全部体能和智能的权利"。如何保障儿童发展的权利？这就要说到儿童的"学习权"了，因为保障"学习权"是保障"发展权"的前提。

联合国教科文组织对"学习权"的解释是：人们生来就有阅读和写作的权利，提问和深思的权利，想象和创造的权利，读懂自身世界、书写自己历史的权利，活用教育资源的权利，发展个人及集体智慧的权利。

我认为，传统教学最严重的问题就在于不承诺保障儿童的权利。概括下来，传统教学主要有五个特征：1.重知识轻能力。2.重理论轻实践。3.重记忆轻思考。4.重严格纪律。5.重知识灌输，重被动接受。对照联合国教科文组织对"学习权"的解释，我们就能看到传统教学对学生权利的"漠视"，尤其是对"提问和深思的权利，想象和创造的权利"的漠视，这在根本上是不利于儿童的"发展"的。

我之所以会在即将迎来儿童节的日子里又一次呼吁课堂的改变，呼吁在课堂中积极推进合作学习，是因为在课堂中儿童的学习权和参与权如果得不到保障，就不会有儿童真正的发展。

合作学习的真正要义是要将学习权还给儿童，而将学习权还给儿童，教师就要学会放手。最重要的一点就是教师不再是知识领域内的权威，不再是"百科全书"式的人物，儿童向教师学，教师也可以向儿童学。教师可以向儿童承认自己不懂，教师也可以向儿童请教，向儿童寻求帮助；教师不应该以"知识的权威"自居，更不必扮演"万宝全书"的角色，而是与儿童建立一种平等的师生关系。在推进合作学习中，最大的障碍就是教师放不下自己的身段，端着架子，霸占着课堂不能与儿童平等交流，头脑中根本就没有"儿童权利"的概念。教师依然把自己看作权威，所以他们就要"拉着学生往前走"，学生不愿意走，就要"给学生压力"，甚至用严格的纪律来保证学生往前走，长此以往，学生养成了被动学习的习惯，进而失去了学习的乐趣。

其实，衡量一堂合作学习课的最终标准是看学习权有没有还给儿童，这也是合作学习与传统教学本质上的区别。

说到这里，有教师会说，给儿童权利，现在的小孩权利太多，已经无法无天，越来越不服管了，还要给他们权利？

那么我要说，权利本质上就是自由，在许多场合，自由就是权利的内容，如出版自由、人身自由。权利主体可以按个人意志去行使或放弃该项权利，比如，儿童可以按自己个人意愿行使学习权，也可以按个人意愿放弃这项权利；可是其他人不能强迫儿童去行使或者放弃，这就是说，所谓的权利是不可以被强制的，否则就不是享有权利，而是履行义务。

作为《儿童权利公约》缔约国的公民，尤其是公民中有知识和文化的一群人，如果根本不知晓儿童权利，或者竟然会认为儿童的"学习成绩"比他们的"生命权"、"生存权和发展权"、"参与权"、"学习权"更为重要，为了一己之利，却不能承诺保护儿童的最大利益，这会被看作是国际笑话的。

而如果明知伤害学生权利却还振振有词说"我们也很无奈，上面要成绩，我们没有办法"之类的话，这实在已经不是什么笑话，而是无耻了。

附：儿童权利保护大事记

1923年，《儿童权利宪章》被救助儿童国际联盟所认可。

1924年，第一份《儿童权利宣言》（《日内瓦宣言》）诞生。

1948年，联合国大会通过《世界人权宣言》。

1959年，联合国大会通过《儿童权利宣言》，明确了各国儿童应当享有的各项基本权利。这是第二份《儿童权利宣言》。

1978年，联大决定制定一份具有法律效力的《儿童权利公约》并成立了起草工作组。

1979年，《儿童权利公约》起草工作开始。联合国将这一年定为国际儿童年。

1989年，历时十年，《儿童权利公约》的起草工作终于完成。11月20日在第44届联合国大会上《儿童权利公约》获得一致通过。

1990年，1月26日《儿童权利公约》向所有国家开放供签署，当天就有61

个国家签署了该公约。《儿童权利公约》在获得20个国家批准加入之后，于9月2日正式生效。

1990年8月29日，中国常驻联合国大使代表中华人民共和国政府签署了《儿童权利公约》，中国成为第105个签约国。

1990年9月，在《儿童权利公约》刚刚生效之后，世界儿童问题首脑会议在纽约联合国总部召开，这是历史上第一次专门讨论儿童问题的首脑会议。会议通过了《儿童生存、保护和发展世界宣言》和《执行九十年代儿童生存、保护和发展世界宣言行动计划》。这是国际社会对保护儿童权利所做的政治承诺和具体方案。

1991年12月29日，第七届全国人民代表大会常务委员会第23次会议决定批准中国加入《儿童权利公约》，同时声明：中华人民共和国将在符合其宪法第二十五条关于计划生育的规定的前提下，并根据《中华人民共和国未成年人保护法》第二条的规定，履行《儿童权利公约》第六条所规定的义务。

1992年3月2日，中国常驻联合国大使向联合国递交了中国的批准书，从而使中国成为该公约的第110个批准国。该公约于1992年4月2日对中国生效。

截至2015年，《儿童权利公约》已获得196个国家的批准，是世界上最广为接受的公约之一。

学困生是否进步是合作学习获得成功的试金石

合作学习中，如果操作不当，容易导致学困生的成绩更差，主要原因在于合作学习容易导致严重的"搭便车"现象。

经济学中的"搭便车效应"是指：在利益群体内，某个成员为了本利益集团的利益所做的努力，集团内所有的人都有可能得益，但其成本则由这个人承担。由于利益集团的利益是由组成集团的每个成员的需求和动机决定的，每个利益集团成员只有联手努力才能获得共同利益。如果有人没有为此而努力，而另外的人付出了努力，那么这就会抑制集团成员为本利益集团努力的动力；如果利益集团内每个成员都共同努力，则个人成本就会相当小。

在合作学习中"搭便车"现象的危害很大。在合作学习过程中，因为强调小组成绩，可能导致某些小组成员不愿意承担风险和为小组做贡献，却要坐享其成。"搭便车"现象抑制小组成员为小组的利益而努力的动力，也可能削弱小组的创新能力、凝聚力、积极性等。

"搭便车"现象在规模比较大的小组内尤为严重，心理学的相关研究表明，如果合作小组的规模较小，那么每个小组成员的努力对整个小组都有较大影响，其个人的努力与奖励的不对称性相对较小，这就会使"搭便车"现象明显减弱；而小规模的小组，其社会惰化现象相对弱化，能够取得较高的合作效率和成绩。

在小组内，哪些学生特别容易"搭便车"呢？毫无疑问，是学困生。因为一般而言，学困生的语言表达能力比较差、知识基础薄弱、思维迟缓、厌学等，学习成绩也较差。他们本来跟上小组活动就存在一定的困难，加上信心和学习动力不足，导致小组内那些优秀的学生把持了小组内的发言权，使得学困生渐渐地被边缘化，于是合作活动反而给他们提供了"偷懒"的机会。

合作学习一般都采取小组捆绑式评价，所以学困生不仅没有为"搭便车"的行为付出代价，反而变相地受到了奖励。"搭便车"现象的存在，让学优生感到不公平，因此他们会对学困生实施排挤，这更加剧了学困生的边缘化，也加剧了"搭便车"的现象。

合作学习如果组织得不好，不仅学困生"搭便车"，连中等生也会"搭便车"，发展到后来，学优生也不愿意发言了，因为被人"搭便车"让学优生觉得很不公平。

为消除"搭便车"的顽症，需要教师对合作学习实行"综合治理"，主要的方法是：

1. 让学困生承担小组管理的职责，比如担任"纪律员"、"汇报员"、"记录员"，甚至担任组长。通常情况下，教师总偏向于将这些重要的责任分派给学优生，其实学困生未必不具备领导能力和创新能力。如果一些学困生缺乏承担小组管理责任的能力，可以事先教他们一些方法，或者给他们派助手，让管理能力强的同伴协助他们完成工作。

2. 计算每个学生的进步分。在合作学习时，教师一般都会把小组团体的成绩作为评价合作学习的标准，但是，不能将每个学生的成绩简单地相加，而要将每个学生进步了多少统计在小组分内，这样就会使得学困生也有机会为小组成绩做贡献，以提高他们在小组内的地位。

3. 让学困生先发言。无论小组讨论要花多少时间，都应该让学困生先发言，学优生做补充或者做修正。一开始，学困生发言有障碍，要么说错，要么表述不清，这都没有关系，一定要给足他们充分表达的时间。要将"耐心等候"作为小组讨论的一项基本要求，要求每个学生（尤其是学优生）必须遵守。有时候，为了教学进度，为了加快完成教学任务，教师总是希望学生能够马上得到正确答案，这会导致学困生无法获得锻炼的机会，他们也就习惯于"搭便车"了。

4. 加强对学困生的个别辅导。在传统教学中，教师为提高学生学业成绩，常常会对学困生进行个别辅导。学困生更容易"搭便车"是因为他们缺乏知识与能力，因此教师有责任帮助他们提高。但是，与传统教学不同的是，合作学习的个别辅导往往是利用小组活动时间，而不仅是课余时间。一旦小组讨论开始，教师就应该走到学困生身边，或者把学困生召集起来进行必要的讲解，之后再让他们回到小组中讨论。合作学习的个别辅导往往在课上，是因为小组讨论时，教师可以腾出时间来做辅导，而传统教学中，教师忙于讲授，是没有这个时间的，因此传统教学的个别辅导时间一般是在课余。合作学习中，对学生进行的课外辅导，一般是由同伴来完成的，即学优生与学困生结对子，对他们进行个别辅导，这不仅大大节约了教师的工作时间，而且锻炼了学优生的指导能力，也同时促进了学优生的自信与发展。

合作学习要关注每个孩子的进步和发展，尤其是学困生的进步与发展，因此衡量合作学习是否成功，学困生是一块试金石。而教师实施合作学习的专业能力，也集中表现在能否有效地促进大多数学困生学业成绩的提高。

我们到底应该教学生什么？

如果人的生命是无限的，那么讨论教育问题是没有意义的，因为无论让学生学什么和怎么学都可以，反正有的是时间。可是，生命如此短暂，在有限的时间里，到底应该让学生学什么，这才是一个大问题，是教育的一个根本性问题。

彻底的儿童中心论者认为，似乎不必太纠结于这个问题，教育归根结底是为了人的幸福，因此，应该由着儿童的兴趣，让学校所设置的课程满足他们的需求，他们喜欢什么我们就教什么。其实儿童的需求中有很重要的一部分是社会性的需求，他们必须在未来不可测的世界里生存和发展，这都关乎他们未来的幸福，却未必出于他们的兴趣。

如果儿童未来的幸福不得不考虑未来社会对人的要求的话，那么未来社会会对人提哪些要求呢？我认为，未来社会对人提出的要求一定比传统社会有所降低，毕竟社会生产力水平在提高，人们的生活水平在提高，医疗水平越来越高，社会保障系统越来越完备，因而工作时间一定会减少，工作压力一定会减轻。将来可能不是活得了活不了的问题，而是活得好不好的问题。仅从就业角度看，有一技之长的人会得心应手，这一点在大城市尤其突出。未来的人口会集聚在大城市，大城市的分工很细，只要有一技之长，就能活得很好，当然，在其不足的方面，人们都需要学会与他人合作。

随着人工智能的发展，人的相当一部分功能终将被替代，因此人的所谓一技之长，绝不会是口算、背诵唐诗、说一口流利的英语之类的，而是在某一领域内有创新性的成果。所以，未来社会可能就有两类人，一部分人很有创造性，所以他们的成就很大，还有一部分人（大部分）则很平常，而将来平常人在物质方面也不会匮乏，他们只需要尽情享受生活就可以了。那些有一技之长的人，他们希望自己能有所成就，一方面要保持在某一领域内的领先水平，另一方面需要在自己不足的方面寻求与他人的合作。而往往有一技之长的人更需要寻求合作。

基于以上分析，我认为，学校应该将大多数的时间用于培养学生的一技之长，以及培养他们的合作能力。至于一技之长，我认为主要也不是由学校来教，因为一技之长的基础多半是基因决定的，后天的教育所起的作用是有限的。即使那些在某一方面有天赋的学生，他们之所以将来有所成就，学校的作用依然是有限的。学校至多能够为他们的个性发展提供良好的环境，能不把天才扼杀掉就已经很了不起了。因此，面向未来的教育，学校可能就是一个孩子们交往的地方，而他们也正是在交往中学会了与他人交往。孩子们此刻的和未来的幸福都与交往的质量有关。因此，我断言，让孩子们合作与交往必将成为学校的主要功能，合作学习也将成为师生最重要的学习方式，甚至是一种生活方式。

合作学习的研究专家杰克布斯认为："合作学习是一种价值观，这是最重要的合作学习原理。换句话说，合作并不只是一种学习方式，而是一种生活方式。我们希望学生能接受作为一种价值观的合作。"我非常赞同这段话。

因为合作学习是一种生活方式，所以，我们没有必要专设一门课叫作"合作与交往"，而是要在每一堂课中把交流、沟通技能的学习与学科内容的学习有机地融为一体，通过课堂中高频度的合作，使学生掌握合作技能，学会与人沟通，并使其具备合作的精神和能力。比如，在鼓励竞争的课堂中，教师往往要求"别人发言时不要说话"，而在合作学习的课堂上，学生记住的是"别人发言时要认真听"，教师总是鼓励学生"注意倾听"、"接受不同于自己的意见"，而学生在长年的熏陶中慢慢地领悟到，所谓"接受不同于自己的意见"并不是无条件地服从他人、避免争论，而是尊重同伴，承认同伴享有发言的权利。这才是合作学习的本质，也是合作学习的境界。

我一直反对仅仅将合作学习看作是一种教学的手段和方法,合作学习其实蕴含着一种人生态度。如果只是把合作学习当成课堂教学的一种点缀,那么,就不会形成浓厚的合作氛围。作为一种工具而实行的合作学习最终会葬送合作学习,因为一种高尚的东西是可以被用于低下的目的的。

这也是大多数实行合作学习却不能持久的学校的通病。

没有合作需求，就没有合作学习

这些年来，我为推行合作学习四处奔走，为试图推行课堂变革的地区和学校提供培训、咨询服务，我发现一个耐人寻味的现象：积极投入合作学习研究和实践的以小学为多，初中不多，高中则为零。在我并不很长的教师职业生涯中，曾经教了10年高中、5年初中、1年小学，我个人的体验告诉我，在中学实施合作学习效果最好，成效更大，而条件也最为便利。可为什么偏偏实施合作学习的学校以小学为生力军呢？

我分析个中缘由，认为小学校长往往比较强势，而小学教师相比于中学教师也更"听话"些，所以小学推动合作学习很到位。其实何止推行合作学习很到位，他们推行任何工作都很到位，普遍比中学到位。可后来一想，似乎也不完全，在我服务的地区，那些推行合作学习获得进展的学校，大多数校长并不都强势，而中学中那些强势的校长也未必都在推行课堂变革。

还有朋友对我说，可能初高中担心推行了合作学习会影响考试成绩，所以担不起这样的风险。这个猜想也不对，因为我原本是将工作重心放在中学的，当时我认为既然有大量的理论和实践研究都已证明，合作学习可以大面积提高学生的学业成绩，那么光是凭这一点，对背负着升学压力的学校还是很有吸引力的，可偏偏在中学实行起来很困难。那些中高考成绩已然垫底的学校，也未必就急切地推动合作学习。倒是那么多小学，高度投入其中，成效出乎意料的好。我起先以为小学生，尤其是低段的学生，他们的心理成熟度不够，连与他人合作尚且都困难，还谈什么合作学习？事实证明我的这个判断是错的。

合作学习在中学难以推行，对这个问题，我百思不得其解，直到有一天我将注意力放到了学生身上才明白，其实中学生比小学生更缺乏合作学习的动机，或者说，他们并不需要合作学习，他们可能是教师在课堂上推行合作学习的真实的阻力。这一真实的阻力被中学教师真切地感受到了。

为什么中学生普遍缺乏合作动机？这似乎也不对啊！人是社会性的动物，有很强的社会性，本能地希望与他人交往与合作，怎么会成为合作学习的阻力呢？是的，人天生是喜欢与人合作的，如果他们表现为不愿意与人合作，一定是因为他们"与人合作"的念头被抑制住了，使中学生们不再有合作学习的需要了。

瑞典教育学家胡森曾经按照"合作"这个术语涉及的三个主要对象将其界定为：作为结构的合作、作为品质的合作与作为行为的合作。"作为结构的合作"是指合作被用于为学习而建立的总体目标结构，尤其强调参与者共同分享的合作利益对于作为结构的合作的重要性；"作为品质的合作"是指合作涉及学生主体的个人品质，尤其强调个人合作品质对于参与合作学习的意义，以及经验对于形成合作品质的重要性；"作为行为的合作"是指学生在课堂学习时应该遵循的具体合作行为，尤其是指基于结构与品质，对学生的社会技能进行训练而产生的合作行为。根据胡森对合作概念的分析，我们可以看出，当合作学习对学生没有什么好处，学生从合作学习中无法获得利益，就不会产生合作的动机。而当他们缺乏合作的动机，教师再怎么努力，也无法培养他们合作的品质。如果学生不具备合作的品质，就不会产生合作的行为。而如果学生不能表现出合作的行为，教师却在课堂上实施合作学习，合作学习的效果也一定好不到哪里去。因此，我们也就可以理解，中学教师不愿意实施合作学习，而中学也不愿意推行合作学习了。

那么，又是哪些因素抑制了中学生的合作动机呢？分析下来主要有这样一些原因：

1. 学习内容的标准化。我们习惯于将固定的知识传递给学生，所以学生心中自然就明白，"我们不必自己去寻找答案，答案就在书本上，如果书本上没有，老师也会告诉我们的"。长期的知识传授，加固了学生与书本的关系、与教师的关系，而这种关系其实就是"服从—权威"的关系，学生能从这种不平等的关系中获益，而与同伴共同探索则不能得到多少好处，因此没有太大意义。我们想象一下，如果知识需要学生自己探索才能获得，连教师都未必掌握最终答案，这样的话，师生的平等关系才能真正建立起来，师生之间、生生之间的合作才会让每个人受益。这就可以解释，为什么合作学习在西方发达国家成为"必需品"，而在我国却因"水土不服"而成为"摆设"，实在是因为我们教的内容有问题。

2. 课堂教学的形式化。学习内容并不存在探究的必要，所以面对教师的课堂提问，学生越来越不愿意举手回答，因为他们一定会想："反正有标准答案，回答错了还要挨批，何必自讨没趣呢？""答案就在老师脑子里，何必明知故问？"所以，课堂问答就是一个形式了。学习内容已经有标准答案，教师还要安排时间做小组合作讨论，有这个必要吗？这不就是形式吗？课堂教学中，教师组织学生的学习其实是不真实的，而不真实的学习在小学生看来也许是一种有意思的"游戏"，但在心智水平颇高的中学生看来，却未见得有意思。在公开课时，学生们会意识到"形式"的重要性，他们是愿意配合教师表演一下的，而家常课上，那就对不起了，中学生不愿意再取悦教师了。

3. 学业评价的竞争性。合作学习要求小组成员之间保持良好的互动关系，这种关系是以同伴友情为基础的，可是中学生们心知肚明，同学之间实际上存在着竞争关系，这种"你输我赢"的竞争关系才是同学关系的本质。学校和教师会有意无意地强化学生间的竞争关系，因为学校与学校间、教师与教师间的关系，本质上就是"你死我活"的竞争关系。正是"竞争"构成了学校的文化，进而形塑了课堂的文化。这种文化的力量如此强大，强大到教师在课堂中所吹嘘的合作变得如此苍白。只要选拔性的评价制度不发生改变，课堂中学生们真心实意的合作就不会发生。竞争性的不良文化在小学相对少些，是因为小学基本上废止了考试，也不再按考试成绩排名，这为小学课堂实施合作学习创造了条件。

如果我们的中学，学习内容、课堂教学、学业评价这三个方面都不发生根本改变，合作学习就不会成为学生们的一种真实的需要，在这种情况下，要是学校和教师继续强力推行合作学习，就只能逼迫学生做虚假的合作表演了，这是我不愿意看到的。所以，我就在想，如果中学不能在整体理念和方法上发生真正的改变，就没有必要兴师动众地强推合作学习。

做彬彬有礼的合作学习

东方人的思维比较重"道"而轻视术。导致我们总在"道"的层面对师生进行精神、意识的教育,却忽视具体方法的指导和训练。比如,在合作学习中我们一直在强调"合作意识"的培养,讲了千条万条"为什么要与他人合作"的大道理,却不告诉孩子们到底应该如何与人合作。在我看来,合作的愿望是不用教的,人类能在残酷的丛林竞争中胜出,很大程度上是因为人类能构成协作体,靠着彼此的互助和协同而发展到今天,成为"万物之灵长"。与他人合作是人类的一种本能,也就是说,人生来就是愿意与他人合作的,这一点是根本不必教的。

合作学习之所以是可行的,也是因为合作学习适合人的天性,人有强烈的与他人合作与交往的愿望。这就如同教人谈恋爱,我们没有必要在激发人谈恋爱的愿望方面费太多的口舌,而要将精力主要花在如何谈恋爱上。

流行歌曲《心太软》中有一段唱词令人印象深刻:"你总是心太软,心太软/把所有问题都自己扛/相爱总是简单,相处太难/不是你的就别再勉强"。相爱为什么简单和容易?因为恋爱是人类的本能啊。可是相处为什么那么难?因为相处就是在与对方合作和交往,而要与他人和谐相处,是需要后天学习的。光有强烈的合作愿望是不够的,合作愿望不一定导致良好的合作行为。

教学生与他人建立良好的合作关系,教什么呢?教合作技能。我们平时所说的"学会合作",就是要教学生掌握必备的合作技能。

什么是技能?技能大约就是所谓的"术"吧,按照《辞海》中对技能的定义，技能是"运用知识和经验执行一定活动的能力"，如果"通过反复练习达到迅速、精确、运用自如"的程度，那就是技能娴熟了。我们一般把技能分为三类：基本技能（basic skills）、一般性技能（generic skills）和职业技能（vocational skills）。"基本技能"是指发展深度技能的必要基本技能，如"听"、"说"、"读"、"写"、"算"的能力；"一般性技能"包括问题解决、团队合作以及增进个人学习与表现的能力；"职业技能"是指能够帮助达成某职业任务的技术性技能。

合作学习是一项技能，合作技能属于"一般性"技能。合作技能有很多种，我们应该教学生哪些技能呢？美国青年研究中心对合作与交往的技能进行了总结，将其归纳为三种类型：第一类是组成小组的技能，包括"向他人打招呼问候"、"自我介绍—介绍他人"等；第二类是小组活动的基本技能，包括"表达感谢—对感谢的应答"、"注意听他人讲话"、"鼓励他人参与—对鼓励参与的应答"、"用幽默的方式帮助小组继续活动"等；第三类是交流思想的技能，包括"提建议—对建议的应答"、"询问原因—提供原因"、"有礼貌地表示不赞同—对不赞同的应答"、"说服他人"等。一些合作学习的课堂成效不高，如果仔细观察就会发现，这些课堂有个通病就是教师不注重合作技能的培养，课堂交往活动中师生的行为非常"粗鲁无礼"，于是合作学习便没有真正建立在"合作"的基础之上，最终伤害到师生、生生之间关系的良性互动，导致合作学习不能持久地开展。

既然课堂中教授学生合作技能如此重要，那教师应该如何教才有效？总结下来应遵循三个原则：

1. 详细明确原则。详细说明每一个技能的表现、使用条件以及如何使用。比如，教学生向他人"表示感谢"，应明确地告诉学生：

（1）在以下情况下，应向他人表示感谢：受惠于他人；享受到他人对自己的服务；给对方添麻烦；受到对方格外关照；对方按自己的要求完成相关事项；成员为小组、团队或集体做出贡献。

（2）向他人表示谢意的词句：感谢，谢谢，感谢您，多谢您，十分感谢，万分感谢，我应该感谢您，我非常感谢您，谢谢您的邀请，谢谢您的忠告，谢谢您热情好客的接待，谢谢您的书，谢谢您的提醒，您的关心使我深受感动，请接受我的衷心感谢，我无法表达我的感激之情，我将永久铭记在心。

（3）向他人表示谢意的表情和动作，按照表达谢意的强烈程度，可分为：在口头表示谢意的同时点头微笑、抱拳、拍对方肩膀、鞠躬、拥抱、双手合十然后鞠躬等。

2. 小步骤原则。教师在一段时间内只强调一至两个技能，不要让学生的技能学习超过所能承受的范围。

3. 过度练习原则。如果只让学生练习一两次是不够的，凡是技能的学习都应强调长期的和反复的练习，直到学生已经把这项技能整合到自己的行为当中，并自觉、习惯地去做。技能按其熟练程度可分为"初级技能"和"技巧性技能"。初级技能只是"会做"某件事，而未达到熟练的程度。"初级技能"只有经过有目的、有组织的反复练习，动作才会趋向自动化，才能达到"技巧性技能"阶段。

我在长期的教学实践中发现，导致合作学习小组解体或不能顺利开展活动的最主要因素就是小组成员不会合作。学生不合作并不是他们缺乏合作的愿望，而是缺乏合作的方法——合作技能。所以，教师值得花时间教授学生掌握必要的合作技能。

有的教师说，合作学习很难实施，因为学生不会合作。我的回复是，学生不会合作，所以就更要教会他们合作，一点一点教，直到他们终于会合作。而在这之前，教师应反思，自己会合作吗？自己有没有掌握合作技能？

从"我认为"到"我们认为"

课堂里的合作学习一般都是以小组为单位开展的,在小组活动后,教师常常要请一名小组成员代表本组向全班做交流和分享。我们通过小组汇报员的发言大致可以判断该小组的成员们会不会合作,如果汇报员站起来发言是"我认为……"、"我觉得……"、"依我之见……",那么很有可能说明该生的发言并不代表本组意见,而是其个人观点。

这时,教师不应该对他(她)的发言做出评价,因为如果做了评价就等于你认可了学生的个体学习而不是群体合作学习。在合作学习中小组代表的发言一定要代表本组,代表本组共同讨论的结果。如果小组经过讨论未达成一致意见(这种情况其实很正常,合作学习并不要求每一次小组讨论都要达成一致意见),那么小组汇报员就应该如实向全班汇报本组对某问题的看法还存在分歧,并将分歧点真实地袒露在全班面前,以期引发大家进一步的研讨。

当小组汇报员代表本组站起来汇报时用"我"做主语,教师有必要"喊停",纠正一下,要求学生把"我"改为"我们"。显然,常常使用我们,无疑会增强学生个体的群体意识。但是,教师强化学生的课堂用语,可能导致另外一种情况,即小组代表虽然将课堂用语改为"我们"(这不难做到),可是他(她)的发言其实依然代表其个人。所以,纠正课堂用语仅仅是在"治标"而不是在"治根"。

那怎么才能治根?

最管用的而且能在较短的时间内起作用的方法就是"捆绑式"评价,通过改变计分方法，几乎能对增强团队合作意识起到立竿见影的效果。传统的计分法，一般是把每个小组成员的成绩简单相加得出小组总分，或者取其平均分，但是这么一来，小组内成绩差的小组成员往往因为拖了群体的后腿而被群体排斥，成为不受欢迎的人，时间长了，这部分学生将游离于小组学习之外。如果改进评价计分方法，会为小组活动创造更好的合作氛围。实践中有不少计分方法能使小组不放弃任何一名学生，比如：

1. 个人的最终成绩等于个人成绩加上全组都达到标准时的奖励分。只要有一名小组成员未达标，优秀的学生也就拿不到奖励分，从而影响他（她）的最终得分。

2. 个人的最终成绩等于个人成绩加上组内最低分所获得的奖励分。组内最低分如果达到和超过班级平均分，则能获得奖励分。

3. 个人的最终成绩等于个人成绩加上小组平均成绩。

4. 个人的最终成绩等于个人成绩加上组内各成员因进步而获得的奖励分。只要一名学生进步，就可以得到奖励分。

5. 个人成绩等于随机抽取的组内某一成员的得分。全组每一成员的成绩都是一样的。

6. 个人成绩等于组内最低分。全组每一成员成绩都是一样的。

以上这些方法都能在较短的时间内增强小组成员的归属感和团队合作意识，但是这些通过改变计分方法来改变学生行为的做法总体上来说并不能真正解决内在动机问题，通过外部刺激（比如计分方式）往往短期有效却长期无效。

《科学美国人》杂志曾发表的一篇关于团队凝聚力的文章指出，众人在音乐中同步跳舞或者同声歌唱，有利于加强集体认同感，另外，如果一个人在集体行动中付出了很大的努力，也会不由自主地更加认同这个集体。研究者认为这是一种荷尔蒙——内啡肽在起作用，内啡肽能给人带来愉悦感。其实，一个人的精神反应，背后可能都是生理反应。利用人性的这个特点，我们一般可以通过让小组成员唱同样的歌、做同样的手势、宣读同样的誓言、穿同样的衣服、面对同样的竞争对手等方法来强化小组的合作意识。

那些不露痕迹的方法显然更为重要，比如将一项任务分解，每个小组成员承担其中一项子任务，组内每个成员都没有高下之分，他们彼此依赖，每个人在完成某个特定任务时都是不可或缺的。

　　合作学习对那些个人成功动机特别强烈的人来说，可能并不是一个福音。所谓"成就动机"是个体想将事情做到完美的一种动力，成就动机与个体对自己的高要求、高标准有关。心理学研究表明：两个人聪明才智大体相同时，成功动机高的人比成功动机低的人在活动中成功的可能性要高。成就动机很强烈的人全身心地投入到工作中，他们的愿望和追求似乎永无止境，并且成癖上瘾，他们总是给自己制定更高的目标，却不太在乎外部的评价。只要有50%的把握，他们就会迎接挑战。

　　成就动机强的人为什么比较难以适合在群体中合作学习？是因为他们需要竞争环境，越是竞争激烈，他们的表现越优秀，毅力越长久。失败反而能激发他们的斗志，如果他们认为自己胜券在握，他们的动机水准反而下降。可惜的是，个人成就动机强烈的人，往往有个人英雄主义倾向，他们笃信个人奋斗，常常自命不凡，甚至瞧不起同伴，认为在群体中学习是浪费时间。如果我们用以上那些方法，如团队捆绑评价、增强团队归属、学习任务分解等常规方法未必能改变他们。于是，我们不得不思考这样一个问题：对那些个人成就动机特别强烈的学生，我们要不要改变他们？

　　我认为不用改变他们，因为我们其实很难改变他们，而且也没有必要改变他们。恰恰相反，我们要成全他们，鼓励他们独立思考，大胆地说出"我认为"、"我坚持认为"。

　　我们要的合作学习，绝不是牺牲个性和人格的合作学习，更不能以抹杀独立思考为代价。在合作学习的课上，我们一定要给足时间让学生"深思熟虑"之后再展开讨论，绝不要那种以达成一致意见为目的的合作学习。

　　任何剥夺了学生独立思考、自主学习机会的合作学习，都是反教育的。

让孩子们自评，我们放心吗？

合作学习的若干要素中有一个要素：小组自评。为了保持小组活动的有效性，教师应组织学生进行小组内的自我评价。可是，在合作学习中让孩子们进行自我评价，我们能放心吗？说实话真的不那么放心。首先是孩子们的能力问题，其次是诚信问题，都不能让我们真正放心。如果他们自我评价能力不高，或者能力够了但是会造假，那么小组自评就会变成一个摆设。

首先是能力问题。评价是需要能力的，尤其是对学习结果的评价更是一个需要一定专业能力的"技术活"。因为对学习结果的评价需要掌握标准和运用相应的评价方法。一是要掌握标准，学什么、学到什么程度等的标准要由学习者来掌握，看来是不切实际的；二是运用评价方法，即使标准化命题，要出好是非题、选择题、填充题都不是那么容易的事，而要能出高级一点的"建构反应测试题（论述题）"就更不容易，后者的批阅特别讲究，中小学生一般是把握不好的。所以，我不太主张由孩子们对学习结果进行自评，如果他们参与到评价中，至多也只能象征性地让他们出几道题"玩玩"。至于让学生参与批阅，一般也应仅限于有固定答案的试卷，而如果让学生相互批阅作文，顶多是挑一挑错别字之类的"硬伤"。由学生对学习结果进行自我评价要慎重，对学习过程的评价也不能随意，评价学习过程的方法以"表现性评价"为主，学生可以参与到评价中，但是也不能由学生任意凭主观印象进行点评，一些合作学习的课在学生展示完之后总有学生互评的环节，结果互评基本上千篇一律地说"声音响亮"、"条理清楚"

之类，根本就是在浪费时间。学生的评价能力达不到要求，就不能把相关的评价权放给他们。

其次是诚信问题。学生即使掌握了评价标准和评价方法，可是诚信度不高，也不能贸然让他们做自我评价。诚信有时候不完全是道德问题，儿童也并不都是诚实的。有时候不诚实的言行与他们的处境有关，领导来了孩子们也会配合老师回答事先准备好的问题，我认为这是一种在特定处境下的正常行为，因为孩子们作为学校和班级中的"弱势"，他们需要自我保护。如果组与组之间存在竞争关系，那么他们难免会在评价中放松对本组的标准而苛严地对待他组。

因此，考虑到学生的自我评价能力和可能的诚信问题，我们应将小组自我评价的目的设定为"小组如何更好地合作"。为此，教师应引导学生在小组自评时集中讨论以下内容：

第一，总结本组在小组合作方面做得好的内容。比如，

1. 我们是否按规定的合作流程完成了学习任务？

2. 我们有没有超时？我们按时完成讨论任务后有没有安静地坐端正？

3. 我们在小组讨论时有没有发出噪音？有没有干扰到其他组的学习？

4. 我们每位同学的合作技能要求是否都做到了？有没有注意倾听？有没有主动为其他同学提供帮助？

5. 我们每个人所扮演的角色是不是都做到位了，有没有都履行职责？

6. 汇报员的汇报展示有没有真实呈现本组的学习成果？

7. 哪位（哪几位）同学的表现特别需要表扬，表扬的理由是什么？

第二，分析存在的问题及相关的原因。要鼓励学生正视本组在合作中出现的问题，并分析导致问题的可能原因，还要提出下一步的改进建议。

第三，明确发展的方向和目标。在总结经验和分析问题的基础上，小组全体成员共同制订出本组今后的改进方案，明确在以后的小组活动中应当达到的目标，以及如何达到目标。我建议每堂课的"收课"阶段都要给孩子们一点小组自评的时间，能够帮助学生静下心来反思自己的合作学习过程。小组自评也可以被认为是一个反馈机制，学生的课堂合作行为能通过及时的反馈得以强化。

小组自评是合作学习的一个关键成分，在实际教学中，教师不能因为教学时间不够而省略这个环节，因为教会孩子们学会合作是合作学习的一个目的。

那么，以"小组如何更好地合作"为目的的小组自评，学生具备不具备评价能力呢？诚信的程度又如何呢？

首先，评价"合作行为"在操作上难度较低，合作的流程、技能、职责等标准都相当明确，相比学科的"学术"标准更外显也更容易把握，小组成员团坐在一起，相互的观察也都会比较贴近。

其次，对合作行为的评价只是小组的"自我反馈"，不存在组与组之间的竞争关系，相反通过小组自评，小组能更好地建立合作关系，这种合作关系显然有利于小组在"学术性目标"的竞争中获得好成绩，因此孩子们会更乐意也会更自觉地调整合作关系。

总之，如果划定了评价的内容和范围，只要孩子们具备了驾驭的能力，而且不存在诚信方面的风险，放手让他们评价自己，是可行的。

小心合作学习也会牺牲学生个性

传统的教学方式之所以被人诟病，其中一个很重要的原因就是传统教学虽然使基础知识、基本技能得以落实，却牺牲了孩子们的个性。传统教学是以教师为中心的，教学方式是以讲授为主的，所以教师势必强调学生要按统一进度和同样的难度来完成学习任务。传统课堂中教师们的审美倾向于整齐划一和步调一致，而为达到这一要求，教师会在课堂上强调秩序和铁的纪律。学生的个性需求是无法得到满足的。

不过，我们不要认为大班级授课必然牺牲学生个性，牺牲学生个性的主要是传统的教学方式。如果课堂上依然是以教师为中心，那么即便是个别教学也可能牺牲学生个性。教师不能了解学生的需求，不能尊重学生的个性选择，不能给学生独立思考和创造的空间，这样的个别教学可能比大班级授课更伤害学生个性。就如独生子女，假如家中的教养方式是传统的家长制，那单个孩子要比一群孩子更不自由，倒是一群孩子，父母应接不暇，反而有更多自由呼吸的空气。所以千万不能认为只要采取个别教学就是在满足学生个性发展需要了。

小班化教学也并非必然有利于学生个性发展，如果教学方式上没有以学生的学为中心，小班的孩子们可能比大班的更缺少自由。无论如何，人少比人多更容易被"统治"。在有现代学校之前，娃娃们上的都是私塾，不都是小班吗？何以见得是在发展个性？

同样，合作学习也可能牺牲学生个性，以下情况特别容易忽视个体差异性：

1. 将群体利益置于个体利益之上，要求小组成员必须为了小组荣誉放弃独立思考，放弃不同意见。什么是小组的群体利益？小组群体利益实际上是每个成员个人利益的总和，小组每个成员都有发表自己独立见解的权利，在知识和真理面前不必做出妥协。那些试图用小组荣誉绑架个人诉求的做法，都属于传统教学的翻板，而不是什么合作学习。

2. 小组内的等级制，在组里设个组长，赋予组长很大的权力，他们俨然成为教师的"替身"。要求组员绝对服从组长，等于加强了教师对学生的管控。如果组长在组内是个"官"而不是个服务者和协调者，那个这个官势必在替教师完成消灭学生个性的工作。

3. 捆绑式评价，把小组每个人的成绩简单相加，得出小组分，然后按小组分来实施奖惩，这种做法使"差生"陷入到小组"公敌"的处境中，这么计分其实就是变相排名，人为地把学生分为三六九等，这与大班级授课中的比成绩又有什么区别？如果对学生的评价不考虑其差异性和发展性，这样的捆绑无论对优生和"差生"都是不公正的，这么做只会增加小组成员间的"仇恨"而不会使其真诚合作。

真正现代的学习方式不能简单地从课堂组织形式上来判断，大班级授课未必不现代，而个别教学、小班教学、分组教学也不尽然是现代的。"独立性"才是现代学习方式的核心特征，无论班级规模有多大，尽可能地尊重每个孩子的独立性，不要试图用各种外在的东西绑架他们，才是现代的。哪怕有些概念听上去无比美妙，也依然应划归到传统的范畴。

合作学习就是一个美妙的概念，教会孩子们如何与他人合作，是多么美好的事。如果不能将合作学习建立在尊重每个个体独立性的基础之上，合作学习也会抹杀学生的个性差异，其杀伤力可能比大班级授课更严重。

让我们回到合作学习的初衷：因为每个学生都有着独特的观察和思考问题的方式，学生才更愿意在小组内学习，我们之所以在课堂上实行合作学习不正是为了给更多孩子表达自我的机会吗？

救救"自主"

在一些学校的德育工作汇报中,经常会听到"自主管理"这个词,深究下去却发现,所谓的自主管理其实就是培植起一支小干部队伍来替教师管理其他同学,这种打着"自主管理"的幌子却行着"他主管理"之实的偷梁换柱的做法实在是不足取。

我历来反对将学生中的一小部分人培养成教师的"帮手",这可能与我儿时的经历有关。我还清晰地记得,在读小学时我就不是一个很听老师话的孩子,至今我还在庆幸那时没有听他们的话,对儿时我所遇见的那些"庸师",我毫无好感,有几个甚至还痛恨至极。对他们的无良教育,我甚至激烈地抗争过,为此没少挨批挨罚,还挨过老师的耳光。当时的班主任就在我身上用了一招,派小干部监督我,并在周末黄昏时结队到我家向我父母汇报我一周的表现。那种屈辱感现在回想起来,依然在心中隐隐作痛。

在对学生的统治术方面,让小干部管他们的同学们,是很阴损的一招。因为这么做教师不仅可以省去亲自管理的力气,而且还规避了风险。

首先是省力,那些小干部们是很愿意为教师卖力的,尤其是儿童,他们很愿意取悦教师,拿着教师的鸡毛当令箭,往往还认真过头用力过猛,而这正是作为"统治者"的教师所乐见的。大凡集权统治,层层对上负责,为显示对上级的衷心拥护,往往会将上面的指令进行放大处理,层层加码,落到基层便苦不堪言了。

其次是零风险,小干部们对某同学做出不公正的判断或下手太狠引发反抗,那也是他们的责任，与教师无关。而其实幕后的那个摇羽毛扇的才是需要清算的。

派小干部们管班级，我之所以深恶痛绝，实在是因为这一招其实就是"挑起群众斗群众"，使孩子们的群体文化变得与我们成年人玩的那些把戏一样脏。我不认同由教师派贴心的小干部管班级，不同意由小干部记录违反纪律的同学的名字或给自己的同学扣分等一切手段，但这并不是说我不同意让学生自治。

学生自治与教师派小干部管理是有本质上的区别的。学生自治的主体是学生，由学生自己制订公约，自己处理自己的日常事务，而作为管理者的那些学生，也都是通过民主选举产生的，要对全体学生负责，他们不是教师的傀儡和木偶，更不会成为那些无良教师的帮凶。

与"自主管理"这个词被糟蹋了相似，"自主学习"这个词也被污染了。如果将学生的自主学习理解为他们能无条件地照教师的要求去实行，并且在实行时不需要任何人监督，那这种自主还是不要的好！同真正的自主管理一样，自主学习的主体一定是学生，学生能在整个学习过程中对学习的各个方面做出主动的调节、控制，这才是自主学习。一个自主学习的学生一定能主动地调整自己的学习目标、学习内容、学习时间、学习方法、学习策略、学习情绪等，从而能达到自我发展的目标。

可是，长期以来，我们的孩子们不会自主和主动学习，问题出在哪里？我想，主要问题还是在于教育者不肯放手，学生们一直得不到在自主中学习自主的机会。我们的教育文化向来是不主张放手的，因为作为"统治者"的我们，是最怕被"颠覆"的，可毕竟"普适"的价值观是主张自主的，于是早已学会"伪善"的教育者，就将原本专制的那一套做法打扮一下，粉饰成民主，还拿出来炫耀一番，却从不脸红。

做男孩？做女孩？合作中找到自己？

我很少看电视，却迷上了一档由东方卫视制作的场景喜剧综艺秀《今夜百乐门》，每期都不落下。这是一档极具创造力的节目，著名舞蹈演员金星在节目中首次尝试"唱、跳、演、说四合一"，令人耳目一新。

金星是当今中国最杰出的现代舞舞蹈家，也是中国现代舞目前在世界上成就最高的舞蹈家。人们被金星吸引，不仅因为她的舞蹈，还因为她极富传奇色彩，她是中国大陆首位变性人，做变性手术那年，她28岁。她娶过妻子，之后又嫁给男人汉斯，还收养了3个孩子。对金星来说，可能她感到最骄傲的不是她的舞蹈成就，而是她终于做回了自己，一个真正的女人一生可能扮演的所有角色——女儿、恋人、母亲和妻子。我想，现在的金星比28岁之前的金星更幸福。

2016年12月，我在广东主持一个关于课程建设的论坛，有一名校长的讲演引发了我对教育的目的的思索。他在讲演中介绍学校的课程理念是"兼容"，希望学校所创设的课程能更好地满足孩子们的不同发展需要。对于这样的课程理念，我深表赞同。学校所设置的课程不是用来限制人的，而是用来发展人的，发展从本质上来说就是要让人成为他自己，而不是我们所希望的人。如果教育是要为人谋幸福，还有什么比成为最好的自己更幸福的呢！

接着，这名校长在进一步阐述课程理念时举了他们学校课程设置方面的一些例子，其中一个例子是开设了"男孩"和"女孩"课程。作为主持人，我忍不住问他，为什么要开设这两门课程呢？既然你们学校的课程理念是强调"兼容"，为什么不能兼容一下"不男不女"呢？为什么非要让男孩学习如何做男孩，女孩如何做女孩？他回答说，男孩就应该有阳刚之气。我知道对于性别问题的讨论会引发比较大的争议，而且主持人也应保持中间立场，所以我没有进一步发问。

男女平权，在我国还有很长的路要走。改革开放以来，女性的社会地位事实上是下降了，在这个男性主宰的社会中，让男性有所作为和有所担当，却让女性成为男性的审美对象和附庸，这样的思想观念现在还是主流，甚至连相当一部分女性朋友也都持这样的立场。教育发展到今天，至少从口号上，我们已经在强调平等，强调尊重每个个体的差异性，可实际上，教育还是相当保守的一个部门。

2016年8月，又一所以单一性别为主的学校开办了，南京汇文女子中学正式挂牌，这无论如何不能说是教育的一种进步。这所学校在课程设置上，也拟定了一批"适合"女生的特色课程，比如少女课堂、女性与法、少女审美、服装设计与制作、工艺设计、形体课等。

有不少人认为男性和女性在认知方式和社会化过程中存在着巨大的差异，如果男女同校或者男女学习同样的课程会抹杀性别的差异性，进而不利于学生的发展，并进而影响两种性别各自的全面发展。可是，这样的结论是缺乏可靠而严谨的科学证据的。

多项心理学和神经科学研究均显示，男孩和女孩的大脑结构和功能并无显著差别，而他们的学习方式和学习能力也并没有生理性的先天差异。具体而言，男孩和女孩在听觉（hearing）、视觉（vision）和自动神经功能（automatic nervous function）等方面都存在着极大的相似性，其差别并不显著。相应的，他们在阅读、计算及其他学习技能上的差别也并不具有神经学基础。可是，这些严肃的研究并不能改变公众的认识，甚至连教育界的精英人士都对单性别教育持认同的态度，这不能不是教育这个行业的悲哀。

我看了一下南京汇文女子中学的女孩课程，大部分都是让女孩回到家庭、安分守己、取悦男性的，这些课程根本无法使女孩建立更强大的自尊心，也不能促进男女平等，反而强化了女孩对传统社会角色的认同。另外，我看到一项严肃的研究，相比男女同校教育下的女孩，接受单性别教育的女孩由于性别意识格外强化，更可能被饮食障碍（eating disorder）以及对外貌（physical appearance concerns）和性别角色（gender role concerns）的担忧所困扰。

我还注意到，著名社交网站 Facebook 更新了提供给用户的性别选项。现在这家网站上的性别选项除了传统的男/女，还有 56 种新的非传统性别可以选择。如果从生殖的角度看，人的性别只有两种：男和女。可是，对于人类来说，除了生物性性别，还有社会性性别，而社会性性别来自人的自我性别认同。人的社会性性别是多种多样的，并不是男女二元所能完全概括的，所以才有了 Facebook 上的 56 个选项。比如，agender——无性别，androgyne——两性人，bigender——双性人，cis——顺性人，gender fluid——流性人，gender questioning——性别存疑等等。

即使单性别学校或性别课程的设置有科学依据，招生对象也会是一个大问题。比如本文开头说到的金星，该不该进女子学校？该不该修学女孩课程？教育的发展与社会发展有共同的特征，应该是平等、开放和包容，其目的都是要让每个人幸福地做他/她心底里的那个自己，而不是去扮演别人。

（本文参考了 2016 年 12 月 5 日穆峥发表在微信公众号"缪斯夫人"上的文章《单性别教育和男女同校教育哪个好？》）

合作学习赶走瞌睡虫

一些对合作学习信心不足的校长和老师往往会提出这样的要求：能否让我们去看看合作学习取得成功的学校，尤其是那些学业成绩得到显著提高的学校？百闻不如一见，人们更愿意通过看实例来建立信念。面对这样的要求，我一般都会设法找到若干所案例学校，供大家实地考察。但是，我心里并不很乐意这么做，因为通过看实例才能对某一事实产生信任，这似乎并不科学。

其实，众多的权威研究早就证明，合作学习对于学生的认知发展和动机的激发都有着积极的影响，对学生的智力和非智力因素都产生了明显的促进作用。有可靠的科学研究结论就够了，看实例并不是相信合作学习的必要条件。

首先是智力或认知方面。合作学习能产生更高的成绩和效率，1989年的一项研究表明合作学习要比竞争性学习、个体化学习更能促进学习者的逻辑推理能力、学习迁移能力的发展。据美国的合作学习研究专家约翰逊兄弟估计，几年来已经开展了几百个这方面的研究，它们在学业学习方面的平均效应大小大约是0.61，这就意味着在学业学习的测试中，使用合作学习策略的学生的平均得分比在竞争性氛围中学习的学生的第70个百分位的成绩还略高一点。许多研究也表明，合作学习可以促进创造性思维的发展，因为学习者相互的合作增加了观点的数量、质量，激发了学习者的参与情感，同时也增加了解决问题的创意和新奇性。

其次是非智力方面。研究证明，尽管学生们的能力、性别以及任务的性质等方面存在着差异，但是通过参与合作学习，学生们有了更多的责任感和义务感，相互之间也更加关心，同时他们也更加喜欢教师，并且认为教师对他们的帮助更大。此外，合作学习对于学习者将来建立和维持稳定和谐的家庭、婚姻和友谊大有益处。

国内有一些原本比较薄弱的学校招收的学生，其家庭文化背景较低，在学业成绩上却节节攀升，究其原因，也是在智力和非智力两个方面促进了学生进步的结果。我认为，对薄弱学校而言，尤其是对薄弱初中而言，合作学习最大的功效是有效地解决了学生的学习动机问题，显然，合作学习调动了学生的学习积极性。一个可见的场景就是在合作学习的课堂里，再也难觅"瞌睡虫"了，即使是很枯燥的学习内容，学生也不易走神。

为什么合作学习能提高学生的学习动机？

美国心理学教授凯勒提出了一个 ARCS 动机模型，他认为要激发学习者的动机就必须满足动机的四个条件：注意（attention）、相关（relevance）、信心（confidence）、满足（satisfaction）。这四个条件可表示为首字母缩略词 ARCS。凯勒提出的这个模型是一个序列的过程：学习开始，我们首先要引起学生的注意，使学生参与活动（A）。学生一旦参与活动，他们就会不自觉地问："我为什么要学它？"学生在相信学习与其个人目标有关时，才会努力投入活动（R）。学生虽然认识到了学习任务和个人目标有关，是有意义的，但是学习毕竟是有难度的，这就涉及信心（C）。凯勒认为最后要让学生有持续的学习欲望，即保持学习动机，学习就必须产生一种满足感（S）。

根据凯勒的理论模型，注意、相关、信心和满足这四个条件都具备了，学生的学习动机就能得到提高。而合作学习之所以能提高学生的学习动机，显然与合作学习具备了这四个条件有关。

其一，在学习的起始阶段，合作学习相比于传统教学更能引起并维持学生的注意。为促进小组讨论，教师一般都会通过创设引发认知冲突的神秘新颖的任务情境来激起学生的好奇心，而且学生不得不参与到小组活动中，这也提高了小组每个成员的注意力水平。

其二，在具体的学习过程中，合作学习促进了学生间积极的互赖关系，从而使学习变得更有意义和价值。比如，当小组达成目标时，每个组员都获得相同的奖励；每个小组成员只拥有完整材料的一部分，大家在精熟自己占有的那份材料后必须拿出来共享、相互交流，从而获取对完整材料的认识；小组每个成员分配互补和相互关联的角色，不同的角色被寄予不同的责任期望等。以上这些合作学习中常用的加强小组积极的互赖关系的方法使个体意识到任何一名成员都不是独立的，每个人在小组中都是不可或缺的，从而促使学生产生价值感。

其三，在合作小组中，小组成员彼此支持，相互鼓励，所以在面对困难时，他们显得更有信心；此外，在小组内发言，学生的焦虑程度显然低于面向全班的发言，这也使得每个小组成员信心更足。

其四，合作学习让学生产生了满足感。凯勒认为，主要有两类教学策略能使学生产生满足感，一是自然后果，二是积极后果。自然后果是将新获得的知识运用于现实，用于解决实际生活中的问题而导致的后果，显然，合作学习中获得的合作技能是合作学习独具的特点和重点目标，它的优势将在学生当下乃至未来的生活、工作中展现出来。比自然后果更为重要的是积极后果，积极后果是教师对学生在合作学习活动中的表现、小组成果进行评价、认同，积极后果使学生产生更大的满足感。

传统教学中的评价多以总结性评价、常模参照评价为主，合作学习则注重评价的多样化。合作学习的总结性评价不囿于传统的纸笔测验，还包括表现性评价或真实性评价；合作学习既要评价学生的学业水平，也要评价学生的情感态度；更重要的是，合作学习提倡标准参照评价，标准参照评价不主张个体之间的竞争关系，而是以一个设定的标准与学生的成绩相比，标准参照评价着重点在于要求学生掌握基本知识，达到标准线就是成功，标准的设置是几乎所有的学生通过努力都可以达到的。因此，标准参照评价有利于激发学生积极的动机观。学生体验到成功的荣誉，其内在动机得到了激发，就会以更大的热情投入到合作学习活动中。

任何有效的教学，都必须解决学生的学习动机问题，合作学习无疑是解决得最好的。

合作学习无法根本解决教育的公平问题

教育公平是个大问题。如果让不同的孩子在同一所学校受同样的教育，这就是所谓的"起点"公平。其实这种公平是很不公平的，将不同个性差异的学生放在一起，对他们施以同样的教育，无论如何都不会是公平的，也许对学优生是不公平的，对学困生也是如此，因为他们的需求实际上都没有得到满足。因此，最好的教育，或者说最公平的教育应该是尊重差异的教育，也就是要让每个学生得到适切的教育，或者创造适合每一个的教育。可是，这又是一个无法实现的乌托邦。

那么如何创造适合每一个的教育？在我看来无非有以下办法：

1. 为每一种差异提供一种有针对性的教育。最极端的情况是给每个学生准备一张课表。可是，这样的公平会影响效率，政府是不可能为这样的公平支付高昂的成本的。更何况，即使是一对一的教学，也未必是"因材施教"的，有时候正相反，一对一的教学反而方便了教师对学生的管控，使学生彻底失去学习的自由。

2. 根据学习能力编班。可以把同一年级平行班中能力或学习成绩相似的学生分成不同的教学班，也可以在某些学科的教学中，把来自不同年级的教学班中能力或学业成就相似的学生分在一起，进行跨年级的同质分组教学。能力分组无论采取哪种形式，都属于同质分组。即使是按能力编组的变种"走班制"，在分班后的各个教学班中，学生要么以不同的进度学完规定的相同内容，要么以相同的进度学完规定的内容。能力分组作为一种教学组织形式，就它的产生而言，在欧美国家已有上百年的历史，但就它的有效性与合理性而言，至今仍有不少争议。正如美国学者古德所描述的那样："美国的教育者们对班级之间的能力分组常坚持两种相反的观点：在理论上讲，这是一个明智的、切实的观点，因为减少歧异将会使教师更容易、更一致地满足更多学生的需要。而在实践上讲，却又缺乏吸引力，它对学生学业成就的影响微小而且鱼龙混杂，不太可靠并且比较消极。同时，班级之间的能力分组从情感及社会影响上讲显得有些不受欢迎，因为它与国家主张的人人平等的传统是相冲突的。"

3. 在班内分组，即所谓的"分层递进教学"。分层递进教学中的"分层"，主要是根据学生的智力、能力或学业成绩的相似性来区分，"递进"二字的含义主要是指，通过教学使不同类型的学生都能在原有基础上得到发展和提高，包括从较低层次向较高层次不断"递进"。一般把优秀学生编成一个组，学困生编成一个组，中间的孩子们也在一个组内。但是，分层递进教学也不是一个好方案，因为在根据学业成绩进行班内分层时，那些被编到学困生组的学生是否会感觉到不公平？而且，班内分层教学事实上加重了教师的负担，教师们不得不准备至少3套教学方案，布置至少三种水平的作业和安排3套测试方案，这等于将公平的成本转嫁到了教师头上，这对工作量已经超大的教师来说，简直是雪上加霜。

4. 对学生进行差异化编组，即在一个合作小组内根据学生的差异编组，从而使组与组之间保持同质。这种编组方法避免了对部分学生的歧视，符合教育公平的原则，可是，这种编组方法使学优生的表现机会更多，使学困生或表达障碍的学生成为旁观者，反而失去了参与的机会，导致他们的成绩比以前更差。而且，强调组内合作，在一定程度上导致学生的独立学习不足，因为小组会不由自主地追求内部答案的一致性和准确性，使得不同意见被小组共同利益所淹没。

所以，我认为，在现有条件下，要实现教育公平，除了"起点公平"外，实在没有更好的方法，无论分班还是走班，无论合作学习还是别的教学改革，都无法真正实现"为每个学生提供适切的教育"这一教育公平的理想。因为这些针对学生差异性的方法都还是站在教的角度上提出来的，按照佐藤学的说法，传统教学是"目标—测试"的模式，教学有统一的目标要求，测试也是有标准答案的，学生的学习过程是不可能真正实现差异化的，这就是说，即使实现了合作学习，也未在根本上实现教育公平。

如果根据学生的差异性，教学可以为学生设定不同的目标和内容，对学生的测试也没有统一的标准，对学生的学习过程，教师能让学生按自己的方式学习，让他们自己去建构学习成果，这就把学生的学习权真正还给了学生，这才叫提供了适切的教育，教育的公平才能实现。

课堂改革非常难以推进，不少教师对改革有顾虑，其实最大的顾虑是"进度"问题，而所谓进度问题实质上是"以教为中心"的问题，而不是"以学为中心"的问题。只要教育没有实现由教向学的转变，就不会实现公平。

作为生命体的团队成长

合作学习意味着课堂组织形式发生了变化,学生由个体学习变为以小组为单位的学习,可是学习小组如果不能成为学习团队,其效能就不会高,学习质量也不会太高。在合作学习中,应该加强小组的组织建设和文化建设,这是没有疑义的,可是如何提高团队的效能,却是值得探讨的一个问题。这方面,我们应该学习一些团队建设方面的理论,并从这些团队理论中汲取养料。

什么是团队?所谓团队就是由少数有互补技能,愿意为了共同的目的、业绩目标而相互承担责任的人们组成的群体。如果合作小组能够成为合作团队,合作学习的效益就会大幅提升。

学习团队与学习小组之间存在很大的区别。根据团队的相关理论,能够被称为是团队的,应具备以下特征:

1. 共同的愿景。团队成员共同拥有一个大家都认可并共同追求的远大目标,正是愿景和目标把小组成员凝聚在一起,每个人的目标都被融入到团队的大目标之中。

2. 严格的规范。团队规范是实现小组目标的保证,正是通过小组成员共同约定和认可的制度,才能使每个团队成员做到各负其责、各尽所能,从而保证了团队目标的实现。

3. 胜任的组长。组长是团队的核心,组长有能力促使团队成员目标趋于一致,有能力建立成员之间良好的人际关系,有能力确立明确的行为规范,有能力鼓舞团队士气。

4. 高度的信任。团队成员应彼此相信各自的人品和能力，因自己是团队一员而骄傲，相信每个人都会为团队的成功而努力。

5. 鲜明的个性。团队中每个成员都有区别于其他人的鲜明个性特征，与此相似，每个小组也有自己的与其他小组相区别的独特个性。

如果课堂中的学习小组能具有以上五个特征，小组就会成为高绩效团队。可是，小组成为团队并不是一蹴而就的，团队建设要尊重团队发展规律。其实，团队发展是有阶段的，每个合作学习团队的发展历程虽然表现形态各异，但一般说来，都会经历四个发展阶段：组建期、激荡期、规范期、执行期。

1. 组建期。这一时期，小组成员相聚到一起，团队的任务还不明确，也不确定角色分工，行为规范也比较模糊，成员之间比较疏远，他们的交往停留在浅层水平上。当团队成员在心里已经把自己看作是团队的一员时，这个阶段就结束了。

2. 激荡期。团队经过组建阶段之后，团队内部冲突开始显现，例如，争夺在团队的位置和权力，抵制团队的约束和领导等。在这个阶段，团队成员容易出现挫折、愤怒，甚至抗拒、固执、嫉妒等消极的情绪与表现。

3. 规范期。经过一段时间的激荡和磨合，团队逐渐走向规范。在这个阶段，团队成员之间逐渐能够理解彼此的对立和差异，对不同的观点或看法已经可以容忍，并开始形成亲密的关系。

4. 高效期。团队成员已经明晰各自的角色，相互合作良好，团队运作进入高效期。显然，这是团队发展的"黄金"阶段。

从小组发展成团队并不是一个自发的过程，而是需要教师主动干预，促进其从低级阶段走向成熟的高级阶段的。比如在组建阶段，教师要引导学生完成以下两方面的工作：一是形成团队的内部结构框架，主要包括团队的任务、目标、角色、规模、领导、规范等；二是建立团队与外界的初步联系，主要包括建立起团队与班集体之间的联系、建立团队与团队之间的公平竞争关系等。

在我看来，"激荡期"是团队走向成熟的至关重要的一个阶段。激荡包括成员与成员之间、成员与环境之间、新旧观念与行为之间三方面的激荡。成员与成员之间的激荡是指团队成员之间由于立场、观念、兴趣爱好、行为方式等方面的差异而产生的各种冲突；成员与环境之间的激荡是指团队与其他团队之间产生各种各样的矛盾冲突，需要进行必要的协调工作；新旧观念与行为之间的激荡是指在传统班集体中进行团队建设将不得不面临着一系列行为方式的激荡与改变，在这一过程中，团队建设可能会碰到很多阻力。

激荡期是团队发展中一个必不可少的时期，团队成员正是在这一时期实现了充分的了解和沟通，才能更好地磨合，只有经历这个时期的"阵痛"，才能迎来团队大踏步地发展。这就是所谓的"不经历风雨，怎么见彩虹"。

教师在开展合作学习过程中，如果能自觉地以团队建设理论为指引，更注重团队成长，则合作学习一定能取得更大的成绩。

小组活动会消除学生个性吗?

在合作学习所产生的良好效果中,有一条是得到普遍公认的,那就是合作小组能够促进小组成员的社会化进程。

根据一般的理解,社会化是一个社会学的概念,郑杭生在其主编的《社会学概论新编》一书中指出,社会化指的是自然人成长为社会人的过程。从一定意义上讲,刚出生的婴儿是同其他动物无多大差别的生物人或自然人。社会通过各种教育形式,使自然人逐渐学习社会知识、技能与规范,形成与社会秩序相一致的价值观念和行为方式,从而取得社会人的资格。而胡森主编的《国际教育百科全书》中对社会化的定义是:"社会化是人类'接受'周围环境的文化或亚文化的价值观、习惯观点的过程。"

总之,社会化是一个过程,而合作学习的小组正是促使其小组成员社会化进程的场所,他们通过与同伴交往,掌握社会规范,学会理解和适应社会环境,从而发展了自己的社会性。无疑,相对于传统的个体化的学习,小组学习在加速学生的社会化方面有着独特的优势。更重要的是,小组成员的社会化过程是积极的和能动的,在小组学习中,他们不是被动地适应环境,而是在通过小组合作与外部对手的竞争中,积极主动地为小组的共同目标而努力。

但是,合作学习在加速人的社会化方面的优势,会不会以牺牲人的主体性为代价?这一忧虑是不无道理的,因为在群体中,人存在着从众心理,合作学习是否可能加剧了人的这一心理而导致学习者丧失独立思考能力?

所谓"从众",是指个体在社会群体的无形压力下,不知不觉或不由自主地与多数人保持一致的社会心理现象,通俗地说就是"随大流"。这一心理被著名的阿希从众社会心理学实验所证实。

实验者以大学生为被试,每组7人,坐在一排,其中6人是实验者的助手,只有一位是真正的被试,被试并不知道其他6人的身份。实验开始之后,实验者向所有人展示了一条标准直线X,同时向所有人出示用于比较长度的其他三条直线A、B、C,其中有一条和标准直线X长度一样,然后让所有人(其中包括6位助手和1位真的被试)说出与X长度一样的直线。实验者故意把真的被试安排在最后一个,前面6位由实验者的助手伪装的被试们,都会按照事先的要求说出统一的错误答案,最后由真的被试判断哪条直线和X长度一样。实验结果显示,被试做出的所有回答中,有37%的回答是遵从了其他人意见的错误回答,大概有3/4的人至少出现了一次从众,大约有1/4的人保持了独立性自始至终没有出现一次从众。

阿希从众实验的结论是,人类是社会性动物,这一事实决定了我们的生活会处在个人价值取向和社会要求取向的紧张冲突关系中。大多数个体在社会生活中总期望达到两个目标:一是确保自己的意见是正确的,二是通过不辜负他人的期望来赢得他人的好感和认可。而当个体发现自己的行为和意见与群体不一致,或与群体中大多数人有分歧时,会感受到一种压力,这促使他趋向于与群体一致。

从众带来的最大的问题就在于主体性的消失,从而导致个性的消失。研究发现,女性从众多于男性;性格内向、自卑感的人多于外向、自信的人;文化程度低的人多于文化程度高的人;年龄小的人多于年龄大的人;社会阅历浅的人多于社会阅历丰富的人。因此,学校强调小组合作,可能隐含的一个危机就是学生主体性的缺失。

但是我认为,只要操作得当,合作学习是能够促进学生主体性发展的,学生在小组活动中,他们的个性能够得到更好的发展。

其一,真正的合作学习要求混合编组,即根据学习能力、性别、性格、学习风格、智能类型将不同的学生编在同一个小组,每个成员在组内都能获得某种"比较优势",因此也实现了关系的平等。

其二,合作学习的小组内,每个学生都承担着某种角色,以及在共同完成的任务中完成一部分的工作，因此每个成员在组内都要发挥独特的和不可替代的作用，这使得他们的能动性能得到很好的发挥。其实，学生的主体性的核心就在于能动性的发挥。

其三，合作学习的评价是要将个体成绩与小组成绩捆绑在一起的，而且在统计成绩时，不仅考虑每个成员的现有的成绩，还要考虑其进步情况，这让每个成员都获得了为自己小组做出贡献的机会，甚至那些学业基础比较差的学生，他们进步的幅度可能更大，因而为小组做的贡献也就可能更大。

其四，在合作性的活动中，所有成员始终处于交往活动中，而个体与个体相互交往的特征，正是人的主体性的重要组成部分。小组中成员的合作与交往，是个体的主体意识形成的重要条件。表现在从他人身上反观自我，以自我为尺度评判他人从而形成符合实际的自我评价、积极的自我体验和主动的自我调控能力。

其五，小组中成员们的相互认同、相互理解，以及合作学习强调的共同目标、情感共同性等特征，都有利于激发学生的创新意识，显然创新是人的主体性活动，也最能展现出人的个性。

综合上述，我认为合作学习不仅不会使主体性缺失并消除学生个性，正相反，真正的合作学习是不会让学生从众和随大流的，小组成员一定能在与他人更为充分的社会性活动中，发现真实的自我，并努力地发展自我。

合作学习的最大魅力在于对学生的情感培养

教学中，最容易忽略的是对学生情感的培养，这一方面是因为情感不易培养，另一方面是因为情感的发展很难做出评价。人们对看不见摸不着的东西，往往会不太在意，即使"三维目标"明确要求教师在课堂教学中要关注情感目标的达成，可是，情感培养依然没有引起足够的重视。

什么是情感？所谓情感，是指人的社会性需要是否得到满足时所产生的态度体验。人的情感表现状态有以下几种：一是表现为"情绪"；二是表现为热情；三是表现为兴趣；四是表现为动机；五是表现为求知欲；六是表现为道德体验；七是表现为美的体验。以上这些情感表现状态都相当重要，在我看来，那些让学生受用一生的关键性素质，那些直接影响人的一生幸福的能力，都是我们应当倾全力培养的。

当我们越是意识到情感培养的重要性，就会越重视合作学习，因为除了合作学习，我们几乎很少有别的方式在教学中培养学生的社会性品质，也没有更好的方法发展其情感方面的自我调控能力，更没有一种合作学习的替代品能够促进学生对自我、环境及两者之间的关系产生积极的情感体验，并形成独立健全的个性和人格特征。

什么是情感教育？情感教育关注教育过程中学生的态度、情绪、情感以及信念，以促进学生个体和整个社会的健康和谐发展。2000年，在英国沃里克大学主办的研讨会上，来自10个欧洲国家的与会者一致同意情感教育的下述定义：

情感教育是教育过程的一部分，它关注学生的态度、情感、信念以及情绪。它包括关注学生的个人发展和社会发展以及他们的自尊，更为重要的一方面是超越学生个体以关注他们与别人之间的关系的效果。因此，人际关系和社交技能被认为是情感教育的核心。

合作学习不仅可以提高学生的学业成绩，而且能满足学生的心理需求，尤其是通过合作交往，学生个体之间互相帮助，彼此交流观点、分享情感，学生从中体验到学习的快乐和满足，从而培养学生积极向上的情感态度。正如合作学习的研究者们所讲的那样："在教学目标上，要注重突出教学的情意功能，追求教学在认知、情感和技能目标上的均衡达成。"合作学习认为，学习是满足个体内部需要的过程。对于教学来讲，合作学习的假定是："只有愿意学，才能学得好。"只有学生对归属感和影响力的需要得到了满足，他们才会感到学习是有意义的，才会愿意学，才会学得好。基于这种认识，合作学习将教学建立在满足学生心理需要的基础之上，使教学活动带有浓厚的情意色彩。从合作学习的整个过程看，其情意色彩渗透于教学过程的各个环节之中。尤其是在小组合作活动中，小组成员之间可以互相交流，彼此争论，互教互学，共同提高，既充满温情和友爱，又像课外活动那样充满互助与竞赛。同学之间通过互相帮助满足了自己影响别人的需要，同时，又通过互相关心满足了归属的需要。在小组中，每个人都有大量的机会发表自己的观点与看法，倾听他人的意见，每个学生都有机会形成良好的人际技能。当学生们在一起合作融洽、工作出色时，他们学到的就会更多，学得也就更加愉快，由此可以实现认知、情感与技能教学目标的均衡达成。

另外，合作学习在注重达成上述三类目标的同时，还十分注意人际交往的技能目标，并将之作为一种重要的教学目标予以遵循和追求。当代教学设计专家罗米索斯基在 20 世纪 80 年代初即提出："人际交互技能"同"认知技能"、"心理动作技能"、"反应技能（态度）"一样，必须在学校教学中占有重要的地位。这类目标涉及培养与他人有效地交往、处理人事关系的能力等，包括咨询、管理、讨论、合作、销售等方面的技能。

美国合作学习研究专家约翰逊兄弟反复强调合作学习的三大效用，即：增强学习动机，提高学习成绩；建立积极关系，彼此关爱互信；促进心理健康，改善自我认知。他们在关于合作学习元分析报告中提到："目前已有 900 多项研究证明合作学习较之竞争学习和独立学习更为有效。这些研究具有相当的普遍意义。这是因为这些研究是由具有不同价值取向的研究者们在不同的条件下、不同的国度里和在百余年的时间里完成的。在过去的 100 多年间，研究者们对不同的教育结果集中进行了研究，如成绩、高层次推理、记忆保持、工作时间、学习迁移、成就动机、外在动机、持续动机、社会认知发展、道德推理、观点采纳、人际吸引、社会支持、友谊、刻板与偏见的减少、价值差异、心理健康、自尊、社会能力、价值内化、学习环境的质量等。恐怕还没有任何一种其他的教学策略能达成如此众多的教育结果。"

此外，约翰逊等人开展了对学生进行解决冲突训练的一系列研究。这些研究表明：学生能够学会有效地处理冲突，与同伴友好协商，而不是用暴力解决争端，这减少了出现冲突的可能性。

卡甘在他的著作中也说："我们已经开发了 150 种结构互动法。这些结构体现了多种维度，包括掌握社会交往技能、道德发展、建设共同体、改善社会关系、学会团队技能、发展人际关系和自省能力等，能够促进学生情感智力的发展。"

实践也证明，尽管学生们的能力、性别以及任务的性质等方面存在着差异，但是通过参与合作学习，学生们都有了更多的责任感和义务感，相互之间也更加关心，同时他们也更加喜欢教师，并且认为教师对他们的帮助更大。

此外，合作学习对于学习者将来建立和维持稳定和谐的家庭、婚姻和友谊大有益处。毫无疑问，合作学习丰富了学生的情感体验，并进而增进了人的幸福，而这正是合作学习的最大价值与魅力所在。

合作学习为什么可能让"差生"更差？

学习成绩差的学生（以下称"差生"）往往不参与课堂活动，而不参与课堂活动的后果是学习成绩更差，这就容易导致恶性循环。学生在课堂中的参与是课堂有效性的保证，如果学生只是"参加"，而不"参与"，则学习任务无法完成，学习目标也就无法达成。课堂教学能否提高学生的学习成绩，很大程度上取决于学生在课堂活动中的参与度，这对"差生"尤其如此。从理论上说，合作学习是有利于提高"差生"的参与度的，但是，如果教师不能有意识地关注参与度问题，合作学习只会使他们更差。

研究者将学生的课堂参与行为分为三种类型："全神贯注"型，学生的注意和思维活动完全集中在教师提出的学习任务上；"半投入"型，学生的注意总体在学习任务上，但不够集中，有时会表现出与学习任务无关的行为；"开小差"型，学生很少或表面上集中在学习任务上，在课堂中不断走神或游离于学习任务之外。

对高、低成绩的学生在全班与小组合作教学中参与行为的观察研究表明：

1. 高、低成绩的学生在教师讲授法教学中未表现出参与行为的显著差异。

2. 在小组合作学习中，高成绩学生表现出更多的参与，高成绩学生比低成绩学生更多地表现出全神贯注型的参与，而低成绩学生比高成绩学生表现出更多的开小差型参与。

3. 当低成绩学生和比他们成绩好的同伴一起活动时，他们表现出更主动积极的参与。但这种参与是一种表面肤浅的参与，主要表现为抄袭同伴的成果，提供活动的材料。这种参与是低水平的非学习活动参与。而当两个低成绩学生一起活动时，他们表现出动手慢和走神的行为特征。

　　国内外大量的研究表明，低成绩学生在合作学习中存在被动参与的现象，合作学习在低成绩学生身上效果不明显。这在一定程度上造成和拉大了学生之间的分化。这就是说，优秀生在合作学习中更为积极，而如果不能采取有效的措施，合作学习将导致"差生"的参与度下降，从而使他们的学习成绩更差。

　　为什么合作学习会导致"差生"消极被动参与？他们在合作学习中遇到了什么困难和挑战？综合已有的研究，主要有以下几方面的原因：

　　1. 合作学习的任务往往通过问题情境和问题解决来呈现，需要知识的高度整合和综合，而"差生"由于先前的知识掌握得并不牢固，因此，不能在问题解决的过程中融会贯通，并做出快速反应。

　　2. 与高成绩同学相比较，"差生"对小组活动的贡献较少，这导致他们的自我效能感降低，进而游离于学习任务之外，搭便车。

　　3. 小组内形成了一定的权威或等级关系，"差生"总是充当受帮助者和信息接受者的角色，因此，养成了消极被动和依赖的态度。

　　那么，合作学习中如何促进"差生"的参与，从而防止他们成绩下降？我有这样一些实践方面的建议：

　　1. 必须保证每一个同学都有任务和责任，在角色分配上，教师应对低成绩学生给予格外的关照，不能使他们仅仅担任记录员之类可有可无的工作，而应委以重任。

　　2. 给"差生"布置相对较简单的学习任务，适当降低他们的学习难度，并且在展开小组学习之前给予必要的指导和帮助。

　　3. 强化合作技能的学习。小组学习中，要能更好地理解同伴和自己的思维过程，并面向小组或全班同学表达出来，需要学生具备倾听、理解和表达等方面的合作技能，正因为"差生"普遍缺乏合作技能方面的训练，才导致他们无法专注于小组学习。对"差生"来说，尤其要进行倾听方面的训练，他们在同学发言时往往因为不会或不愿倾听而出现听不懂，进而开小差的现象。

　　4. 给低成绩学生更多展示自己优势的机会。虽然在学习成绩方面，"差生"

显然缺乏自信，但是他们往往在动手能力、课外知识、集体意识等方面有着独特的优势。因此，要想方设法为他们创造为小组做贡献的机会，使他们获得成功的体验，以提高他们的自我效能感。

一些教师认为，合作学习让"差生"更差，还不如传统教学管用。我认为这不是合作学习的问题，而是合作学习操作不当的问题。如果我们能遵守合作学习的基本原则和技术要领，"差生"会取得令人惊讶的进步。

有一点我们必须明白：导致两极分化的不是合作学习，而是传统教学。但是操作不当的合作学习在教学效果上确实可能比不上传统教学。

让孩子们靠近些,再靠近些

合作学习取得良好效果的一个重要因素是小组同伴们构成积极的相互依赖关系,处在这种关系中,小组成员有一种"荣辱与共"的感觉,他们感觉到自己的利益与全组成员的利益休戚相关。

积极的相互依赖关系如此重要,那么课堂上教师应该如何加强小组的这种关系呢?这方面的研究成果支持以下方式:1. 目标相互依赖,即为每个小组确立一个共同目标,或者鼓励(要求)学生确立自己小组的共同目标。2. 角色相互依赖,让每个成员都在小组内承担一个角色,并使角色间构成依赖关系。3. 外部对手相互依赖,是指组员们合作战胜共同的对手。4. 资料相互依赖,即充分利用信息差,让小组成员拥有不同的资料,大家必须分享这些资料才能成功地完成小组的任务。5. 想象相互依赖,即让学生想象一个场景,在这一场景中,大家在其中扮演不同的角色。6. 身份相互依赖,要为组员创造一个共同的身份,就像是体育运动队和俱乐部,起个特殊名字,有特殊的握手方式、队歌、欢呼方式和旗帜等。7. 奖赏相互依赖,即小组共同分享取得成果后的奖赏,奖赏可以是内在(内部)奖赏,比如学习乐趣和克服困难后的成就感,也可以是外在(外部)奖励,如分数、奖状、教师和同学们的认可等。

除此以外,创造一个促进积极相互依赖的环境也非常重要。合作学习中,我们应该让小组成员靠近些,再靠近些。因为大家紧紧围坐在一起,"四目相视,促膝而坐",会使成员们更容易交流,也更能与小组成员建立密不可分的关系。

人类学家爱德华·霍尔将日常生活中人与人的空间距离分为四类，分别为亲密距离、个人距离、社交距离和公共距离。一般说来，"亲密距离"的空间范围在 0～0.5 米之间，这个距离只有在亲人、爱人、好友之间适用；"个人距离"的空间范围一般在 0.5～1.2 米之间，日常生活和工作交往中的人都可以进入这个范围，一般熟人可以接近 0.5 米，而陌生人应该处于 1.2 米的位置比较保险；1.2～3.5 米一般是"社交距离"的标准空间距离，这样的距离范围一般适用于正式的社交活动、外交会谈、商务交谈；"公共距离"的空间范围在 3.5～8.3 米之间，这一距离不适合人际沟通，是公开演说时演说者与听众之间的距离。

是人与人之间的情感关系决定了空间距离，还是空间距离决定了情感关系？以上两个答案都不对。其实，情感关系和空间距离是相互影响的，即心理上的亲近，往往会通过身体上的距离来体现，情感的亲疏会影响身体距离，一般身体距离的远近可以透露出内心真实的爱恨倾向，"亲密无间"是说人与人关系亲密，身体自然也就靠近了；反过来，身体距离也会在一定程度上影响情感关系，如果身体距离过远，情感上一般也会疏远，比如恋爱中两个人之间的距离太远通常被称为是爱情的头号杀手。

日本学者在 20 世纪 70 年代初提出了"一碗汤的距离"的家庭亲和理论，在当时，日本的空巢现象已经很严重，日本学者提倡亲情养老，子女应该与父母住得不远，这样子女既有自己的生活空间，又能方便照顾老人。"一碗汤的距离"是指子女从自己家端出一碗汤递给自己的父母，汤送到老人手上时还是温热的，以此来稳固子女与老人之间亲密的关系。

引申一下的话，合作学习要使小组成员保持亲密关系，也是一门"一碗汤的距离"的学问。有时候，让同一小组的学生们站起身来讨论问题，会使他们合作得更好，因为站起身的时候，他们的身体不被桌子阻挡，可能靠得更近些。再引申一下，教师之间的合作，也要拉近心理距离，而通过创造"同目相视，促膝而坐"的环境，能有效地消除隔阂，促进积极的相互依赖关系的形成。

我一向不主张学生在课堂里大声说话，因为发言时声音过大，听者在心里实际上是排斥的。小组讨论也是如此，要鼓励学生多倾听而不是大声说。轻轻地说，孩子们的小脑袋扎堆在一起，那才是合作学习中最美的场景。

课堂里给不了的,《王者荣耀》给

《未成年人网络保护条例》即将出台,送审稿指出,"网络游戏服务提供者应当建立、完善预防未成年人沉迷网络游戏的游戏规则,对可能诱发未成年人沉迷网络游戏的游戏规则进行技术改造"。作为回应,腾讯公司宣布于7月4日以《王者荣耀》为试点,推出健康游戏防沉迷系统的"三板斧"——限制未成年人每天登陆时长、升级成长守护平台、强化实名认证体系。其中包括12周岁以下(含12周岁)未成年人每天限玩1小时,并计划上线晚上9时以后禁止登录功能;12周岁以上未成年人每天限玩2小时;增加"未成年人消费限额"功能,限制未成年人的非理性消费等。

从历史经验看,我们早已有不少防止未成年人沉迷网络的规定和措施,但是收效甚微,我估计腾讯的"三板斧"也不会太管用。

首先,互联网早已经嵌入我们生活的方方面面,未成年人才是网络真正的原住民,相比于上一代人,他们接触互联网的渠道更多、能力更强、需求也更大,让未成年人"断网"是不可能的。

其次,即使不能上网,也无法阻止未成年人的游戏活动,因为游戏是人类的天性,网络游戏的实质不是网络而是游戏,成年人尚且无法抵御游戏的强大吸引力,更何况是青少年学生。其实,每个人的童年都是在游戏中长大的,游戏是一个人生命成长中不可或缺的一部分。一代人有一代人的游戏方式,只是这一代人把游戏搬到了网上,所以,我们不能把网络游戏当作洪水猛兽。

青少年学生之所以会沉迷于网络游戏，主要是因为网络游戏成功地俘获了孩子们的注意力，而似乎枯燥的学校与课堂学习实在是让人厌倦。网络游戏显然满足了未成年人的需求，比如"挑战性的任务"、"公正的奖励"、"不断升级的制度"、"不惩罚失败，只鼓励成功，并对每个人高期望"、"不确定的奖励"等等，以上这些原则其实也是我们教学的原则，只是游戏开发商将这些原则淋漓尽致地运用到了游戏中，而学校和教师却没有这么做。或许是不屑于这么做，或许是没有能力做到，于是便要绞杀网络游戏，试图通过严格控制网络来将学生的注意力拉回课堂，我认为这其实是面对"洪水猛兽"一般的网络游戏的一种消极反应，对促进教学水平的提高绝无好处。我认为，我们的教学中历来缺乏游戏精神，我们太把课堂当作"教堂"，长期顽固地推行无意义的学习，导致学生厌学，却又不思悔改。

游戏精神的核心是"追求自由、主动创造、体验生命"，只有当人是完整意义上的人，他才游戏；只有当人游戏时，他才完全是人。游戏是人的存在方式，人的整个生活都应该并且能够充满游戏的自由、创造、体验的精神。我主张要将课堂教学游戏化，不仅仅是要在教学中增加游戏环节，使游戏服务于教育的目的，而且要使教学本身富有游戏精神，充分地将游戏精神融入到课堂的基因里去，无论是教学语言表述、教学活动形式、教学情境，乃至教学内容，都要游戏化，都要渗透着游戏精神。

而且，并不仅仅在幼儿园和小学要渗透游戏精神，初中和高中更要改变严肃课堂、神圣课堂的面目；并不仅仅在信息技术、音乐、美术、体育等学科中强调游戏精神，更要从语文、数学、外语这些考试学科中动手术；不仅在学生的课堂上贯穿游戏化教学，还要将游戏精神融入学校文化，让教师更富有游戏精神，从而摆脱教育的功利主义思想，从变态地抓分数，回到人的发展的自然形态，让教师回到正常的人性。

其实，网易推出的游戏《王者荣耀》之所以对青少年学生产生格外的吸引力，很大程度上是因为这款游戏的"社交性质"。在现实生活中，教师、父母与孩子的沟通不够，更缺乏平等的交往。在学校、在课堂，老师们鼓励竞争和个人主义的文化，课堂生活不能满足孩子的社交、情感需求，孩子只有到游戏中去寻求补偿，他们别无选择。

戊 合作学习中常用的35个策略

我从1996年开始实践和研究合作学习，向一线教师传授合作学习知识和技能，至今已整整20年了。为向教师更好地普及推广合作学习，我很少给学员们讲理念，而是将合作学习视为一门技艺来传授。我认为合作学习并不是一种新理念，当前推进合作学习的最大障碍在于技术。于是，我对自己的定位是合作学习的"技术指导员"，我的工作主要就是力图提高教师使用合作学习的技能。

在教师的在职培训中，我们一向偏向于理念和理论方面的学习，却忽视教师作为专业技术人员的技艺学习，这已经严重妨碍了课程改革的深入。

在长期的培训实践中，我总结梳理了35种合作学习的策略和方法，围绕着这些策略方法编订了相关教材，要求学员们跟着我一招一招慢慢练，不仅在培训现场练，而且还要在真实的课堂中练。我始终认为，合作学习从设计到组织，比传统教学中的"讲授法"难度更大，不经过严格和反复的训练怎么行？凡"技艺"的学习，都是要"过度训练"的。在这方面，我的观点与美国加利福尼亚州的卡甘博士高度一致，卡甘认为，合作学习是组织课堂交往互动的一系列结构化的教学策略，并将其称为合作结构。在卡甘看来，合作结构就是一组经过精心设计的教学策略，这些策略可用以组织学生之间、学生与教学内容之间、学生与教师之间的互动。卡甘清楚地区分了结构与活动，他认为活动是传递内容的，而结构是不依赖于具体学科内容的，每一种结构都可用来生成一组活动，更确切地说就是"结构+内容=活动"。当教师将内容添加到结构中去就成为明确的特定的课堂活动，当这一系列的课堂活动被组织起来就组成了丰富的课堂教学。卡甘说："不管教师还是学生，合作结构简单易学，今天学了明天就能用，终生都享用。"

严格地说，这些合作学习的策略和方法是不能全被冠名为"郑氏"的，因为如"切块拼接法"、"小组游戏竞赛法"、"MURDER"等策略和方法并不是我原创的，我从卡甘、约翰逊兄弟、戴维森、斯莱文等合作学习研究者的著述中学到了很多。最早把我整理的合作学习策略和方法称为"郑氏合作学习法"的是湖南省益阳市赫山实验学校，他们接受过不同的培训团队的合作学习培训，冠名"郑氏"是为了与其他类似的培训进行区分。

我将35种常用的合作学习策略和方法分为四类：两人合作、4～6人合作、组际合作、整班合作。其中4～6人合作的策略方法最为丰富，虽然，大家习惯将合作学习称为小组学习，但真正的合作学习并不限于小组内。

两人合作

第一式：MURDER

1. MURDER 的含义。

mood：情绪（互相问候，确定步骤）。

understand：理解（默读理解段落）。

recall：回忆（概括中心思想，不再看文章）。

detect：检查（概述中的错误和遗漏）。

elaborate：详述（举例、联系、意见、应用、问题）。

review：复习（总结概括整篇文章）。

2. MURDER 的操作步骤。

（1）组成两人组。

（2）情绪。两人组相互间以各种方式创造一种有利于达成学习目标的气氛，可以简短地聊一会儿，共同约定读完一段后怎样示意对方。比如，可以拍一下对方的肩或抬起头来。

（3）理解。一起阅读学习材料中的同一部分，两人同时开始。

（4）回忆。两个人都读完后，一个人不看材料，向同伴回忆材料中的重点内容。

（5）检查。当同伴回忆时，检查者指出回忆中的错误和遗漏。

（6）详述。两人举出生活中能反映材料中心意思的例子。

（7）复习。完成上述任务后，两个人都要对全文进行概括总结。

3. MURDER 的操作要领。

（1）两人组应尽量差异编组，两人轮流做"检查者"和"回忆者"。

（2）教师可以事先把文章分成几部分，也可由学生来分。

（3）要求学生不要省略其中任何一个环节，这将影响学习效果。

（4）详述时可以举出符合材料中心意思的例子，也可以举出反例。

4. MURDER 的运用。

（1）适用于两人互助式的合作学习。

（2）适用于事实性知识和概念性知识的学习。

（3）适用于知识的记忆和理解。

第二式：练练法

1. 练练法的操作步骤。

（1）组成两人组，共同阅读一段文字材料。

（2）由一名学生按文字上的要求向另外一名学生发出动作指令。

（3）接收指令的学生按指令完成动作。

2. 练练法的操作要领。

（1）发出的指令必须忠于学习材料中的内容。

（2）接收指令者必须按指令要求做。

3. 练练法的适用范围。

（1）适用于有具体操作流程要求的学习活动。

（2）适用于技能学习。

第三式：两人互查法

1. 两人互查法的操作步骤。

（1）两两结对，为 A 和 B。

（2）A 向 B 提问，B 在不看材料的情况下回答 A 的提问。

（3）A 向 B 寻求解释；B 在回答不了时，应向 A 寻求帮助，A 应予以帮助。

（4）轮换角色。

2．两人互查的操作要领。

（1）发放给学生的学习资料尽量事先未被阅读和学习。

（2）无论回答是否正确，都应向对方阐述自己的思维过程；如有疑问可进一步追问。

3．两人互查的适用范围。

（1）适用于程序性知识和元认知知识的学习。

（2）适用于探究性学习活动。

4～6人合作

第四式：叽叽喳喳法

1. 叽叽喳喳法的操作步骤。

（1）学生围坐在一起，组成4～6人小组。

（2）让学生自由发言，有话则长，无话则短。

2. 叽叽喳喳法的操作要领。

（1）提示学生注意倾听他人发言，在打断他人发言时要注意礼貌。

（2）当有小组成员发言过长，计时员应予以提示。

（3）当出现冷场时，组长或鼓励员应鼓励学员积极参与。

（4）当噪音过大时，教师或组内噪音控制员应予以干预。

3. 叽叽喳喳法的运用。

这是合作学习中最松散和自由的一种合作策略，能充分体现良好的合作氛围。

（1）适用于需要创造性思维的学习活动。

（2）在具备合作技能的合作小组中展开更为有效。

第五式：接力法

1. 接力法的操作步骤。

（1）组成4～6人小组。

（2）每个成员都将独立思考后形成的答案写在纸上。

（3）每个小组成员只回答答案中的一部分内容，其他成员依次做补充，直至构成完整内容。

（4）小组内汇总所有信息，由汇报员或任一成员向全班汇报。

2．接力法的操作要领。

（1）每人只能说部分内容，以保证其他成员能做补充。

（2）做补充时不能重复其他成员已经说过的内容。

（3）保证每个成员都说完，当不再有补充时，才能进行汇总。

3．接力法的运用。

接力法是一种协同式的合作学习策略，主要适用于：

（1）探究性的和创新性的学习活动。

（2）需要举出实例（列举）的学习活动。

（3）需要对所学知识进行回顾的学习活动。

第六式：坐庄法

1．坐庄法的操作步骤。

（1）组成4～6人小组。

（2）每个小组成员都将独立思考后形成的答案写在纸上。

（3）由一名成员负责主持（坐庄），主持人邀请到某一成员时，该成员进行回答。

（4）主持人在听取了所有成员的意见后，进行汇总，并对每一位成员发言时的优点进行总结和赞美。

（5）小组内汇总所有信息，由汇报员或任一成员向全班汇报。

2．坐庄法的操作要领。

（1）主持人可以随机确定；主持人尽量先邀请学习能力不足的成员优先发言。

（2）被邀请到的成员应尽可能穷尽答案，其他成员可以做补充，也可以发表不同意见。

（3）第一个发言的成员必须经主持人邀请，之后其他成员可以举手争取被邀请；未经主持人邀请，不得发言。

3. 坐庄法的运用。（同"接力法"）

第七式：三步采访法

1. 三步采访法的操作步骤。

（1）组成4人小组，确定A、B、C、D四个角色，A、B和C、D各自组成两个2人组。

（2）A采访B，同时，C采访D。

（3）互换角色，即B采访A，同时，D采访C。

（4）A向C和D介绍B的采访信息；B向C和D介绍A的采访信息；C向A和B介绍D的采访信息；D向A和B介绍C的采访信息。

（5）A最后汇总所有信息，并向全班汇报。

2. 三步采访法的操作要领。

（1）应事先将采访题发给学生，使其有充分的时间回忆和思考。

（2）可让学生模仿采访的场景，采访者手中持笔做话筒。

（3）要求采访者对采访对象谈话中的重点部分做好记录。

（4）可根据需要，省去第三步采访，只实施2人组的互访。

（5）要求被采访者不仅说出思维的结果，更要向采访者说明思维过程。

3. 三步采访法的运用。

三步采访法是一种协同式的合作学习策略，主要适用于：

（1）小组成员分享有差异化的信息。

（2）需要高水平认知活动的学习环节。

（3）多用于充分展示思维过程的学习活动中。

第八式：记记法

1. 记记法的操作步骤。

（1）组成4～6人组，确定A、B、C、D等角色。

（2）桌面上摆放题卡，题卡正面是问题，背面是答案。

（3）A向其他成员出示卡片正面的问题，其他成员抢答。

（4）交换角色，B、C、D分别向其他成员出示卡片正面的问题，其他成员抢答。

2. 记记法的操作要领。

（1）每张题卡上只能有一道题，答案应是唯一的。

（2）答题人对某一问题只可以答一次。

（3）题卡上的题可以由教师提供，也可以由学生自主设定。

（4）可使用抢答，也可以使用指定答题人的方式进行。

3. 记记法的运用。

适用于记忆和理解层面的认知活动。

第九式：围圈传

1. 围圈传的操作步骤。

（1）4～6人小组，确定A、B、C、D等角色，并围成圈。

（2）每个成员独立思考。

（3）A先在纸上写出心中的答案或想法，然后传给B。

（4）B在纸上写，传给C，依次传递，直到全部写完。

（5）小组讨论，对纸上的答案或想法进行评估。

2. 围圈传的操作要领。

（1）每位成员所有的观点都应被记录下来，但在围圈传时不进行任何评论。

（2）其他成员正在书写时，应保持安静。

（3）如果轮到自己，却没有内容可写，应向大家轻声道歉，然后传到下一位。

（4）可借鉴其他成员的内容，但自己在纸上写出的内容不能与他人重复。

3. 围圈传的适用范围。

（1）适用于对事物的分析，并找到现象背后的原因。

（2）适用于需要提出创造性想法的学习活动。

第十式：合作辩论法

1. 合作辩论法的操作步骤。

（1）教师对需要辩论的问题进行讲解，或为学生提供有关这一问题的材料，或由学生自己进行研究收集相关材料。

（2）把学生分为4人小组，每组又分成两方。指定每一方必须持有的一种立场，正方或反方。一方准备向另一方陈述他们被指定的立场。

（3）双方陈述指定的立场。一方陈述时，另一方应该做记录，并保持安静。除了问些他们没懂的问题，任何反对意见都应等到下一步方能提出。

（4）陈述之后，学生们进行辩论，力争说服对方自己被指定的立场是正确的。

（5）双方交换立场，准备陈述与此前相反的观点：原先为正方的学生作为反方出现，反方学生则成为正方。

（6）学生就新指定的立场重复（3）和（4）。

（7）不再给学生指定立场。每个学生陈述他们自己对这一问题的观点。整个小组力争就这一问题达成共识。

2. 合作辩论法的操作要领。

（1）辩论前，应使学生对于所要辩论的话题有所了解，他们了解得越多，辩论越是有效。

（2）鼓励学生通过合作收集与辩论相关的材料，否则这一辩论便没有多大用处。为了提供背景知识，教师可以对这一问题进行讲解，以减少辩论的困难。

（3）参加合作辩论的学生在辩论结束时应力争达成一致。但并不要求他们在小组内强求达成一致，而只是要求他们努力争取达成共识即可。这种达成一致的努力恰恰是合作辩论法的核心，相反，在传统辩论中，其目标是击败对方，而不是力争与他人探讨真理。

3. 合作辩论法的适用范围。

（1）适用于价值观层面的讨论。

（2）适用于探究性的学习活动。

第十一式：联想链

1. 联想链的操作步骤。

（1）请学生回答由某个主题所联想到的内容。可以提出如下问题：这个主题让你想到什么？如果你是某某，你会怎么做？如果只能举一例，你会怎样举例？你会把某某比喻成什么？如果要例举与某某一样的经历你会例举什么？对你而言，最好的某某是什么？最坏的是什么？……

（2）组内成员依次迅速给出回答，想不出答案的人，就马上跳过。

（3）记录每一位成员回答的内容。

（4）小组对记录的内容进行评估。

2. 联想链的操作要领。

（1）在联想和发言时，速度是关键，最好是突发奇想，不要深思熟虑。

（2）小组汇总和评估时，虽然对异想天开、不切实际的回答予以剔除，但对创意依然要表示鼓励。

3. 联想链的适用范围。

（1）适用于需要有想象力和创造力的学习活动。

（2）适用于讨论开放性的没有固定答案的问题。

第十二式：发言卡

1. 发言卡的操作步骤。

（1）给每位小组成员发放3张发言卡。

（2）成员在组内发言，每讲一次话，拿出一张卡片。

（3）卡片用完后，不能再发言，只能提问，直到每个人都用完发言卡。

2. 发言卡的操作要领。

（1）发言卡的张数可根据需要确定，也可每人不一样多。

（2）可将发言卡用颜色进行区分。

（3）为增加趣味性，可由学生对发言卡进行专门设计。

3. 发言卡的适应范围。

（1）适用于任何话题的小组讨论。

（2）特别适用于需要鼓励发言的学习活动。

第十三式：复述通行证

1. 复述通行证的操作步骤。

（1）将学生编为4～6人组，确定A、B、C、D等角色。

（2）A将自己的想法阐述给其他成员，B在发表自己的观点之前先复述A的话。

（3）A确认B的复述，表示复述无误，B方能开始发表观点。

（4）依次，每个成员发表观点前都必须复述前一位成员的话，并经过前一位成员的认可方能发言。

2．复述通行证的操作要领。

（1）要求每个成员必须倾听，这样才能做出完整的复述。

（2）如果后一位成员的复述没有经过前一位的认可，就不能发表观点。

3．复述通行证的适用范围。

（1）适用于将自己的观点建立在其他成员基础上的合作活动。

（2）适用于对所有的观点进行总结和梳理的学习活动。

第十四式：小先生（艺友）

1．小先生的操作步骤。

（1）由一名小组成员扮演教师，其他成员扮演学生。

（2）扮演教师的成员向其他成员讲授学习内容，而后组织小组活动。

（3）在其他成员进行小组学习时，扮演教师的成员对此进行观察和监控。

（4）扮演教师的成员检测学员学习情况，并对小组活动进行评价和反馈。

2．小先生的操作要领。

（1）扮演教师的成员应事先掌握学习材料上的内容。

（2）扮演教师的成员在小组学员学习时应检查小组交互行为。

3．小先生的适用范围。

适合于有正确答案、目标明确的学习活动。

第十五式：连环画展法

1．连环画展法的操作步骤。

（1）小组合作，以连续性的图画和台词来呈现学习成果。

（2）各组在指定位置上张贴连环画，并向大家做说明。

（3）参观其他小组张贴的连环画，将自己的意见张贴在连环画边上。

2．连环画展法的操作要领。

（1）要求各组制作连环画时应先明确小组分工，一般要求一人统筹，一人绘画，一人配台词，一人向大家做说明。

（2）要求通过设置起、承、转、合或收场等噱头来润色故事情节；也可以制作四格漫画。

（3）观看完作品后，可以将意见写在便签上，粘贴在作品边；也可以准备意见本或留言本。

3．连环画展法的适用范围。

（1）适用于讲故事的和设计情节的学习活动。

（2）适用于学习活动的展示环节。

第十六式：非正式学习

1．非正式学习的操作步骤。

（1）组成 4 人组，确定 A、B、C、D 的角色。

（2）由 A 讲述一个案例或一个观点。

（3）由 B 对 A 所说的内容进行阐发。

（4）由 C 分析 A 所讲述内容背后的原因。

（5）由 D 对 A、B、C 三位成员的发言进行汇总和小结。

2．非正式学习的操作要领。

（1）A 讲完后，应检查其他 3 位学员听得是否准确、理解是否正确。

（2）B 应运用感性的思维方式，一般以举例的方式进行阐发，可以是正例，也可以是反例。

（3）C 应运用理性的思维方式，一般用分析的方法找出原因。

（4）D 在总结时应进行自我反思。

3．非正式学习的适用范围。

（1）适用于反思性学习。

（2）适用于高水平认知活动。

第十七式：实地漫步

1．实地漫步的操作步骤。

（1）组成 4～6 人组，做好分工。

（2）小组讨论，共同确定漫步主题。

（3）到实地漫步，通过自己的眼睛、耳朵和双脚去收集资料和信息。

（4）小组成员共同整理素材，进行分享。

2.实地漫步的操作要领。

（1）实地漫步时应带着相机、手机和笔记本；充分调动五官，从各个角度去做细致观察。

（2）小组成员可结对漫步，也可独立行走。

（3）主题应集中，不宜超过两个。

3.实地漫步的适用范围。

（1）适用于情感、态度和价值观的学习。

（2）适用于考察、体验和探究性活动。

第十八式：小组调查法

1.小组调查法的操作步骤。

小组调查法通常包括选题并分组、小组调查设计、进行小组调查、准备总结报告、呈现总结报告、评价等六个连续不断的活动阶段。由于调查论题范围不同，教师和学生活动技巧程序不一，整个活动可能持续一两周，甚至几个月。

（1）选题并分组。

步骤1：教师向全班提出一个宽泛的总论题。

步骤2：让学生明确表述他们所选择的子论题。

步骤3：教师将学生列举的子论题通报全班。

步骤4：通过小组讨论把子论题分成几个不同的类别。分类的结果即是各个不同的小组进行调查的子论题。

步骤5：把各个子论题的题目向全班公开。接着，每个学生都参加所选择的子论题的小组活动。

（2）小组调查设计。

小组设计可以通过填写和应用作业单的形式来进行。一般而言，作业单要明确小组的研究论题、小组成员、要调查的内容、所需要的资料、如何分工等。

（3）进行小组调查。

各个小组按照小组调查设计，由每个成员从各种资源中收集信息，分析评价资料，得出结论，在小组中共享研究成果，比较各自的发现，交换、讨论、澄清和综合不同的观点，达成共识，用于解决小组研究的问题。

（4）准备总结报告。

在调查完成之后，所有小组成员参与设计一份向全班呈报的总结报告。最后的总结报告可以用书面报告、展览、戏剧等形式展现。

（5）呈现总结报告。

所有小组集合在一起，根据事先确定的呈现程序，每个小组向全班汇报他们的总结报告。在每个小组汇报后，作为"听众"的小组成员都要对他们看到的和听到的做出反应。

（6）评价。

学生与同伴之间可以共同讨论、评价他们所研究的论题、所做的工作以及情感体验，可以把自己对论题的感受，以及作为一个调查者如何提高有效性的想法写下来。

教师要对小组调查过程本身进行评价，要对学生所研究论题的思维水平进行评价，要评价学生把知识应用于解决新问题的能力、逻辑推理的运用能力、对结论的抽象能力。

2. 小组调查法的操作要领。

（1）论题的选择可以是课程中的，也可以是从学生的兴趣中引出的，还可以是当前时事中的问题。

（2）总论题应以问题的形式表述出来，而且应引起学生各种不同的反应，激发学生去探索、了解论题的答案。教师可通过让学生查阅教科书、杂志、论文、互联网等各种资源进一步激发学生进行探究。

（3）子论题的选择可以由合作小组通过多种途径来完成。例如，可以让每个学生写出自己要调查的问题，然后在人数不断增加的小组中继续进行设计，人数可以从2人一直到8人。在这个过程中，学生对他们所列举的问题进行比较，删除重复的子论题，最后形成一份子论题单，使之代表所有参与者的共同兴趣。

（4）在具体的小组分工方面，可以让某位学生担任记录员负责组织整个工作，提醒小组成员他们的任务是什么，何时该向小组报告，并对每一个人的进步情况做记录。可设一名协调员，在小组讨论的过程中起领导作用，同时还要鼓励每一个小组成员都要为小组做出贡献。

（5）教师可以公布每个小组的作业单，提醒大家每个小组正在做什么，让大家了解全班的情况。

（6）小组调查阶段所需时间最长，教师要给学生一定的时间限制，但要努力确保学生在完成调查活动之前不被干扰。

（7）呈现总结报告的过程中，小组成员应一起交流彼此的作业情况，不断讨论各种问题，把自己学到的知识的核心部分教给其他同学。

（8）教师可抽取小组代表组成指导委员会，协调各小组关于小组报告的计划。

（9）在评价阶段，教师和学生也可以合作进行评价活动。

3．小组调查法的适用范围。

适用于探究性的学习活动。

第十九式：意见一致游戏

1．意见一致游戏的操作步骤。

（1）组成4～6人小组。

（2）确定研讨主题。

（3）各组讨论这一主题的关键点。

（4）各组向全班发布这些关键点。

（5）自由辩论。

（6）教师出示答案，最接近正确答案的小组获胜。

2．意见一致游戏的操作要领。

（1）在小组讨论前，应确保学生有独立思考时间。

（2）小组讨论应尽可能充分；为进一步促进思考，还可以要求小组根据重要程度对关键点进行排序。

（3）也可以进行没有正确答案的游戏，但应使讨论指向于一致意见。

3．意见一致游戏的适用范围。

（1）适用于高水平认知活动。

（2）适用于探究性学习活动。

第二十式：情境表演

1. 情境表演的操作步骤。

（1）小组准备活动。确定问题；明确情境；编创脚本；解释角色要求。

（2）挑选扮演者。分析角色特征；选择角色扮演者。

（3）安排场景。确定表演程序；重述角色；进入表演情境。

（4）组织观众。确定观察任务；分配观察任务。

（5）表演。开始表演；表演结束。

（6）讨论和评价。

（7）重新表演。表演修改过的角色；提出下一步或行为转变的建议。

（8）讨论和评价。

（9）分享经验和总结。把问题情境与现实经验和当前问题联系起来。

2. 情境表演的操作要领。

（1）教师的提问及评论应该鼓励学生自由、真实地表达思想和情感。

（2）一定要创设问题情境。最重要的是问题情境要让一个或几个角色都处于两难境地而又必须做出选择。

（3）电影、小说及短篇故事可以给问题情境提供素材。

3. 情境表演的适用范围。

（1）适用于理解学习材料上的关键内容。

（2）适用于让不同智力的学生都能获得发展的学习活动。

（3）适用于培养学生想象力和创造力的学习活动。

第二十一式：合作思维导图

1. 合作思维导图的操作步骤。

（1）给出一个固定的主题。

（2）围绕这一主题，每人独立写出理由。

（3）小组成员共同合作在宣传纸上画出导图。

（4）向全班展示导图。

2. 合作思维导图的操作要领。

（1）要围绕主题，且以图形的形式体现。

（2）简洁，突出关键词。

（3）小组先讨论和构思，然后正式动笔。

3. 合作思维导图的适用范围。

（1）适用于知识的复习整理。

（2）适用于需要发散思维的创造性学习活动。

第二十二式：综合排序法

1. 综合排序法的操作步骤。

（1）向参与者提供或者由他们自己创建一组不同的决策意见。

（2）每一位小组成员按个人观点从高到低对意见进行选择。

（3）在小组中对每一种选择的结果进行统计并重新排序。

（4）每个小组选出一位代表，公布本组的统计结果。

（5）公布各个小组的最高得分项目。

2. 综合排序法的操作要领。

（1）每个人都应该在不受暗示和干预的情况下做出价值选择。

（2）每个人都应充分发表自己的观点，在此基础上进行小组综合。

（3）虽然要综合小组意见，但每个人都有保留自己观点的权利。

3. 综合排序法的适用范围。

（1）当小组产生意见分歧时运用综合排序法可有效地对小组意见进行取舍。

（2）适用于价值观的讨论。

第二十三式：小组成绩分享法

小组成绩分享法是美国约翰·霍普金斯大学斯莱文及其同事研制的。小组成绩分享法的基本思想是强调小组奖励、所有人成功机会均等以及组内合作、组间竞争。

1. 小组成绩分享法的操作步骤。

（1）准备工作：分组；确定每名学生的基础分；准备辅助材料。

（2）教师通过讲座等方式授课。

（3）小组学习，为测验做准备。

（4）学生独立进行测验。

（5）小组得到认可。教师根据学生的测验分数和基础分，计算学生个人提高分和小组得分，并以此为依据对小组进行奖励。

2. 小组成绩分享法的操作要领。

（1）由于小组成绩分享法强调小组之间的竞争，各小组在成员的能力构成上做到平等，才能保证竞争的公平性，科学分组是一个关键的问题，所以，使用小组成绩分享法时，一般不允许学生自由选择小组，而应由教师决定。

（2）在实施小组成绩分享法时，要使用一些辅助材料，教师必须提前准备。这些辅助材料包括：

作业单：主要供小组讨论用，使学生熟悉教师的授课内容。它由若干问题组成，要解答这些问题需要用到所学的内容。

答案单：提供作业单的答案，小组讨论结束之后由教师发给小组，各小组自行订正，自我检讨，可以起到立即反馈的效果。

小测验：是供当堂测验或一个单元学习结束之后使用的试卷，测验时由学生自己作答，测验分数不仅影响个人成绩，也会影响小组的得分。为了在小组测验中有良好的表现，个人在小组讨论、练习时力求理解，不懂的地方立刻请求同学的帮助。

（3）授课之前，教师先宣布在讲授之后，将组织小组活动，并要当堂测验以检查小组学习的效果；教师的讲授应紧扣测验目标，方式应生动有趣，以激发学生兴趣；并且讲授过程中应减少不必要的间断或提问，以提高效率。

（4）教师给每个小组发放 2 份作业单和 2 份答案单，并向学生解释，之所以不发 4 份材料人手一份，是为了促使组员通过共享资料进行合作。

（5）学生的试卷既可由教师批阅，也可由不同的小组交换批阅（注意：要求批阅人签名，以确保公平），然后尽快算出测验分数。

（6）教师可以与学生一起商量如何奖励以产生激励作用。

3. 小组成绩分享法的适用范围。

（1）适合于大多数学科和年级水平的复习与检测。

（2）适合于有正确答案、目标明确的学习活动。

组际合作

第二十四式：切块拼接法

1. 切块拼接法的操作步骤。

（1）编组。将学员4～6人分为一组，每个小组成员就分到的某一项学习材料的有关章节或单元进行阅读。

（2）自学。给每个小组成员发放一份"专家作业单"，分别就不同的问题再次进行深入阅读和研究；"专家作业单"上一般包括对某一单元最为重要的4个论题，以及与专家论题有关的材料。

（3）专家组研讨。不同小组阅读同一内容的成员组成"专家组"，共同讨论他们的问题。教师可把提前准备好的每一论题的讨论提纲发给每个专家组使用。

（4）小组汇报。完成专家组讨论后，专家组成员各自返回其原来所在小组，轮流把自己所学内容和讨论的论题教给自己的小组同伴。

（5）测验。每个小组成员参加包括所有学习内容的测验，并将测验分数转化成小组得分。

2. 切块拼接法的操作要领。

（1）在编组阶段，应将相对较容易的学习资料分发给学习能力较弱的小组成员。

（2）每个专家组由教师指定一名负责人，其工作职责主要是组织与调节讨论过程，安排举手的同学发言，并要确保每一个学生都能积极参与。应当使所有的学生在适当的时机都有机会担当专家组负责人。在专家组讨论的过程中，教师可巡回于各组中进行指导，但不能取代各小组负责人的职责。

（3）专家组的讨论时间一般可控制在 20 分钟左右。专家组成员共同学习和研究，直到熟练掌握这部分材料的内容。教师应多观察和参与学习能力相对较弱的专家组的学习和讨论。

（4）小组汇报时，应允许和鼓励小组成员向汇报"专家"发问。

（5）当堂测验的试题应涵盖某一任务的所有内容，每一个论题一般设 2 个问题，或使每一论题的问题数量相同；可以设置一些需要具有相当理解力才能完成的题目，以激发学生的积极性。

（6）学生答完后，教师可将试卷收上来自己评判，也可让学生与其他小组的成员交换试卷评分。

3. 切块拼接法的运用。

切块拼接法属于"互助式"的合作学习策略，适用于：

（1）可将材料按并列关系切块的中等难度的学习内容。

（2）具备一定自学能力的学员。

（3）事实性和概念性知识的记忆、理解。

（4）单元教学和复习课。

第二十五式：组际评价法

1. 组际评价法的步骤。

（1）由一名学生向外组的任一成员提问。

（2）被点到的学生代表本组回答提问。

（3）发出提问的学生对被点到的同学的回答给出反馈和评价。

（4）回答问题的学生向外组的任一成员提问。

（5）重复（2）—（4）的步骤直到教师宣布结束。

2. 组际评价法的操作要领。

（1）回答问题的学生应注意倾听，不应重复之前已经回答过的内容。

（2）回答问题的学生与提问的学生应两两面对，形成课堂对话。

（3）回答问题的学生应主动寻求提问同学的反馈。

（4）教师应事先给出反馈与评价的内容，以使反馈评价更为有效。

3．组际评价法的运用。

（1）适用于全班交流和组际竞争。

（2）适用于知识记忆、理解和应用。

（3）适用于知识的总结和复习。

第二十六式：组际批阅法

1．组际批阅法的操作步骤。

（1）各小组派出一名成员到其他小组。

（2）按标准答案上的内容对答题纸上的答案进行批阅。

（3）反馈批阅结果，回复对方的疑问。

（4）将分数誊写在分数公示栏。

2．组际批阅法的操作要领。

（1）批阅时，批阅者应低声朗读答题纸的答案。

（2）回复被批阅小组的疑问，直到对方信服。

（3）如有批阅错误，应向对方表示歉意。

（4）在论述题的批阅中，与答案类似的应算作正确；批阅者和被批阅小组有较大分歧的，则请教师进行仲裁。

3．组际批阅法的适用范围。

适用于有标准答案的学习活动。

第二十七式：内外圈

1．内外圈的操作步骤。

（1）小组中一半成员组成内圈，面朝外，还有一半成员组成外圈，面向内圈。外圈中的每个人都应面对内圈的一个人。

（2）面对面的两个人进行交流。

（3）外圈的人轮换位置，面对内圈中的另外一个人。

（4）面对面继续交流。

2．内外圈的操作要领。

（1）组成内外圈时，可以是本组的一半成员是内圈，另外一半成员是外圈，也可以跨组组成内外圈，即一个组为内圈，另外一个组为外圈，还可以由女生做内圈，男生做外圈。

（2）已经讨论完的学生可以举手示意，当内外圈中大多数学生都已经讨论完，统一由一名学生指挥大家进行轮换。

（3）全部轮换并讨论完毕后，由组长向教师示意，经教师许可后方可入座。

3．内外圈的运用。

这是合作学习中用于高水平思维活动的一种合作策略，主要适用于：

（1）分析、评价和创造性的认知活动。

（2）对他人的学习指导，即内圈每人负责担任某个学习内容的专家，反复教授外圈的同学。

第二十八式：一人走，三人留

1．"一人走，三人留"的操作步骤。

（1）每个小组派一名代表，离开本组到其他小组。

（2）到其他小组参与小组活动。

（3）离开其他小组，回到本组。

2．"一人走，三人留"的操作要领。

（1）应在教师指令下统一行动。

（2）每个组只能派出一名代表，每个组只能接纳一名外组代表。

（3）也可使用"三人走，一人留"的方法。但要离开本组的3人不能都到同一个外组。

3．"一人走，三人留"的适应范围。

（1）适用于完善解决问题的方案。

（2）适用于创造性思维活动。

第二十九式：小组游戏竞赛法

小组游戏竞赛法是一种富有成效的合作学习策略，是由约翰·霍普金斯大学的迪沃里斯和斯莱文共同创设的。

1. 小组游戏竞赛法的操作步骤。

小组游戏竞赛法与"小组成绩分享法"在操作步骤上是基本相同的，所不同的是加上了游戏这个富有刺激的因素，以每周一次的学业竞赛代替了"小组成绩分享法"中的测验和个人提高分计分制。

（1）教学。与小组成绩分享法相同，由教师按教学计划讲授新课。

（2）小组学习。与小组成绩分享法相同，在教师讲授新课之后，学生在小组中通过完成学习作业单以掌握学习内容。教师通常发给学生2份作业单和2份答案单。

（3）竞赛。这一环节的主要任务是使能力相似或过去有相似学业成绩记录的学生，在3人"竞赛桌"旁展开游戏竞赛活动（4人也可）。游戏通常由根据所学课程内容而设计的问题构成，旨在测验学生对教师在课堂上所呈现知识的掌握情况。游戏是以3人一张的"竞赛桌"为形式展开的，每一张竞赛桌前的学生都代表着不同的合作小组。

（4）小组认可。竞赛结束后，将所有组员的分数相加，将所得总分除以参加游戏的小组人数，得数即为小组平均分数。与小组成绩分享法相同，成绩优异的小组获得认可或其他形式的奖励。

2. 小组游戏竞赛法的操作要领。

（1）为保证竞争的公平性，应每周根据学生的成绩对竞赛桌的安排做一次调整。

（2）为保证这一活动顺利进行，需要事先准备一些相关的教学材料：一份竞赛桌安排情况单；为每个竞赛桌准备一份游戏问题单和游戏问题答案单（与小组成绩分享法中的小测验与答案单相同）；为每个竞赛桌准备一份游戏得分单；为每个竞赛桌准备一套数字卡片，其数字应与游戏问题单上的数字相对应。

（3）在游戏竞赛开始之前，教师要向学生公布竞赛桌的安排。学生到各自的竞赛桌旁就座后，分发给每个竞赛桌一份游戏问题单、一份答案单、一套数字卡片和一份游戏得分单。然后就可以开始游戏了。

（4）根据约定的规则，依次由一个学生选出一个带有数码的卡片，并在问题单上找出相对应的题目，先朗读题目，然后进行回答。如对问题的答案拿不准，可以猜，然后由同一竞赛桌的其他两人先后进行质疑。当每个人都给出了答案，也进行了质疑，则由第二质疑者检查答案单，朗读正确答案。答对题者保存卡片。质疑者中，谁答错了题，谁就得把先前赢得的卡片还回去一张（如果他们有的话）。如果某个问题谁都没有答对，那么这张相应的卡片也得还回去。当游戏做完后，参赛者要把赢得的卡片数填写到游戏得分单的第一栏第一局中。

（5）如果时间充足，学生们可以重新洗卡片，进行第二局游戏，直至结束。

（6）根据每一个学生所获得的卡片数，计算每人的竞赛得分。具体积分方法视情况而定，比如在3人桌竞赛不等分的情况下，得卡最多的学生得60分，第二名得40分，最少的学生得20分。当每个学生都得出了他们的竞赛分后，请一个学生把游戏得分单收起来。

（7）在竞争过程中，是不允许小组成员之间互相帮助的，这样可以保证个体责任的落实。

3. 小组游戏竞赛法的适用范围。

小组游戏竞赛法主要通过成绩的评价来鼓励每个学生参与，适合有一个正确答案且界定清楚的目标教学。

整班合作

第三十式：四角站立法

1. 四角站立法的操作步骤。

（1）对某一开放性问题，先思考自己的立场："非常同意"、"同意"、"反对"、"非常反对"。

（2）相同立场的同学站在一起，构成4个谈话角。

（3）每个谈话角选出一名代表做主持人，在本谈话角的成员中收集支持本立场的论据。

（4）主持人代表本谈话角向全班陈述立场。

（5）4位学员陈述立场后，各谈话角的成员可变化立场，并站到新的立场的谈话角落处。

（6）改变立场的学员向全班解释改变立场的原因。

2. 四角站立法的操作要领。

（1）应提示学生尊重和倾听其他立场。

（2）主持人收集论据时，应对有所贡献的成员进行赞美。

（3）当噪音过大时，教师应予以干预。

（4）鼓励学生克服情面，坦露自己真实的想法。

3. 四角站立法的运用。

四角站立法是一种协同式的合作学习策略,主要适用于:

(1)需要发表自己观点的开放性学习活动。

(2)需要对自己观点进行修正的学习活动。

(3)需要打破小组进行更大范围合作的学习活动。

第三十一式:站立分享法

1. 站立分享法的操作步骤。

(1)全班学生起立。

(2)随机提问一名学生,与该学生观点一致的同学坐下。

(3)再随机指定一名站着的学生,与该学生观点一致的坐下。

(4)直到全部坐下。

2. 站立分享法的操作要领。

(1)为防止未经思考就附和他人观点,可要求学生事先将观点写在纸上,或随机抽一名学生回答之所以同意他人观点的理由。

(2)应允许学生在讨论过程中改变起先的观点,可在讨论完毕后再安排一次站立分享。

3. 站立分享法的适用范围。

(1)适用于讨论容易引发意见分歧的开放性问题。

(2)适用于需要创造性解决问题的学习活动。

(3)适用于训练学生求异思维的学习活动。

第三十二式:对折评价线

1. 对折评价线的操作步骤。

(1)学生独立思考在某一论题上的立场。

(2)每个人在纸上画一条直线,将两个完全相反立场的选项放在直线的两端,并将直线均分为 8 段。

(3)在自己认可的一段中打上标记,所做的标记越是靠左,代表自己的观点越是接近或等同于左侧立场;所做的标记越是靠右,代表自己的观点越是接近或等同于右侧立场。

（4）所有学生站成一排，形成一条就像他们在纸上画的那样的评价线，每个人所站位置根据他的观点而定。

（5）将整个一排分成两部分，从最左端到中心点的学生为左半部分，从中心点到最右端的是右半部分；左半部分的学生从头至尾依次走到右半部分学生的对面。如全班成员共36人，最左端的1号和最右端的36号对面站立；18号和右半部分中心附近的19号对面站立。

（6）面对面站立并讨论：为什么会持有与对方不同（或相同）的观点？

2．对折评价线的操作要领。

（1）为防止未经思考就附和他人观点，可要求学生事先将观点写在纸上，并在讨论前先在小组内公开自己的观点。

（2）如果班级人数过多，可将讨论移至教室外的走廊上或室外。

（3）也可根据需要使用"并行评价线"的方法，即将整个一排分成两部分，左半部分的同学从头至尾依次走到右半部分同学的对面，最左端的1号和中心附近的19号对面站立，18号和最右端的36号对面站着。

3．对折评价线的适用范围。

适用于公开表明自己立场的价值讨论活动。

第三十三式：人形矩阵

1．人形矩阵的操作步骤。

（1）在教室中画出一条假想的线，一侧表示赞成，另一侧表示反对，未确定立场的在原位，让学生自由选择站位。

（2）相邻的同学讨论为什么选择这个位置。

（3）两侧各派代表向全班阐述立场；在阐述观点期间，所有人都可自由改变立场，走动到另外一侧；先前未确定立场的也可做出选择。

（4）请未确定立场的学生发言，说出自己的疑惑。

2．人形矩阵的操作要领。

（1）在选择立场前应给予学生一定的时间做准备。

（2）可随时改变自己的立场，但只能改变一次。

（3）教师应提示学生慎重考虑自己的立场。

（4）未确定立场的学生最后说出自己的疑惑；如最终全部都选定了立场，则挑选中途改变立场的学生发言。

3. 人形矩阵的适用范围。

（1）适用于价值观层面的讨论。

（2）适用于在深入思考之前激发思考、激活思维。

第三十四式：世界咖啡

1. 世界咖啡的操作步骤。

（1）将学生分成4～6人组，让大家围着铺满宣传纸的桌子坐下。

（2）每张桌子选定一个谈话主持人。由主持人负责告知讨论主题。

（3）每张桌子的学生以主持人为中心展开自由讨论，并在桌子的纸上记录下印象深刻的关键词。

（4）当讨论进行到一定的时候，每张桌子除主持人以外的其他学生都转移到另一张桌子上。

（5）转移的学生和留下来的学生，各自介绍自己刚才所在桌所讨论的话题后，同先前一样继续讨论，并继续在纸上记录下关键词。

（6）所有学生回到原位，相互介绍自己在移动过程中的谈话内容，然后继续讨论。

（7）汇总时由主持人从桌上留下的纸张中找出共同点，并贴在墙上让全体小组成员进行评估和总结。

2. 世界咖啡的操作要领。

（1）每位学生可选择不同颜色的笔写下关键词。

（2）主持人应承担维护秩序的职责。

3. 世界咖啡的适用范围。

（1）适用于联想和想象性学习。

（2）适用于富有创造力的学习活动。

第三十五式：德尔菲法

德尔菲法又名"专家意见法"或"专家函询调查法"，该方法主要是由调查者拟定调查表，按照既定程序，以函件的方式分别向专家组成员进行征询；而专家组成员又以匿名的方式（函件）提交意见。经过几次反复征询和反馈，专家组成员的意见逐步趋于集中，最后获得具有很高准确率的集体判断结果。

1. 德尔菲法的操作步骤。

（1）开放式的首轮调研。提出预测问题，请专家围绕预测问题提出预测事件；组织者汇总整理专家调查表，归并同类事件，排除次要事件，用准确术语提出一个预测事件一览表，并作为第二步的调查表发给专家。

（2）评价式的第二轮调研。专家对第二步调查表所列的每个事件做出评价；组织者统计处理第二步专家意见，整理出第三张调查表。

（3）重审式的第三轮调研。发放第三张调查表，请专家重审争论；组织者回收专家们的新评论和新争论；总结专家观点，形成第四张调查表。其重点在争论双方的意见。

（4）复核式的第四轮调研。发放第四张调查表，专家再次评价和权衡，做出新的预测；回收第四张调查表，归纳总结各种意见的理由以及争论点。

2. 德尔菲法的操作要领。

（1）并不是所有被预测的事件都要经过四步。有的事件可能在第二步就达到统一，而不必在第三步中出现；有的事件可能在第四步结束后，专家对事件的预测也没能达到统一。

（2）问题要集中和明确，要有针对性。

（3）如果是一系列问题，则要按等级排队，先简单后复杂，先综合后局部，这样易引起专家回答问题的兴趣。

（4）组织者的意见不应强加于调查意见之中，要防止出现诱导现象，避免专家意见向组织者靠拢，以至得出专家迎合组织者观点的预测结果。

3. 德尔菲法的适用范围。

（1）适用于调查活动、创造性活动等高水平的认知活动中。

（2）适用于规模较大的合作性活动中。

己 合作学习中常用的16个技能

倾 听

倾听的关键点在于排除杂念，一个人每时每刻都会有各种各样的混杂想法，这些成千上万个杂念会妨碍人的倾听；此外，要设法将自己放在对方的立场上，透过对方所表达的内容听出他真实的思想情感，这就要求我们不仅要用耳朵听，还要用眼睛"察言观色"，更要用大脑听。

在倾听时，要培养一种自然的风格，所谓自然的风格就是发自内心的和真诚的，而不是强迫自己的和造作的，如果一边听一边夸张地转动眼睛、做出特别的面部表情，你将会失去对方对你的信任感；在倾听时，要专注于听，不要插话太多，要耐心，在对方说完之后再做出自己的反应；要注意领会讲话者的情感和情绪，做一个细致的观察者，注意对方非口头表达的信号，避免遗漏一些难以捉摸而又弥足珍贵的信息。

倾听时还要通过非口头表达的信号进行反馈，比如点头或者恰当的面部表情以表示赞成，要与对方有眼神上的交流，给讲话者传递自己正在倾听的信息。要用"我刚才听到说……"或者"您的意思是……"等方式，重述讲话者所说的内容，以示对对方的重视和尊重。

千万不要一边听一边看表或者玩铅笔，因为这些动作其实就等于告诉对方，"我对你讲述的内容不感兴趣"。

表示感谢

在以下情况下，应向他人表示感谢：受惠于他人；享受到他人对自己的服务；给对方添麻烦；受到对方格外关照；对方按自己的要求完成相关事项；成员为小组、团队或集体做出贡献。

向他人表示谢意的词句：感谢，谢谢，感谢您，多谢您，十分感谢，万分感谢，我应该感谢您，我非常感谢您，谢谢您的邀请，谢谢您的忠告，谢谢您热情好客的接待，谢谢您的书，谢谢您的提醒，您的关心使我深受感动，请接受我的衷心感谢，我无法表达我的感激之情，我将永久铭记在心。

向他人表示谢意的动作和表情，按照表达谢意的强烈程度，可分为：在口头表示谢意的同时点头微笑、抱拳、拍对方肩膀、鞠躬、拥抱、双手合十然后鞠躬等。

赞美他人

1. 应赞扬自己认为对方确实很了不起的领域，这就是我们常常说的"马屁要拍对地方"。

2. 善于夸奖对方较不易为人知的优点和细节，我们平时要仔细观察，一般对方最喜欢谈论的话题，往往就是他特别了不起的领域。

3. 提及或引用对方的话进行赞美。例如，可以说："当面临同样的问题时，上一次我记得您是这么说的，对我特别有启发。"

4. 要充分肯定对方行为过程中的美德，相比夸奖行为结果，夸奖行为过程会更有效，也更能避免功利主义倾向。

5. 真实可信。夸奖他人时，如果用一些过激和过头的溢美之词，就会因为言过其实而让人扫兴。

反　馈

1. 反馈应很具体，要做比较详细的说明，才能对接受者有帮助。
2. 要关注对方的具体行为，而不是态度或动机。指责别人的态度或动机，应被视为人身攻击。
3. 反馈应及时，提供反馈的时间拖得越长，所产生的效果就越差。
4. 不要一味地向别人提供支持性的反馈信息。
5. 保证反馈信息的客观性，当提供纠偏性的反馈信息时，千万不要把自己的不满情绪表现出来。

提　问

合作学习和人际交往中，我们经常要向别人提问，提问时要注意以下几点：

1. 应尽量问对方开放性的问题，这样不会给对方带来紧张感，也给对方留下展示自己才能的机会。我们可以这么问："为什么会……"、"您认为如何才能……"、"依您的看法是……"、"您如何解释……"、"您能否举例说明……"等。

2. 提问的语言力求做到准确、简洁、清晰，避免冗长或模棱两可的提问。

3. 要事先把问题想清楚，避免重新表述，否则容易打断对方的思路。

4. 问话必须表示出虚心和谦逊，同时也表示出尊重对方。

5. 对对方的回答，要及时做出评价。

致　歉

在下列情况下要主动向对方表示歉意：在食堂排队买饭碰落了别人的餐具时；自己失礼、失手、无意中碰撞了别人时；因有事而必须打断别人的谈话时；在拥挤的街道、公共车上挤了或踩了别人时；打扰了别人的工作或休息时；敲错了别人家的门或叫错了别人的姓名时；同学、亲友和老师托付自己办的事情未能办好时；因自己的错误导致小组失分时……

如何向他人致歉？

1. 向他人致歉的原则是：男士主动向女士道歉；年幼者主动向年长者道歉；子女主动向父母道歉……

2. 向他人致歉的时机是：事后应立即道歉；如果对方的情绪非常激动，可等对方冷静下来以后，再主动向其道歉，这样效果可能更好，也易于对方接受。

3. 向对方表示歉意的方式有：书信道歉；托第三者转达歉意；打电话道歉；当面口头道歉；到对方家中亲自上门道歉；约时间面谈道歉……

向别人道歉所采用的方式，一定要根据自己与对方熟悉的程度和歉意的程度认真选择。一般以当面口头道歉为宜，如果带有赔偿性的道歉，才选择到对方家中或单位拜访道歉的方式。

4. 要注意道歉的礼节。道歉时，态度要严肃。首先主动承认自己犯的错误，对给对方带来的损害或不便表示深深的歉意；然后请求对方给予谅解和宽恕，并询问对方有什么具体的条件和要求，对方的要求如果合理充分，要给予满足。

如果对方一时不理解或拒绝接受道歉,要反复表达自己的诚意;对于对方的冷言相待和粗暴的态度,应体谅对方的心情,用实心实意的言语感动对方,该赔礼的赔礼,该赔偿的赔偿,以求得对方的谅解。

　　切不可在道歉时再次与对方发生争吵,也不得在虚情假意地赢得了对方的谅解后,再去指责对方的不是。

　　5. 注意道歉的用语。选择对方乐于接受的语言。表示歉意的词语一般有:"对不起"、"请原谅"、"打扰了"、"很抱歉"、"给您添麻烦了"……

　　在向别人道歉时,一定要说得极为诚恳;否则不但不会被对方谅解,还有可能激起对方的愤怒。

公开发表观点

在合作学习中，我们经常要当众发表观点和做讲演，以下是要注意的要点：

1. 开场白的选择。在公开的讲演中，第一句最难，又最重要；说得不好，给对方留下不好的印象，从而打消了他们倾听自己讲演的兴致。以下开场白的方式可供选择：（1）先提出一个问题，如果对方感兴趣，再进一步发挥自己的话题。（2）先交代事件的结果，如果听者想知道这件事的经过，就可以展开话题。（3）说一些幽默、有趣的事情，使对方心情放松。（4）说一些与听者切身相关的话。（5）先扼要提出问题的要点，再进行展开。

2. 好的讲演的标准。（1）清晰的观点、严密的逻辑、实在的内容、中肯的分析。（2）饱满的情绪、诚恳的态度、幽默的语调。（3）概括能力强，在限定的时间里，简明扼要地表达思想。

3. 要善于运用常用的连接句。（1）"今天要讲的题目可以分为三个方面，下面先讲第一方面，……刚才讲的是第一方面，现在接着讲第二方面……"（2）"我们可以再提出一个难题来……"（3）"各位听众，现在我们不妨来考虑如下的情况……"（4）"接着我们从另一个角度来看这个问题……"（5）"考虑这个问题时，重点应在……"

4. 避免在讲演中重复。叠句的使用是为了引人注意，起强调作用，非必要时，少说为好。由于词汇贫乏，可能把本来可以丰富的表述简单化了。某些字眼不分场合地重复使用，会使自己的表述显得呆板、拖沓。比如"口头禅"，一般是在思维出现障碍时才用的。要消灭以下口头禅:"就是说……"、"反正"、"那个……那个……"、"基本上……"、"老实说"、"当然啦"、"坦白地说"、"你说是不是"、"然后……然后……"。也不要总是喜欢突出"我",给人造成一种自高自大的感觉。如"我认为"、"我需要"、"我……"。

5. 不用尖音和鼻音。尖音给人不舒服的感觉,因为它刺耳,使人神经紧张,容易破坏讲演的气氛。用鼻音说话,具有破坏性的效果,往往会给人一种无精打采的厌烦之感。

说服他人

什么是说服？说服是指在面对面的沟通时，其中一人劝导他人采取行动的一种有目的的操纵行为。"说服"、"职权"与"强制"都是影响他人行为的手段，都是让他人按照你的意愿做事。但是后两者都是让他人做不愿意做的事情，而"说服"是在经过你的劝导之后，被劝导者在有充分的行为自由的情况下，自主地选择一种行为方式。

如何才能说服他人？以下是若干要点：

1. 取得对方的信任。以下是能取得他人信任的人的三个要点：（1）权威性。要充分展现知识与才能，以证明自己的能力。（2）可靠性。友善、仔细、热情和积极主动的人，更能赢得信任。（3）公益性。多为他人考虑，帮助他人做一些力所能及的事情，避免与他人形成利益之争，这样更能赢得信任。

2. 注意语言和思维方式。（1）说服他人时，语气语调积极、得体更能获得对方的信任，那些消极的语气语调将破坏自己将来再次劝说时的可信任感。（2）对所思所想要有一个明确的框架，开门见山地陈述自己的观点。（3）要提供有力的证据，为获取信任，在阐明观点前，将收集证据作为最重要的工作。（4）运用逻辑的力量更能令人信服，如果缺乏逻辑推理的支撑，那么劝说几乎注定是要失败的。

3. 利用情感呼吁。说服他人时，要保持说话的弹性，了解对方的目标、需要、兴趣、性格、恐惧以及抱负；要努力走进听者的内心，理解对方的爱与恨、受过的挫折与沮丧……用语言的力量打动他们的情感，使他们产生共鸣。

解决冲突

人们的内在动机、欲望、价值及看法往往不同，在交往中，人与人之间发生冲突在所难免。人际间的冲突往往是有害的，它会造成人和人之间的紧张关系，分散人们从事日常学习和工作的精力。

如何处理同他人的冲突？

1. 在解决冲突前。（1）权衡一下自己解决这一冲突的能力，如果觉得处理起来比较困难，就毫不犹豫地向你信赖的人寻求建议，让别人帮助你。（2）可以向对方说："我们能不能坐下来好好谈谈彼此的分歧？我真心希望能这样。"经他同意后，即建立起了一种合作的氛围，可以一起寻求解决冲突的方法。（3）可以在交谈之前适当记一些笔记，以理清思路，做好准备。可以商定一个比较隐蔽的地方进行交谈。（4）假如冲突是由性格造成的，要快速处理，以避免事态进一步扩大。

2. 在解决冲突过程中。（1）建立良好的交流氛围。先感谢对方同意和自己一起讨论彼此之间的分歧；诚心诚意地指出冲突对双方都没有好处，并表明自己解决冲突的决心。（2）先请对方说明他的观点。在他发言时，自己要注意对方说话的内容和方式，不要打断对方的谈话，可以记下对方的发言要点。（3）总结对方的观点。"我也是这么觉得……"站在对方的角度，设身处地为对方着想，表达自己对对方所说的话的理解，以减轻对方的怒火，再继续商讨解决冲突的办法。（4）如果对方拒绝说出他的观点，你可以清晰地提出自己的观点，但是一定要注意，在说话时要和对方的目光保持接触。千万不要以为对方知道自己的所有感受，要具体说明令自己感到困扰的问题。可以举出实例，但是不能夸大或者歪曲事实；不能使用带有煽动性的语言，否则，对方不但不认真倾听你的说话内容，而且还会对你进行回击。（5）要灵活控制局面，力求始终把精力放在如何解决最新的最主要的问题上。旧账翻不得。（6）类似"女人就是麻烦"、"这是你的错"等话语，容易使对方产生抵触情绪，会令对方反感。一旦对方感情冲动，局势必然会更加紧张。因此，所有的语言要能够达到鼓励对方解决冲突的目的。（7）即使双方在解决冲突问题上达不成一致，也要求同存异。让对方感觉到，虽然自己暂时不同意他的观点，但是也会尊重他的观点。有些问题难以一次解决，可以分几次讨论。（8）如果双方在某个问题上达成了一致，就可以进一步研究解决冲突的办法：说明自己将如何去做，以解除对方的忧虑；然后可以委婉地询问对方将如何来解决有关的问题，使其更积极地参与到解决问题当中去。（9）交谈过程中要努力使用具有建设性的积极肯定的口语、身体语言和语调。（10）在结束交谈时，要简明扼要总结双方讨论的结果。

3. 在交谈结束后。（1）若双方的交谈始终不能解决冲突，还可以请第三方调停。（2）若双方的会谈达成了一致，双方要牢记各自在交谈过程中提出的问题，严格履行自己的承诺，并互为对方能够履行承诺而表示感激。

鼓励他人参与

所谓鼓励,是指以言语或行为使他人有所行动。在群体活动中,当有人游离于活动之外,我们应鼓励他积极参与。我们应:1. 关注每个组员的活动,对组员的发言适时地给予鼓励性评价。2. 随时注意观察讨论的气氛和组员参与情况,用微笑、期待的目光或鼓励的话语引导较少发言的组员参加讨论。3. 在鼓励他人参与时,要很有诚意,不能表现得很虚假,要让朋友看出你的认真和热情,觉得你十分在意他,这样他才可能接受你的鼓励。千万不能让对方感觉你是在奚落嘲讽他。4. 在鼓励别人的时候,尽量不要把自己的优秀说出来,这样会令他感觉你是在炫耀自己,会很快地排斥你。

给予他人指令

为了使组内活动更快捷和有效,我们会经常给同伴下达指令。下达指令时,我们应:

1. 正确传达指令意图。不要经常变更命令,不要下一些自己都不知道原由的指令,不要下一些过于抽象的指令。正确的指令主要包括"5W2H",即"who(执行者)"、"what(做什么)"、"how(怎么做)"、"when(时间)"、"where(地点)"、"how many(作业量)"、"why(为什么)"。

2. 尽力让他人积极接受命令。应注意以下4个下达指令的技巧:(1)态度和善,用词礼貌,多用"请"、"麻烦你"等礼貌用语。(2)让他人明白这件工作的重要性,以激发他人的成就感。(3)不强迫他人,给他人更大的自主权,共同探讨状况、提出对策。(4)允许对方提出疑问,合理的就要采纳,并对自己的指令进行修正。

给他人提建议

如何给他人提建议？以下是一些建议：1. 区分对方请求你给建议和你自己主动提供建议的差别。主动提供的建议有时候未必会受欢迎，所以如果你对自己的建议太过坚持，很可能会激起对方的反感。2. 在给出建议之前先说谢谢。如果是对方要求你给出建议，你就应该在给出任何智慧的建议之前向对方表达你的感激，因为对方请你提建议是对方对你的肯定。3. 要专注于你要讨论的话题，提建议不能偏离主题，除非另外的那个问题与你正在讨论的问题有关联。4. 要自信，但不要自大，不要强加给对方，要给对方留出不接受的空间。权威也可以有着谦虚的态度，你应该这么说："刚才听了您的介绍，我在想，要是我的话，我可能……您看这个建议是否合适，仅供您参考。" 5. 在给出建议后，问问对方感觉如何。最好的建议是在双方互动的情况下产生的，而不是由一方高高在上地提供给另外一方的。所以在你给出建议后，一定要记得问问对方你的建议是否有用，或者问问他们如果按照你的建议行动会有什么感觉。他们的反馈会帮助你改进建议，让它变得更有意义。6. 询问后续情况。对后续情况的关心，表现出你对自己提供的建议负责任的态度。无论他们是否采纳了你的建议，这种做法都会让对方感觉非常舒服，并且会对你提出的建议更有信心。

给他人指导

指导他人能提高你自身的学习满足感，也能与之改善关系，使你所在团队更富有创造力，组内资源的利用也会更加有效。

我们应如何指导他人？

1. 指导前，要观察与倾听。指导，只有在需要的时候或者当机会出现的时候才进行。

2. 指导中，要征询和阐述。征询是提出开放性问题，是一种启发式的指导。比如："如果……，将会发生什么呢？""你对我们目前的进展有何感受？"通过一系列的开放式询问，可以将对方的态度、观点、立场、见解、看法等逐一了解清楚，从而使自己构思出更好的指导意见。阐述就是阐明自己的观点，应做到：将自己形成这些观点的思想表达清楚，并与他人分享自己的真实经验，同时鼓励对方提出自己的看法。综合运用提出问题和阐明观点两种手段，双方的协作就能获得成功。过分依赖于提出问题可能会导致对方拒绝给出重要的信息和看法；过分地宣传倡导自己的观点，就会造成一种操纵的气氛，有损于指导性的伙伴关系。

3. 指导后，要反馈与确认。反馈与确认，是进行指导的一个至关重要的部分，并贯穿于整个指导过程。在指导后，对对方的行为变化要尽早并经常给予反馈与确认。如何做反馈和确认？比如，我们可以询问："我刚才的提议你觉得有没有道理？""我的建议对你是否很有帮助？"

有礼貌地打断别人讲话

打断别人说话是非常不礼貌的行为。但是如果当小组成员的发言已经偏离主题，小组讨论时间已经不足，可以有礼貌地打断。这时，我们可以说："对不起，打断一下，时间不够了，让我们回到主题……"

类似的话还有："不好意思，打扰一下。""请让我打断一下。""这让我想起来……""抱歉，打一下岔。""我可以说句话吗？""我能插一句吗？""很抱歉这样打断你们，但我需要你帮我解决一个问题。""很抱歉打断你们，但是我有个急事要告诉你们。""很抱歉打断你们，我能很快问个问题吗？"

向他人表示异议

在小组活动中,当你不同意对方的观点,可以向对方表示异议。

我们要让对方把话说完,在经对方同意的情况下,方能发表异议,你可以说:"不好意思,对这个问题,我的看法可能与你不同,我能发表一下意见吗?"

在具体发表异议时,我们可以这样说:"这当然是可以公开谈的,但是我相信……""根据你的假设,我可以知道你的结论。但是你有没有考虑到……""让我们换个角度来说吧……""有一些资料,你可能还不知晓……""我们彼此间的观点相差并不大,可是……"

与人达成妥协

通常人们把妥协当作软弱可欺、无立场、无原则的代名词。其实，这是对它的误解，在人际交往中"与他人妥协"是一种重要的合作技能，是用让步的方法避免冲突或争执。

在现实生活中，无论是解决繁琐细微的家之小事，课堂上与人讨论问题，还是处理错综复杂的国之大事，如果能够合理恰当地运用妥协手段，不仅能收获成功、分享快乐，还可以体现一个人的认识水平、处世态度。在合作学习中，妥协是指当小组成员在某一问题上意见不一致，产生纠纷时，为了防止纠纷进一步恶化，一方必须跟另一方达成一致，用让步的方法避免冲突或争执。所以，妥协其实是生活中处理人际关系的一种润滑剂。

在与人妥协时，我们可以说："你的观点我不完全赞同，我估计再讨论下去时间已经不允许了，要不我们都退一步？"